河南大学历史文化学院资助出版

河南大学中国近现代史研究丛书

民国时期
乡村师范学校研究

RESEARCH ON
RURAL NORMAL
SCHOOLS

——————

IN THE PERIOD
OF
THE REPUBLIC OF CHINA

刘克辉　戴宁淑 / 著

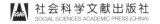

社会科学文献出版社
SOCIAL SCIENCES ACADEMIC PRESS (CHINA)

目 录

绪　论

一　研究缘起

20 世纪二三十年代，"乡村危机""乡村破产""乡村崩溃"等词语频频登上各类媒体，关于乡村的各类问题也成为众多学者关注的焦点，乡村问题成了最为热门的时代话题。为了解决乡村危机问题，乡村教育家们进行了各种有益的探索和实验，建立了各种乡村教育实验区；为了培养适合乡村社会需要的师资，乡村师范学校应运而生。一批学者对乡村师范教育理论进行的积极探索和躬身实践，在中国师范教育和乡村师范教育发展史上留下了浓墨重彩的一笔，为中国师范教育积累了诸多的经验，为新的历史时期发展乡村教育、实施乡村建设运动提供了丰富的借鉴。笔者研究民国时期乡村师范学校，进而写作本书，基于以下几点。

第一，对"师范教育下乡"问题的关注。

中国的师范教育兴起于清末，近代以来的师范学校均设在城市，从师范教育的师资、课程、教学到师范生的就业等都具有"城本主义"特征，即便是乡村生源的师范生也不愿到乡村服务。这种疏离乡村教育的城市化师范教育招致众多教育家的激烈批评。有学者指出，中国乡村教育之所以没有实际的效果，是因为教育和农业结合不起来，要改变这种局面，必须让"教育与农业携手"。民国时期，在师范独立的呼声中，基于对城市和农村教育差别的认识，人们进一步提出了设置独立的乡村师范学校的构想，"师范教育下乡"受到越来越多的关注。余家菊认为："乡村学校，其经济与设备，环境与问题，皆有其特殊之点，未可以办理城市学校之方策完全移用之。故乡村师资亦特加培养。吾国人民，本以乡居者为大多数，吾国之师范学校，理应适应乡村需要为其着眼之点。"① 为了让乡村师范学校更加切合乡村社会的需要，罗廷光明确主张："乡村师范着眼切合于本乡村的需要，此种学校宜单独设立，不应附属城市任何机关。"②

为什么一定要设置独立的乡村师范学校，让乡村师范学校与城市师范学校分离呢？主要是因为城市师范学校不能承担起培养安心服务乡村教育、引领乡村社会发展所需之师资。余家菊认为："乡村师范学校须养成安心服务乡村之教师，此非都市师范学校之所能兼营者一也。乡村师范须养成能任乡村学校课程之教师，乡村学校之课程又颇异于都市学校，此非都市师范学校之所能兼营者二也。乡村师范学校须养成了解乡村领导乡村并力能改进乡村之教师，此非都市师范学校之所能兼营者三也。"③ 关于城市师范与乡村师范的区别，宁远在《乡村师范与城市师范之区别》一文中讲得更为明确。他认为，城市师范的责任是造就传播文化、适应国家、实现国家理想的小学教师，养成小学教师的教育技能，注意"教师之多方的修养"，培育教师的专业精神；而乡村师范"训练适于乡村需要之教师"，"试验合于乡村环境的小学教材"，"调剂乡村生活之凋敝"，"辅助义务教育之进行"，造就改造乡村社会的人才。④

有了以上的认识，众多学者均主张师范教育下乡，举办适应乡村需要的乡村师范学校。他们一致提议，在尽可能大的范围内，尽量把更多的师范学校迁入乡村办学，以培养师范生乡居的兴趣，树立师范生服务乡村建设的志向。

第二，对"博士下乡"的敬意。

陶行知在《师范教育下乡运动》一文中谈道："中国的师范学校多半设在城里，对于农村儿童的需要苦于不能适应。城居的师范生平日娇养惯了，自然是不愿到乡间去的。就是乡下招来的师范生，经过几年的城市化，也不愿回乡服务了。"⑤ 为了解决师范学校毕业生不愿意下乡的问题，

---

① 余家菊：《师范教育》，中华书局，1926，第135页。
② 罗廷光：《师范教育新论》，南京书店，1933，第46页。
③ 余家菊编《乡村教育通论》，中华书局，1934，第115页。
④ 宁远：《乡村师范与城市师范之区别》，《河南教育》第2卷第15期，1930年。
⑤ 陶行知：《师范教育下乡运动》，《新教育评论》第1卷第6期，1926年。

以陶行知为代表的众多大学教授、留洋归国的博士、政府官员并没有停留在对乡村师范学校重要性的理论论证层面，而是身体力行投入乡村师范教育的实践活动中去。陶行知、黄炎培、晏阳初、梁漱溟、赵叔愚、傅葆琛、黄质夫、古楳、俞子夷、李廉方、李景汉、彭禹廷等人纷纷从城市走向乡村，以"捧着一颗心而来，不带走半棵草"的胸怀投入乡村教育，开办了多所乡村师范学校，为各地培养了大批适应乡村社会需要、安心乡村教育的教师。从晓庄试验乡村师范学校走出去的杨效春、张宗麟、李楚材、程本海等人就秉承了陶行知的生活教育思想，在乡村师范教育的理论与实践上都做出了积极的贡献。

比照民国时期乡村教育的盛况和精英们投入乡村教育和乡村建设的坚定和坚持，当前的乡村教育现状、接受高等教育的乡村精英的事业选择则令人十分不安。不要说教授，即使刚刚走出大学校门的毕业生，也大都不愿意回到农村工作。

2000 年以前，我们还有很多师范学校（"中师"）培养乡村学校教师。随着国家教育转轨，这些学校不是被合并到专科、本科院校，就是被改造为高级中学，失去了为乡村教育服务的功能。

第三，对如何"让农民就地过上现代化生活"问题的思考。

民国时期，乡村师范学校不单有教书育人的任务，还要承担起建设乡村社会的职责。黄质夫《栖霞乡村师范服务社会之实况》一文，详细列举了栖霞乡村师范学校所做的工作，可以看作当时乡村师范服务乡村、改造乡村社会的一个典范。黄质夫认为乡村师范学校作为社会公共机关之一，其存在价值在于促进社会之进步。栖霞乡村师范学校服务乡村社会的项目包括灌输文化、传播新闻、劝戒赌博、疾病治疗、通俗讲演、提倡清洁、公开娱乐、家庭教学、开放庭园、交换种苗、破除迷信、宣传国耻、调解争讼、指导村政、提倡植树、集会指导、代书信件、改进农事、乡村调查、贷金周急、印送刊物、救灾恤邻、供给用品、职业介绍，基本上是农村、农民需要的，乡村师范学校都需要去做。① 与此相应，当时人们对乡村师范学校的教师和学生提出了超出教书育人和勤奋学习以外的各项要

---

① 黄质夫：《栖霞乡村师范服务社会之实况》，王文岭、黄飞主编《黄质夫乡村教育文集》，东南大学出版社，2017，第 128～130 页。

求，陶行知就明确提出乡村教师要有农夫的身手、科学的头脑和改造社会的精神。"乡村师范学校负有训练乡村教师、改造乡村生活的使命。师范学校在乡村里设分校，在乡村的环境里训练乡村师资，已经是朝着正当的方向进行了。我们的第二步办法，就是要充分运用乡村环境来做这种训练的功夫。我们要想每一个乡村师范毕业生将来能负改造一个乡村之责任，就须当他未毕业以前教他运用各种学识去作改造乡村之实习。"① 他认为乡村教师要做改造乡村生活的灵魂，希望乡村教师足迹所到的地方，"一年能使学校气象生动，二年能使社会信仰教育，三年能使科学农业著效，四年能使村自治告成，五年能使活的教育普及，十年能使荒山成林，废人生利"。② 人们对乡村师范学校的毕业生寄予厚望，希望他们不单单具备教师的基本技能，更为重要的是要成为改良农村旧习、破除迷信、提升乡民人格、促进乡民生活幸福、推动乡村社会发展的主力军，虽然从教育的角度看不太现实，实现的可能性甚小，但这样的要求清楚地反映了时人对乡村师范学校推动乡村社会发展的期待。

2013 年，由笔者博士学位论文整理的《南京国民政府时期乡村教育问题研究（1927～1937 年）》出版。在该书后记里，笔者写道："希望中国的乡村不要成为文人墨客失意之后逃避现实的'世外桃源'，而是我们的后辈们（一部分）自己一天骂十遍但是却不能容忍别人骂的美丽家园。"③建设宜居乡村，是新的历史时期的一个重要任务。2022 年 12 月 23 日至 24 日，习近平参加中央农村工作会议时发表讲话，强调要瞄准"农村基本具备现代生活条件"的目标，组织实施好乡村建设行动，特别是要加快防疫、养老、教育、医疗等方面的公共服务设施建设，提高乡村基础设施完备度、公共服务便利度、人居环境舒适度，让农民就地过上现代文明生活。④"让农民就地过上现代文明生活"的发展理念，是对今后乡村建设方向的引领。要"让农民就地过上现代化生活"，教育是不可或缺的，乡村

---

① 陶行知：《师范教育下乡运动》，《新教育评论》第 1 卷第 6 期，1926 年。
② 陶行知：《试验乡村师范学校答客问》，《中国教育改造》，东方出版社，1996，第 88 页。
③ 刘克辉：《南京国民政府时期乡村教育问题研究（1927～1937 年）》，安徽人民出版社，2013，第 263 页。
④ 《锚定建设农业强国目标 切实抓好农业农村工作》，《人民日报》2022 年 12 月 25 日，第 1 版。

教育必须发挥其应有的作用。而乡村教育的发展，需要一大批了解乡村、热爱乡村，愿意扎根乡村，为乡村教育、乡村发展和进步无怨付出的乡村教师。中国教育的重点、关键和难点在农村，办好乡村教育成为时代的迫切要求。

二　学术史综述

新中国成立以来，尚未出现以"乡村师范学校研究"为题的专门著作。有关著作或者研究与乡村师范学校相关的人物，或者仅有一个章节讨论乡村师范学校问题。进入21世纪以来，一批研究乡村师范学校和乡村师范教育问题的博士、硕士论文相继问世，在研究思路和资料使用上，给予本书很大的启发。

第一，对乡村师范学校（教育）有关人物的研究。著作方面，目前大多集中在对陶行知、晏阳初、梁漱溟、黄炎培、黄质夫、余家菊、程本海等人的研究上。其中对陶行知的研究比较多，周洪宇、余子侠、熊贤君主编的《陶行知与中外文化教育》，[①] 中国陶行知研究会编写的《陶行知教育思想研究文集》，[②] 蒋纯焦的《教育家陶行知研究》，[③] 周汉、张天乐的《陶行知乡村教育思想在湘湖师范的实践》可以作为代表。[④] 此外，还有一些研究陶行知乡村师范教育思想的文章，其中谢招兰的《陶行知乡村师范教育思想研究》一文，从陶行知乡村师范教育思想的形成背景、形成过程、内涵、特点、现实意义等方面，比较全面地梳理了陶行知的乡村教育思想。[⑤] 关于晏阳初的研究，主要有宋恩荣、熊贤君的《晏阳初教育思想研究》，[⑥] 杨华军的《教育家晏阳初研究》，[⑦] 孙诗锦的《启蒙与重建——

① 周洪宇、余子侠、熊贤君主编《陶行知与中外文化教育》，人民教育出版社，1999。
② 中国陶行知研究会编《陶行知教育思想研究文集》，人民教育出版社，1985。
③ 蒋纯焦：《教育家陶行知研究》，山东人民出版社，2016。
④ 政协杭州市委员会文史资料委员会编印，周汉、张天乐著《陶行知乡村教育思想在湘湖师范的实践》（《杭州文史资料》第16辑），1992。
⑤ 谢招兰：《陶行知乡村师范教育思想研究》，硕士学位论文，江西师范大学，2007。
⑥ 宋恩荣、熊贤君：《晏阳初教育思想研究》，山西人民出版社，2020。
⑦ 杨华军：《教育家晏阳初研究》，山东人民出版社，2016。

晏阳初乡村文化建设事业研究（1926～1937）》。① 关于梁漱溟的研究，有吴洪成的《教育家梁漱溟研究》、② 马勇的《梁漱溟教育思想研究》。③ 关于黄炎培的研究，主要有谢长法的《教育家黄炎培研究》。④ 关于黄质夫的研究，主要有肖云慧主编的《黄质夫乡村教育思想研究》，⑤ 江苏省政协文史资料委员会、仪征市政协文史资料委员会编的《乡村教育先驱黄质夫》，⑥ 南京市栖霞区地方志办公室、南京市栖霞区档案局（馆）编写的《师之范——黄质夫在南京栖霞》。⑦ 关于余家菊的研究，主要有章开源、余子侠主编的《余家菊与近代中国》。⑧ 关于程本海的研究，主要有方春生的《陶行知教育思想的践行者程本海研究》。⑨ 以上著作重点研究的是相关人物的乡村教育思想，其中或多或少会涉及他们的乡村师范教育思想。期刊与学位论文方面涉及的人物研究比较多，除了以上提到的人物之外，对金海观、蔡衡溪、傅葆琛、古楳、雷沛鸿、卢作孚、张宗麟等人的研究均有成果问世。⑩ 除戚谢美的文章是专门研究金海观乡村师范教育思想与实践外，其他论文均不是专门研究人物的乡村师范教育思想的，而是在研究他们的乡村教育思想的时候，提到了他们的乡村师范教育思想。

① 孙诗锦：《启蒙与重建——晏阳初乡村文化建设事业研究（1926～1937）》，商务印书馆，2012。
② 吴洪成：《教育家梁漱溟研究》，山东人民出版社，2016。
③ 马勇：《梁漱溟教育思想研究》，辽宁教育出版社，1994。
④ 谢长法：《教育家黄炎培研究》，山东人民出版社，2016。
⑤ 肖云慧主编《黄质夫乡村教育思想研究》，贵州民族出版社，2003。
⑥ 江苏省政协文史资料委员会、仪征市政协文史资料委员会编《乡村教育先驱黄质夫》，江苏文史资料编辑部（出版年不详）。
⑦ 南京市栖霞区地方志办公室、南京市栖霞区档案局（馆）编《师之范——黄质夫在南京栖霞》，中国文史出版社，2012。
⑧ 章开源、余子侠主编《余家菊与近代中国》，华中师范大学出版社，2007。
⑨ 方春生编著《陶行知教育思想的践行者程本海研究》，中国文史出版社，2009。
⑩ 戚谢美：《金海观的乡村师范教育思想和实践》，《杭州大学学报》（哲学社会科学版）1989年第2期；魏耀君：《蔡衡溪乡村教育思想研究》，硕士学位论文，河南师范大学，2020；付卫华：《傅葆琛乡村教育思想研究》，硕士学位论文，河北大学，2010；许亚昔：《古楳乡村教育思想研究》，硕士学位论文，河北师范大学，2014；刘红艳：《古楳乡村教育思想研究》，硕士学位论文，湖南师范大学，2015；郭道明：《雷沛鸿师范教育思想初探》，《广西师范大学学报》（哲学社会科学版）1996年第2期；刘来兵：《卢作孚北碚乡村教育建设探析》，硕士学位论文，西南大学，2008；马乐：《张宗麟乡村幼稚教育思想研究》，硕士学位论文，华中师范大学，2017；王霞：《张宗麟乡村幼稚教育思想研究》，硕士学位论文，信阳师范学院，2017。

第二，关于乡村师范学校（教育）问题的研究。该类研究分为两种情况。一是在研究乡村教育的论著中，涉及乡村师范学校及乡村教育问题。曲铁华《民国乡村教育研究》一书的第五章题为"民国时期乡村师范教育的变迁"，从乡村师范教育的产生、变迁、实施几个方面论述了乡村师范教育的兴起、发展及实践，并以晓庄试验乡村师范学校和栖霞乡村师范学校为例，对民国时期乡村师范教育进行了个案考察。[①] 笔者《南京国民政府时期乡村教育问题研究（1927～1937 年）》一书的第二章题为"理论与实际：南京国民政府的乡村教育政策与乡村教育的发展"，其中第二节专门分析乡村师范学校的兴起与发展，论述乡村师范学校兴起的原因、乡村师范学校的职能和训练目标、乡村师范学校的作用等问题。[②] 苗春德主编的《中国近代乡村教育史》一书介绍了陶行知的乡村教育改造理论与实践、梁漱溟的乡村建设理论与实践、晏阳初的平民教育理论与实践、黄炎培主持的中华职业教育社的教育改进实验区、雷沛鸿的国民教育理论与实践、俞庆棠的民众教育理论与实践、王拱璧的新村建设理论与实践，特别论述到"师范教育下乡"，通过办理乡村师范学校，培养愿意献身乡村教育与推动乡村社会进步的人才。[③]

二是专门论述乡村师范学校（教育）的论著，主要集中在硕士、博士学位论文方面。张燕的《抗战前国民政府对乡村师范的办理及历史评析》一文，从乡村师范的渊源、乡师师范的定制、抗战前国民政府办理乡村师范的概况、抗战前国民政府办理乡村师范的历史评析几个方面对抗战前乡村师范教育的发展情况进行了考察，并肯定了这一时期国民政府办理乡村师范的成就。[④] 牟秀娟的《南京国民政府乡村师范教育运动述论（1927 年～1937 年）》一文，从乡村师范教育运动的兴起、乡村师范教育运动发展概况、乡村师范学校的教学与管理、乡村师范教育运动的特征等方面对民国时期乡村教育运动的相关问题进行了考察，对全国 17 个省份各级乡村师范

---

① 曲铁华：《民国乡村教育研究》，湖南教育出版社，2018。
② 刘克辉：《南京国民政府时期乡村教育问题研究（1927～1937 年）》，安徽人民出版社，2013。
③ 苗春德主编《中国近代乡村教育史》，人民教育出版社，2004 年。
④ 张燕：《抗战前国民政府对乡村师范的办理及历史评析》，硕士学位论文，华中师范大学，2007。

学校进行了统计，文后附有乡村师范教育运动大事记。① 吴晓朋的《民国时期的江苏省乡村师范教育（1922~1937）——以省立六所乡村师范学校为中心的考察》一文，以江苏省立六所乡村师范学校为中心，从江苏省乡村师范教育兴起的背景、发展历程及其概貌、办学实况的考察、得失检讨几个方面，论述了江苏省乡村师范教育发展的基本情况。文章从是否培养了乡村小学教师、是否培养了乡村社会领袖、多大程度上改造了乡村社会三个方面检讨乡村师范教育目标问题。② 胡文静的《民国时期乡村师范学校健全人格养成——以晓庄师范学校为例》一文，从民国时期乡村师范教育创建的背景、培养目标、乡村师范学校的课程设置、教学管理、社会活动等几个方面阐明了乡村师范学校在培养乡村社会发展需要的人才方面的作用。③ 魏莹的《民国时期乡村师范教育研究》一文，从乡村师范教育产生的历史动因、发展历程、培养目标与课程设置、实习与毕业服务、特点及启示几个方面论述了这一时期乡村师范教育的情况。④ 苏刚的《民国时期乡村师范教育制度变迁研究》一文，从变革的起点，乡村社会变迁与师范教育制度的流变、历史的机缘，师范教育制度中国化的探索、必然的选择，乡村师范教育制度的变迁、权力的博弈，民国乡村师范教育制度的选择、现实的反思，得失检视几个方面论述了民国时期乡村师范教育制度的发展变化以及对当前农村师资培养的借鉴意义，内容十分丰富。⑤ 曹彦杰的《师范为何下乡：民国时期乡村师范教育的兴起》一文，从乡村师范教育兴起的历史背景、乡村师范教育的萌芽、师范教育本土化，知识分子与乡村师范教育试验、民族国家建设、国民政府与乡村师范教育、共产主义革命，共产党与乡村师范教育几个方面讨论了民国时期乡村师范教育的相关问题。与其他文章不同的是，该文注意到中国共产党领导下的乡村师范

① 牟秀娟：《南京国民政府乡村师范教育运动述论（1927年~1937年）》，硕士学位论文，山东师范大学，2008。
② 吴晓朋：《民国时期的江苏省乡村师范教育（1922~1937）——以省立六所乡村师范学校为中心的考察》，硕士学位论文，南京大学，2011。
③ 胡文静：《民国时期乡村师范学校健全人格养成——以晓庄师范学校为例》，硕士学位论文，浙江师范大学，2015。
④ 魏莹：《民国时期乡村师范教育研究》，硕士学位论文，东北师范大学，2013。
⑤ 苏刚：《民国时期乡村师范教育制度变迁研究》，博士学位论文，东北师范大学，2015。

教育实践。① 马斗成、张世煜的《南京国民政府时期乡村师范学校校舍、经费问题探析》一文，考察了民国时期乡村师范学校校舍来源、位置、分布、校舍条件，经费来源、管理、支出等情况。② 另外，吴晓朋、蒋超群的《民国时期的乡村师范教育——以江苏省为中心的考察》，③ 罗慧的《20世纪30年代中叶中国乡村师范的发展》，④ 王如才的《我国乡村师范学校的历史发展及其特点》，⑤ 曲铁华、苏刚的《民国时期乡村师范教育制度变迁的内在逻辑与当代启示》，⑥ 霍东娇、曲铁华的《民国时期乡村师范教育实践探析》⑦ 等文章也从不同的方面讨论了乡村师范教育的问题。

第三，关于各省和各乡村师范学校的个案研究。分省研究的主要成果如下。王珊珊的《1929～1937年河北省乡村师范教育初探》一文，从河北省乡村师范教育的初期发展、整顿、改组、效果分析等几个方面考察了河北省发展乡村师范教育取得的成绩及存在的问题。⑧ 段彪瑞的《民国山西师范教育研究（1912～1937）》一文，从山西师范教育的兴起、山西的国民师范学校、山西乡村师范与地方社会、山西女子师范和女权运动、师范学校与现代国家构建等方面论述了山西师范教育的发展，其中第四章谈到了山西乡村师范学校的相关问题。⑨ 刘咏的《民国时期江西乡村师范教育研究》一文，从民国时期中国乡村师范教育的兴衰、民国时期江西乡村师范学校的创办、教学、特点及启示几个方面介绍了民国时期江西省乡村师

---

① 曹彦杰：《师范为何下乡：民国时期乡村师范教育的兴起》，博士学位论文，华东师范大学，2018。
② 马斗成、张世煜：《南京国民政府时期乡村师范学校校舍、经费问题探析》，《中国社会历史评论》2021年第2期。
③ 吴晓朋、蒋超群：《民国时期的乡村师范教育——以江苏省为中心的考察》，《南京晓庄学院学报》2010年第5期。
④ 罗慧：《20世纪30年代中叶中国乡村师范的发展》，《邵阳学院学报》2017年第5期。
⑤ 王如才：《我国乡村师范学校的历史发展及其特点》，《江西教育科研》1992年第3期。
⑥ 曲铁华、苏刚：《民国时期乡村师范教育制度变迁的内在逻辑与当代启示》，《教育科学》2015年第6期。
⑦ 霍东娇、曲铁华：《民国时期乡村师范教育实践探析》，《当代教育与文化》2017年第4期。
⑧ 王珊珊：《1929～1937年河北省乡村师范教育初探》，硕士学位论文，河北师范大学，2014。
⑨ 段彪瑞：《民国山西师范教育研究（1912～1937）》，博士学位论文，山西大学，2016。

范教育的基本情况。① 程功群、王倩的《民国时期山东的乡村师范教育活动研究（1930～1937）》一文，从山东省政府对乡村师范教育发展的政策保障、丰富教学内容注重与实践的结合、开展课外活动培植社会服务能力、重视学生实习锻炼学生实际技能四个方面论述了山东省乡村师范教育的相关问题。② 孙立成、朱正业的《南京国民政府时期安徽乡村师范教育探究（1927～1937）》一文，从安徽乡村师范教育产生的历史背景、安徽乡村师范学校的简历、乡村师范学校的招生标准和课程设置等几个方面，分析了安徽乡村师范教育发展的情况、发挥的作用及存在的问题。③ 洪霞的《民国时期江苏省立乡村师范学校美术教育的发展》一文，讨论了江苏省立栖霞、洛社、黄渡乡村师范学校美术教育的发展问题。④ 关于江苏省乡村师范教育的研究成果，还包括前面提到的吴晓朋、蒋超群的文章。

关于各乡村师范学校的个案研究。由于晓庄试验乡村师范学校的示范与引领作用，对其的研究成果比较多，如童富勇的《乡村教育运动与晓庄学院》，⑤ 蒋超群的《改造社会：晓庄试验乡村师范根本旨归》，⑥ 李海伟、周才方的《晓庄试验乡村师范师资队伍的历史考察及结构分析》，⑦ 孙刚成、刘欣颖的《晓庄试验乡村师范培养乡村教师的经验与启示》⑧ 等。另外对江苏栖霞乡村师范学校、浙江湘湖乡村师范学校、安徽黄麓乡村师

① 刘咏：《民国时期江西乡村师范教育研究》，硕士学位论文，江西科技师范大学，2019。
② 程功群、王倩：《民国时期山东的乡村师范教育活动研究（1930～1937）》，《聊城大学学报》2019 年第 3 期。关于山东乡村师范学校问题的研究，另有袁滢滢的《由"国治"到"乡治"的桥梁——20 世纪二三十年代山东的乡村师范学校》（《史学月刊》2015 年第 10 期）。
③ 孙立成、朱正业：《南京国民政府时期安徽乡村师范教育探究（1927～1937）》，《湖州师范学院学报》2019 年第 5 期。关于安徽乡村师范学校问题的研究，另有方玉芬的《教育启蒙与乡村建设——近代安徽乡村师范学校研究》（《合肥师范学院学报》2018 年第 5 期）。
④ 洪霞：《民国时期江苏省立乡村师范学校美术教育的发展》，《南京艺术学院学报》2018 年第 2 期。
⑤ 童富勇：《乡村教育运动与晓庄学院》，中国地方教育史志研究会、《教育史研究》编辑部编印《纪念〈教育史研究创刊二十周年论文集〉（3）——中国教育制度史研究》，2009。
⑥ 蒋超群：《改造社会：晓庄试验乡村师范根本旨归》，《生活教育》2014 年第 19 期。
⑦ 李海伟、周才方：《晓庄试验乡村师范师资队伍的历史考察及结构分析》，《南京晓庄学院学报》2016 年第 1 期。
⑧ 孙刚成、刘欣颖：《晓庄试验乡村师范培养乡村教师的经验与启示》，《生活教育》2023 年第 3 期。

范学校、河南百泉乡村师范学校、江西省立南昌乡村师范学校、江西省立九江乡村师范学校、湖南省立衡山乡村师范学校等，均有介绍性的成果问世。①

以上研究成果为本书提供了丰富的资料线索，启发了笔者对乡村教育问题特别是乡村师范教育问题的思考。例如苏刚的博士学位论文在乡村师范教育制度演变方面的分析、曹彦杰的博士学位论文关于共产党与乡村师范教育的论述、吴晓朋的硕士学位论文在乡村师范教育得失检讨方面的研究对本书的启发很大。本书在牟秀娟硕士学位论文1934年乡村师范学校统计表、曹彦杰博士学位论文附录"民国时期乡村师范学校统计"的基础上，制作了民国时期乡村师范学校统计表。另外，苏刚博士学位论文的附录"民国时期乡村师范教育制度沿革简史"、曹彦杰博士学位论文的附录"乡村师范教育大事记"和牟秀娟硕士学位论文的附录"乡村师范教育运动大事记"是本书编制"民国时期乡村师范学校大事记"的基础。

通过梳理以往的研究成果，可以看出，学界对民国乡村师范教育相关问题的研究取得了一定的成绩，但还有一些问题需要进一步研究。第一，对民国时期从事乡村师范学校问题研究和实践人物，多集中在对陶行知、晏阳初、梁漱溟、黄炎培、黄质夫等比较著名的教育家的研究方面，对其他教育家的研究比较少，需要加强对其他人物的乡村师范教育理论与实践的研究。第二，对于民国时期乡村师范学校的行政组织、课程设置、经费来源、教师的聘任、学生的管理方面，以往的研究都有所涉及，但是缺乏系统而全面的考察，特别是行政组织、学生管理方面的研究需要加强。第三，以往的学者对乡村师范学校的社会推广事业问题有关注，但研究不够深入。因此，对乡村师范学校问题的研究还有比较大的拓展空间。

---

① 方容：《在南京栖霞乡村师范学校的日子》，《钟山风雨》2007年第1期；高珊珊：《民国时期湘湖乡村教育建设研究（1927～1937）》，硕士学位论文，浙江工商大学，2017年；张靖华、徐丽萍、张笑笑：《理想国——民国黄麓乡村建设实验区的历史与经验》，《安徽建筑大学学报》2020年第2期；吕霞飞：《河南省立百泉乡村师范学校初探》，《河南科技学院学报》2016年第11期；周云英：《江西省立南昌乡村师范教育的历史考察（1928～1949）》，《学理论》2018年第2期；游海华、刘建华：《民国九江乡村师范学校农村改进实验区考察》，《农业考古》2012年第3期；雷天一：《抗战时期的省立衡山乡村师范》，《湖南师院学报》（哲学社会科学版）1984年第3期。

三　使用资料

第一，政府文件，包括法令法规、课程标准、会议报告、教育统计、计划书等。法令法规主要有《三民主义教育实施细则》（1931）、《教育部通令限制设立普通中学增设职业学校在普通中学中添设职业科或职业科目县立初中应附设或改设乡村师范及职业科》（《教育部公报》，1931 年）、《师范学校法（附师范学校规程）》（《国民政府公报》，1932 年）、《修正师范学校规程》（《教育部公报》，1935 年）、《江苏省立乡村师范学校组织暂行规程》（《江苏教育》，1932 年）等；课程标准有《乡村师范学校课程标准》（商务印书馆，1935）、《简易乡村师范学校课程标准》（商务印书馆，1935）；会议报告有《全国教育会议报告》（商务印书馆，1928）《第二次全国教育会议始末记》（江东书局，1930）等；教育统计有《十八年度江西省立乡村师范学校一览》（江西省立乡村师范学校编印，1930）、《全国中等教育统计（中华民国十九年度）》（教育部普通教育司编印，1933）、《全国中等教育统计（中华民国二十年度）》（教育部普通教育司编印，1935）、《全国中等教育统计（中华民国二十一年度）》（商务印书馆，1935）、《全国中等教育统计（中华民国二十二年度）》（商务印书馆，1936）、《全国中等学校校名地址一览表》（商务印书馆，1934、1935）、等；计划书有《潢川县筹办乡村师范学校计划书》（《河南教育》，1929 年）、《改进江苏全省师范教育计划大纲》（《教育部公报》，1932 年）。

第二，教育年鉴，如《第一次中国教育年鉴》（开明书店，1934）、《第二次中国教育年鉴》（商务印书馆，1948）、《河南教育年鉴（十九年度）》（河南教育年鉴编辑委员会编印，1931）、《中国教育年鉴（1949 ~ 1981）》（中国大百科全书出版社，1984）。

第三，乡村师范学校考察和视察报告。民国时期，从中央到地方，都比较重视对各级各类学生的巡视和督导，督学们在巡视之后，形成了比较丰富的报告，如《省立乡村师范学校视察报告》（《江西教育公报》，1929 年）、《视察省立第一乡村师范学校报告》《视察第三区各县教育报告：甲·第三区区立简易乡村师范学校》（《湖北教育月刊》，1931 年）、《视察省立乡村师范学校报告》（《安徽教育行政周刊》，1930 年）、《视察省立第一乡村师范学校报告》（《安徽教育行政周刊》，1931 年）、《山东省政府教育厅视察报告》（成章印务公司，1931）、《省立湘湖乡村师范学校视察报告节要》（《浙江教育行政周刊》，1934 年）、《视察省立第七乡村师范学校报告》（《山东教育行政周报》，1934 年）。为了学习别人的办学经验，各地派人对办理得比较好的乡村师范学校进行考察，考察人撰写的考察报告是当时乡村师范学校办理情况的宝贵资料，如《首都教育参观报告——晓庄试验乡村师范》（《青浦教育》，1928 年）、《考察江浙乡村教育报告书（附意见书）》（广东教育厅，1929）、《考察江浙教育报告——昆嘉青三县乡村师范学校》（《河南教育月刊》，1931 年）、《参观江苏乡村师范的报告》（《国立浙江大学教育周刊》，1929 年）等。

第四，各乡村师范学校概况，如《一个乡师的试验——山东省立第四乡村师范学校概况》（1933）、《乡师概况》（1933）、《河南省立辉县百泉乡村师范学校概况》（1933）、《浙江省立湘湖乡村师范学校最近概况》（1934）、《山东省立莱阳乡师概况》（1934）、《宜春乡师概况》（1934）、《江西省立南昌乡村师范学校概况》（1934）、《福建省立龙岩乡村师范学校概况》（1936）、《江西省立赣县乡村师范学校概况表》（1937）。《江苏教育》第 1 卷第 7、8 合刊（1932 年）刊登了江苏黄渡、吴江、灌云、洛社、界首、栖霞等六所省立乡村师范学校的概况。

第五，地方志与文史材料。地方志如《信阳地区教育志》（中州古籍出版社，1991）、《诸城县教育志（1840～1985）》（诸城县教育志编纂委员会编印，1986）；文史资料方面，有《山东文史资料集粹》《山西文史资料全编》《临沂文史资料》《灌云文史资料》《太原文史资料》《高邮文史资料》等。

第六，民国时期的相关著作和论文。有关乡村师范学校和乡村师范教育的个人论著，主要有《陶行知全集》（湖南教育出版社，1984；四川教育出版社，2005）、《陶行知文集》（江苏教育出版社，2008）、《陶行知教育文选》（教育科学出版社，1981）、《黄炎培教育文选》（上海教育出版社，1985）、《黄炎培教育论著选》（人民教育出版社，1993）、《黄炎培教育文集》（中国文史出版社，1994）、《梁漱溟全集》（山东人民出版社，2005）、《梁漱溟教育文集》（江苏教育出版社，1987）、《梁漱溟教育论著选》（人民教育出版社，1994）、《晏阳初全集》（天津教育出版社，2013）、《晏阳初文集》（教育科学出版社，1989）、《晏阳初教育论著选》（人民教育出版社，1993）、《张宗麟乡村教育论集》（湖南教育出版社，1987，其中有1939年中华书局出版的《怎样办乡村师范》一书）、《黄质夫教育文选》（贵州教育出版社，2001）、《黄质夫乡村教育文集》（东南大学出版社，2017）、《金海观全集》（方志出版社，2003）、《金海观教育文选》（浙江教育出版社，1990）、《俞子夷教育论著选》（人民教育出版社，1991）、《方与严教育文集——陶行知及其生活教育》（四川教育出版社，1995）、《雷沛鸿文集》（广西教育出版社，1990）、《傅葆琛教育论著选》（人民教育出版社，1992）、《高阳教育文选》（苏州大学出版社，2012）等。另外还有古楳的《乡村师范概论》（商务印书馆，1936）、程本海的《乡村师范经验谈》（中华书局，1939）等。其他论述乡村教育的著作，也会单独设立一章讨论乡村师范学校问题，如余家菊的《乡村教育通论》（中华书局，1934），赵德柔（立斋）的《乡村教育问题》（山东滋阳乡村师范学校消费合作社，1935），王琳、程本海的《乡村教育》（世界书局，1935），刘炳藜的《乡村教育》（中华书局，1937）。民国时期，人们对乡村师范学校的理论与实践进行了全方面的研究，发表的文章比较多，文章引用时均有注释，在此不再一一列举。

第七，资料汇编，主要有《教育法令汇编》（商务印书馆，1936）、《江苏省现行教育法令汇编》（江苏省教育厅秘书室编印，1933）、《河南教育法令汇编》（河南省政府教育厅法令编辑委员会编印，1932）、《教育参考资料选辑》（教育编译馆，1933～?）、《民国法律集成》（黄山书社，1999）、《中华民国教育法规选编》（江苏教育出版社，1990）、《中国民国史档案资料汇编》（江苏古籍出版社，1994～2000）、《中国近现代师范教育史资料》（内部资料，1983）、《中央苏区教育史料汇编》（南京大学出版社，2016）、《中国现代教育史资料汇编》（人民教育出版社，1987）、《河南教育资料汇编（民国部分）》（河南省教育志编辑室编印，1984）、《师范教育工作资料汇编（1996年～2000年）》（东北师范大学出版社，2001）、《义务教育法规文献汇编（1900年～1998年）》（中国社会出版社，1998）。

第八，1949年新中国成立以后，特别是改革开放以来，学术界关于乡村教育家、乡村教育特别是乡村师范学校问题的有关研究成果，为本研究搜集资料提供了宝贵的线索和启示，相关研究成果在注释和参考文献中均有展示。

四　研究内容

绪论部分介绍本书研究缘起、学术综述、使用的资料、本书的内容等。

第一章从乡村师范学校兴起的背景出发，分析国外、国内两方面的推动因素。国外方面，主要介绍美国、墨西哥和土耳其的乡村师范学校和乡村师范教育的发展，激励一批致力于改变中国乡村现状的学者、官员，积极探索和实践符合中国乡村实际的师范教育模式。国内方面，主要从义务教育的发展，教育先驱们对中国乡村社会实际的理性认识，对乡村教育与城市教育不同的认识推动乡村师范学校的独立设置。

第二章介绍乡村师范学校的初步办理，梳理各教育学会以及中央、地方等层面关于师范教育和乡村师范学校的相关文件、政策和法律规定，以显示国民政府乡村师范学校法令和政策的演变。

第三章统计民国时期国立、省立乡村师范学校的数据，从量和质两个方面说明民国时期乡村师范学校的办理成效。

第四章、第五章从行政组织、经费来源、校舍、课程、教师聘任、学生管理等方面，论述民国时期乡村师范学校的管理问题。

第六章是本书的特色，在考察学者们对乡村师范学校社会推广事业问题的论述之后，以江苏省立栖霞乡村师范学校、山东滋阳乡村师范学校的社会推广事业为例，全面考察乡村师范学校对于促进乡村教育的发展、推进乡村各项事业的开展、从而推动乡村社会的进步发挥的积极作用。

余论部分，介绍1949年以前中国共产党办理乡村师范教育的成果，主要是概述新中国成立以后"乡村师范学校"（中师）发展的情况，分析20世纪90年代"乡村师范学校"（中师）退出历史舞台后对乡村教育及乡村社会的发展的影响，提出如何让优秀教师安心投身农村教育的问题。

第一章　乡村师范学校产生的背景

民国时期乡村师范学校的出现不是偶然的，而是受国际、国内两方面因素推动的结果。

从国际上讲，20世纪初期，尤其是第一次世界大战以后，世界各国教育制度、观念及方法发生了一系列的变化，美国和丹麦的乡村教育不断走向成熟，墨西哥和土耳其的乡村教育也在蓬勃发展。受世界潮流驱动，国民政府组织的教育考察团到国外考察，提交了发展乡村教育的报告。当时国内的一些教育家也开始关注乡村教育，翻译了一些国外乡村教育家的著作，如孟宪承翻译的贝脱勒、伦特、曼涅芝著的《丹麦的民众学校与农村》，[①] 介绍了丹麦民众学校发达的状况，对乡村教育在农村发展中所起的作用给予了高度的评价。唐钺、朱经农、高觉敷等人编写的《教育大辞书》也介绍了丹麦与美国的乡村教育概况。他们认为这两个国家的乡村教育已经走向成熟，中国可以借鉴它们成功的经验。[②]

从国内来看，第一次世界大战之后，内忧外患加剧了中国乡村社会的衰败。一些学者认为，中国人口大部分生活在乡村，中国最落后的地方是乡村，不解决乡村问题，就谈不上解决中国的问题。要想救亡图存，使中国走向富强，必须复兴乡村。而复兴乡村的关键在于改造乡村教育，办适应乡村社会需要的教育；办适合乡村教育的前提是要有适合乡村社会的教

---

① 〔丹麦〕贝脱勒（H. Begtrup）、伦特（H. Lund）、曼涅芝（P. Manniche）：《丹麦的民众学校与农村》，孟宪承译，商务印书馆，1931。梁漱溟读了此书之后，专门写了一篇题为《丹麦的教育与我们的教育——读〈丹麦民众学校与农村〉》的文章来谈社会自办教育的重要意义与官办教育的弊病（见中国文化书院学术委员会编《梁漱溟全集》第7卷，山东人民出版社，2005，第2版，第653~684页）。

② 唐钺、朱经农、高觉敷编纂《教育大辞书》（上、下），商务印书馆，1930。

师。当时人们根据城市社会和乡村社会的差异，认为培养乡村教师的任务只能由乡村师范学校来完成。于是在乡村教育家们的大力提倡下，乡村师范学校得以建立并慢慢发展。

一 20世纪早期国际乡村师范学校教育发展情况

历史最为悠久的美国乡村师范教育、最切合需要的墨西哥乡村师范教育、学制独立的土耳其乡村师范教育，为民国时期的乡村教育家们提供了良好的学习与借鉴模式，对民国乡村师范教育的发展产生了积极影响，成为促进乡村师范学校发展的重要外因。

（一）美国的乡村师范学校教育[①]

1901年密歇根州的州立师范学校设置训练乡村教师的课程，标志着美国乡村师范教育的开始。1914年美国教育协进会召开全国教育专家会议，讨论乡村教师训练问题，标志着美国乡村师范的发展进入了新的时代。这次会议决定从各州教育局、各州立师范学校、各大学、各农学院、各县立师范学校、各中学师范科以及其他训练乡村师范师资的机构着手训练乡村教师。美国培养乡村教师的机构有以下几种。[②]

1. 州立师范学校

州立师范学校原为训练各种教师的机构，以前多偏重于训练城市学校的教师。自从密歇根州的师范学校最先设置乡师科培养乡村学校教师以

---

① 根据晚清民国时期期刊数据库收录的文章统计，民国时期的学者介绍美国乡村教育的文章有46篇，其中部分涉及美国的乡村师范教育问题。刊载文章的杂志包括《中华教育界》、《教育杂志》（本书引用上海、长沙版）、《教育周报》（本书引用杭州版）、《现代教育》、《教育与人生》、《东方杂志》、《乡村改造》、《小学教育月刊》、《江苏教育》（本书引用苏州1932版）、《江西教育》、《教育与民众》、《教育学术》、《教育辅导》、《教育汇刊》（本书引用南京1921版）、《安徽教育月刊》、《新江苏教育》、《江苏学生》等。留学美国的教育专家傅葆琛、程湘帆均撰有介绍美国乡村教育的文章，古楳编著有《美国乡村教育概观》（中华书局，1924）一书。

② 李相勖：《美国乡村教育状况（续）》，《安徽教育月刊》第60期，1924年。关于美国乡村师范学校发展的概况，参考古楳编著《乡村师范概要》，商务印书馆，1936，第9～11页。

来，各地师范学校相继效仿。在这些师范学校里，特别设置乡村学校教师养成科主任一职。养成科主任为熟悉乡村生活且富于教育学知识的专家，负责指导学生。课程方面注重乡村生活教授法及学校管理学，重要的课程有乡村社会学、农业经济学、家政学、农业常识、音乐、教学法、教育学、心理学、体育等。美国的州立师范学校下大都设有模范乡村学校供师生研究实习，使学生和乡村社会密切接触，增强服务乡村的能力。有的州规定乡村学校教员农业试验合格之后才能获得教师资格证。一些州立师范学校还设立农业教员特别班，以试验教师从课本上学习到的农业知识。

2. 中级学校附设乡村教员养成所

中学附设的乡村教员养成所最早在 1834 年设于纽约，后来在各地推广。这类学校前三年多注重基本的训练，最后一年集中进行专业训练和实习。养成所培养的教师偏重于服务乡村。

3. 县立师范学校

县立师范学校是独立设置用以训练乡村教师的主要机构。这类学校招收的学生有两种文化程度。一是八年小学毕业生，需修业二年；二是四年中学毕业生，需修业一年。课程分为基本训练和专业训练。

4. 农业大学附设乡村教员养成科或暑期学校

为适应乡村社会的需要，美国一些有名的农业大学都比较注重培养乡村学校的师资，如联合学校教员、乡村中学教员、师范学校农业教员，特别是农业推广人员。鉴于过去培养的人才大多不肯下乡工作的实际情况，为改变其观念，农业大学附设乡村学校教员养成科，在第一学年就设立各种关于乡村教育的课程和实践，让学生较早了解、重视乡村工作。

上述各种机构虽然没有明确称为乡村师范学校，但是都具备培养乡村学校师资的职能，特别是县立师范学校，事实上成为训练乡村师资的主要机构。

（二）墨西哥的乡村师范学校教育①

墨西哥乡村教育的推行始于 1910 年。1921 年墨西哥中央教育部成立

---

① 根据晚清民国时期期刊数据库收录的文章统计，民国时期的学者介绍墨西哥乡村教育的文章有 24 篇，刊载文章的杂志包括《中华教育界》《教育杂志》《教育与职业》《教与学》《教育季刊》《金大农专》《农报》等。

后，更加注重发展乡村教育。墨西哥乡村教育"规模的宏大，计划的周详，方法的新颖，感人的深切，以及影响于社会文化之盛，不特是美洲所未见，或亦全世界各国所未有"。① 因此，王承绪评价墨西哥新教育最重要的特点，便是乡村教育的发达。他认为中国和墨西哥的社会背景相同，中国可以充分学习墨西哥发展乡村教育的经验。②

墨西哥革命政府认为乡村小学教师是乡村的灵魂，要推广乡村教育，就必须重视训练师资。墨西哥乡村教育运动卓有成效的关键就在于有众多愿意为乡村教育尽职的教师。乡村小学教师由中央政府选派，乡村小学教师的选派有两个重要条件："第一，该教师必须为本区人，最好是本村居民。第二，他（按：教师）必须具有优良的品性，及领袖的才能和常识。换一句话说，他对教育必须有基本的信仰，对村民必须有相当的认识，对工作必须有尽忠的精神。"③

在选择乡村学校教师时，政府认为是否进行过职业上的专门训练是次要的，如果人品高尚，有服务乡村的志向，即使仅具有一般的读写能力，也可以被选派到乡村小学当老师。政府制定这样的选择标准是基于当时墨西哥的现实。乡村教育运动需要很多与以前大不相同的教师，并且以后还会逐年增加。但一方面当时受过训练的教师很少，不够分配；另一方面一部分教师不愿意到乡村去，成为乡村的一分子。墨西哥乡村师范就是在上述背景下发展起来的。从 1922 年创设第一所乡村师范以来，墨西哥政府分别在 1923 年设立 1 所，1925 年设立 3 所，1926 年设立 4 所，1927 年到 1931 年又设立了多所培养乡村教师的乡村师范学校，到 20 世纪 30 年代后期已经有 17 所乡村师范学校。

在发展乡村师范教育的过程中，墨西哥政府对乡村师范校舍的设置、学生的入学资格、训练目标、课程设置等都有较详细的规定和安排。

墨西哥政府对于乡村师范学校校舍设置的规定如下。第一，乡村师范学校应当设立在交通便利的重要居民区域。第二，合格的乡村师范学校必

---

① 程炎泉：《复兴民族的丹麦民众教育与墨西哥乡村教育》，《教育与职业》第 175 期，1936 年。
② 王承绪：《墨西哥新教育给我们的启示：乡教运动与农村复兴》，《教育杂志》第 25 卷第 4 号，1935 年。
③ 〔美〕顾芬丽（Katherine M. Cook）：《墨西哥的民众学校》，缪维章译，商务印书馆，1934，第 18 页。

须包含教室、宿舍、浴室、膳堂、厨房、厕所等设施。第三，乡村师范学校必须有能供畜牧、园艺及种植作物之用的广阔的土地，学校用地至少15英亩以上为合格；缺乏雨水的地区，应有灌溉的设备。第四，乡村师范学校必须有工场及家畜场。第五，乡村师范学校必须设立附属小学。尽管政府对校舍的设置有具体的规定，但墨西哥大部分乡村师范的校舍比较简陋，设备也很简单，不过这样的条件正好可以训练学生对艰苦生活的适应能力。

乡村师范学校的学生入学资格有以下几个方面的要求：第一，一年级新生须在初级小学毕业，或具有同等学力并经考试及格；第二，男生年龄须在15岁以上，女生须在14岁以上；第三，须有从事教育事业的志愿；第四，须有健全的体格；第五，须有良好的品性。符合以上标准的学生入学后，如果其家境贫寒，可以享受政府的补助金。

墨西哥乡村师范的训练内容有以下三种：儿童教学法、教授成人卫生及改良生活的方法、联络民众以改进社会及解决经济问题的方法。乡村师范的目标，就是以教育为推广工具，使学校所在地的乡村与全国社会的进步能够保持一致。因此乡村师范学校除了对所在地的乡村生活及乡村小学负有指导责任，也对各种乡村社会改造负有推动责任。乡村师范的学生平时在学校周围的乡村做各种实习工作，如改善村民家庭生活和职业生活、改善社会卫生状况、促进娱乐活动开展等。这些工作的目的是促使普通民众产生生活的希望及生产的兴趣，并能主动地追求自我发展。乡村师范学校对学生的训练，注重家庭化的氛围，以养成学生慈爱、互助、节俭的品格。但同时纪律严格，凡不能吃苦耐劳的学生，将会失去学籍。学生在教师领导下，每星期六深入农村，应用平日所学，指导农民。这样的生活，虽然艰苦，但可以锻炼学生热忱的品格和忍耐的能力。乡村师范学校的一切杂务和管理，都由学生自己完成，日常生活中，也多用学生制作的产品。这样的师资训练方法，能让学生将理论与实际互相贯通，成为完美的乡村领导者，毕业之后，可以胜任"教化"村民的基本工作。

由教育部小学教育及师范教育和乡村教育司共同编制的乡村师范训练课程计划，有很大的伸缩性，各乡村师范学校的教员有自由解释及选择权。乡村师范学制，有二年制和三年制的区别，根据学生入学程度确定学习年限，多为二年制。训练时期的必修科目有国语、算术、社会学科、自然、歌唱及体育、家政学、农作、工场技术及乡村工业、儿童研究及教育原理、乡村小学组织及行政、教学法等。此等科目依照需要及难易程度分配于各个学期。

对于墨西哥乡村师范学校师生每天的生活，《农报》刊登的《墨西哥乡村师范学校之师生生活》一文做过这样的描述："每日于清晨五时起床后，举行健身运动，有时打球，有时做工（为新同学建造新卧室，修路，饲养鸡畜，打扫房子，预备食粮），有时预备功课。在团体工作时，常常唱柔和而美妙之歌曲。上午七时至七时半洗澡，并练习游泳；七时半至八时为读书时间；八时早餐。饭后随意休息或阅读，至九时继续工作，如泥工、打铁、做鞋、做马鞍等等。下午一时午膳后休息，读书，游戏，或谈话。至三时又工作或上课，高年级学生，则至附近村镇担任教学实习，或其他农事活动。晚间七时半至八时，无论何人皆须进图书馆看书，并参阅明日工作程序。九时至十时为社交时间，此时可以下棋，做各种游戏，唱歌，背诵诗歌，或看电影。十时打钟预备就寝。"① 从以上描述可以看出，墨西哥乡村师范学校特别强调学生的实践活动。

（三）土耳其的乡村师范学校教育②

与其他国家不同的是，土耳其的乡村师范学校和其他师范学校并立，成为独具一格的系统。

1923 年土耳其共和政府成立之后，一方面改变国民教育编制，一方面以进步为原则，不断完善新教育体制。1924 年 3 月 2 日，政府发布统一教育令，厘定全国学校系统，国民教育统一由政府负责。虽然允许私立学校存在，但是私立学校的组织、课程设置等必须符合国家的统一规定，并接受政府的监督，接受政府督学的随时督查。私立学校的课程，不能与教育部的规定相悖。私立学校的教职员，必须具备教育部规定的资格。土耳其

---

① 《墨西哥乡村师范学校之师生生活》，《农报》第 2 卷第 14 期，1935 年。
② 从晚清民国时期期刊数据库收录的文章可以看出，民国时期的学者介绍土耳其各级各类教育的文章比较多，其中涉及土耳其乡村教育问题的文章有郑冠兆的《新土耳其的教育》，于涤心的《土耳其教育之革新》，方东澄的《土耳其之新教育》，塞夫克特·赛雷亚尔（Sevket Sureyya）的《土耳其的教育》（涤毅译），塞夫克特·赛雷亚尔的《土耳其的教育（续）》（肇民译）等。

的青年只接受学校教育，不接受宗教教育。①

土耳其乡村师范学校均设在乡村，修业年限定为三年。乡村师范学校设置的课程见表 1 – 1。

表 1 – 1　土耳其乡村师范学校课程设置

单位：小时

科目	第一学年	第二学年	第三学年
国语	5	5	5
本国史及本国文化	2	2	1
地理	2	2	1
公民学	0	1	1
宗教训练	1	0	0
心理学、教育学、学校卫生	0	3	2
教学法	0	0	2
教学实习	0	0	6
数学	4	2	2
自然科学	2	2	0
生物学、卫生学、农学	2	2	2
图画	2	2	1
手工	1	1	1
音乐	2	2	1
习字	1	0	0
合计	24	24	24

资料来源：郑冠兆《新土耳其的教育》，《教育杂志》第 22 卷第 7 号，1930 年。

土耳其的乡村师范学校每天上午四节课，下午有两个小时的实习。实习的内容有：第一，关于农事的作业；第二，工场作业（手工），自然界的观察及参观相关的机构；第三，游戏运动及体育；第四，由学校的医生教授初步卫生和初步救护办法。② 土耳其乡村师范学校与其他师范学校的重要区别在于其设置的课程，注重学习实际的农业知识和技能，所以有人认为土耳其乡村师范教育最大的特点，就是注重科学和实际工作。乡村师

---

① 〔土耳其〕塞夫克特·赛雷亚尔：《土耳其的教育》，涤毅译，《晨熹》第 1 卷第 9 ~ 11 期合刊，1935 年。

② 于涤心：《土耳其教育之革新》，《教育杂志》第 22 卷第 7 号，1930 年。

范学校的教员大部分都是农业学校的毕业生。

土耳其乡村师范学校学生的待遇和其他师范生相同，均为免费寄宿，并由学校提供制服、书籍及其他必需费用。乡村师范学校学生待遇优厚，但毕业后必须担任乡村学校教员八年，以回报国家的培养，否则，要偿还国家为其支付的一切教育费用。

国外乡村师范教育的蓬勃发展，激励了一批致力于改变中国乡村现状的学者、官员积极探索和实践符合中国乡村实际的师范教育模式。这种积极的探索和实践，促使中国乡村师范学校纷纷建立。

二　乡村师范学校产生的国内背景

20 世纪 20 年代乡村师范学校的产生，一方面是介绍和引进西方师范教育体制，促使师范教育独立的结果；另一方面则是教育先驱们对中国乡村社会实际理性认识的结果。

（一）师范教育的分化，推动乡村师范学校的独立设置

中国最早的两所师范学校是南洋公学师范院（1897 年）和京师大学堂师范馆（1902 年），两者都不是单独设置的师范学校。1904 年 1 月 13 日，清政府颁布《奏定学堂章程》（即"癸卯学制"，其中《奏定初级师范学堂章程》《奏定优级师范学堂章程》对师范学堂的办理事宜予以详细规定），将师范学堂分为初级师范学堂（中等教育性质）和优级师范学堂（高等教育性质）两等，修业年限共为八年。初级师范学堂培养小学师资，招收高等小学堂毕业生，修业五年。"癸卯学制"师法日本教育体系，是真正意义上的现代教育制度，最大的特点是师范教育摆脱了在普通教育中的附庸地位，得以独立设置，并自成体系。《奏定初级师范学堂章程》规定每州县必设一所初级师范学堂，但最初办理时如受条件限制，可先在省城暂设一所，等到各省城优级师范学堂有了毕业生之后，各个州县再依次办理。《奏定优级师范学堂章程》规定优级师范学堂应由省设立，各省城宜各设一所。事实上，各省优级师范学堂仍多与初级师范学堂合设，称两级师范学堂。1907 年 3 月 8 日清政府颁布《女子师范学堂章程》，改变了

过去师范学堂不许女子入学的规定。

1912 年 9 月 3 日，中华民国教育部公布了《学校系统令》，史称"壬子学制"，其显著特点是加强师范教育。1912 年 9 月 29 日，教育部公布《师范教育令》，确定了师范教育在整个学制中的独立地位，与普通教育、实业教育并行。《师范教育令》将师范教育分为师范学校和高等师范学校两段，还明确提出设立女子师范学校、女子高等师范学校。

1913 年 2 月 24 日，教育部公布《高等师范学校规程》，规定高等师范学校分设预科、本科、研究科，而且可设专修科。预科及专修科均招收中学毕业生，修业年限预科一年，本科三年，研究科一年或二年，专修科二年或三年。规程还对学生毕业后的服务年限做了具体规定。

1922 年 11 月 1 日教育部颁布《学校系统改革令》，将师范学校修业年限由五年改为六年（分初、高两级，各为三年），其中前后两段可以分别设立，称为前期师范学校和后期师范学校。随后又把后期师范定名为师范学校，招收初中毕业生，修业年限三年。前期师范为简易师范学校，招收高小毕业生，修业年限四年。

1923 年后，高等师范学校或陆续改为师范大学，或并入普通大学。这时有许多大学设立了教育系，有的大学增设了师范学院或教育学院。后来还成立了一些独立的师范学院和教育学院。

新学制对师范教育体制的重新设定，使师范教育的格局发生了改变，形成了新的师范教育体系。

表 1－2　新学制下的师范教育体系

学制	学段	修业年限	入学资格与学校设置
中等师范教育	师范学校	六年（前三后三）	招收高小毕业生
	后期师范学校	两年或三年	招收初中毕业生
	高中师范科	两年或三年	招收初中毕业生
	师范讲习科	无定期	招收高小毕业生
	职业教员养成科	无定期	附设于相应职业学校之内
高等师范教育	师范大学	四年	招收高中或师范学校毕业生
	师范专修科	二年	招收高中或师范学校毕业生

资料来源：马啸风主编《中国师范教育史》（1897～2000），首都师范大学出版社，2003，第177 页。

　　从以上的梳理可以看出，清末新政期间引入西方现代师范教育制度，至 20 世纪 20 年代，中国的师范教育体系逐步建立。师范教育的独立是一个巨大的进步，但是由于过分依赖国外师范教育制度，没有很好地解决师范教育本土化的问题，特别是没有考虑到中国城乡的差别，师范教育并未为中国乡村教育的发展带来多大的成效，反而使乡村教育陷入严重缺学少教的困境。因此在师范教育独立问题的基础上，人们又提出城市与乡村师范分离的问题。

　　中国师范教育制度在产生之初，并未做城乡的划分，导致几乎所有的师范学校均设在城市。城市的情况和乡村有很大的不同，各自所需的教育模式也不一样。城市化或外国化的普通师范学校不能培养适应于乡村生活的乡村教师，毕业生也缺乏服务乡村的精神，强行按照城市的教育方案去办理乡村教育，对于教育信用和功能的损害无法衡量。余家菊认为：“乡村既无良好的教育设备，欲使子弟受到良好教育的人，自然涌集到都市上。自幼就在都市受教育的人又必不愿过乡村的生活。这样推演下去，社会将有分裂成为都市阶级和乡村阶级的危险。”[①] 而一旦造成人们智识权利的不平等，社会的安定必定遭到破坏，社会的前途也会从此暗淡。

　　基于这样的认识，乡村师范学校与城市师范学校分离，单独设置乡村师范学校的呼声日益高涨。余家菊明确指出：“师范学校宜独立，而乡村师范学校又宜与都市师范学校分离。乡村师范学校须养成安心服务乡村之教师，此非都市师范学校之所能兼营者一也。乡村师范学校须养成能任乡村学校课程之教师，乡村学校之课程又颇异于都市学校，此非都市师范学校之所能兼营者二也。乡村师范学校须养成了解乡村，领导乡村，并力能改进乡村之教师，此非都市师范学校之所能兼营者三也。”[②] 总之，他认为乡村学校环境、设备、课程设置、教材、培养目标等都有特殊的地方，不能简单地照搬城市师范学校的做法。

　　余家菊极力主张师范教育应当分化，提出乡村师范学校与都市师范学校分离的观点，引起诸多共鸣。吴曰信建议：“与其在城市师范附设乡村班，还不如城乡师范分立为妥。吾的意见，师范学校是如此：即造就乡村

---

①　余家菊：《乡村教育运动的涵义和方向》，《中华教育界》第 10 卷第 10 期，1921 年。

②　余家菊编《乡村教育通论》，中华书局，1934，第 115 页。

学校师资的学校，也应有乡居的经验及与乡村发生直接关系。"① 罗廷光认为："乡村师范着眼切合于本乡村的需要，此种学校宜单独立，不应附属城市任何机关。"② 这些意见均强调了乡村师范学校应切合乡村的实际需要。

张恒德从八个方面分析了当时普通的师范学校不能为乡村造就乡村需要的师资的原因："第一，师范学校之训练，因为太重理论而轻实际，以致学不能用。第二，师范学校之工作，因为过于重劳心，而忽略劳力，以致不能适合乡村生活。第三，师范学校之精神，因为不能使学生对于乡村有正确之观念，以致离乡而他就。第四，师范学校之实施，因为皆偏于都市化，以致办理乡教者，亦多因袭都市学校之遗规。第五，师范学校之教师，因为仅知识之传递，以致学生少刻苦耐劳高洁品格之鼓励。第六，师范学校之师生，因为不能真正共生活，同甘苦，以致养成师生间之特殊阶级。第七，师范学校之实习，因为时间太短，以致对于乡校事宜，更不能切实认识。第八，师范学校之设立，因为与乡村环境隔阂太远，以致对于乡村需要，少知改革。"③ 基于以上认识，张恒德主张独立设置乡村师范，以造就能够改善农村环境、切实从事乡村教育的人才。

宁远撰写的《乡村师范与城市师范之区别》从乡村环境与城市环境的区别、乡村师范学校与（城市）师范学校责任的区别、乡村师范学校与城市师范课程的区别、乡村师范学校与城市师范训练标准的区别等方面论述了乡村师范单独设立的必要性。其认为乡村师范在师范教育中占重要的地位，除了普通师范所应负的责任以外，至少还有下列五种责任。第一，训练适于乡村需要之教师。第二，试验合于乡村环境的小学教材。第三，调剂乡村生活之凋敝。第四，辅助义务教育之进行。第五，造就改造社会的人才。他认为，乡村师范研究的对象为乡村社会，最大目的是改造乡村社会及一切生活，这是乡村师范的特殊责任之一。根据宁远的论述，乡村师范学校要培养学生多方面的素质，包括充实之知识、精熟之技能、勤朴之习惯、强健之身体、坚定之意志、刚毅之气节、愉快之精神、爱国之热

① 吴曰信：《造就乡村师范学校师资之计划》，《新教育》第9卷第4期，1924年。
② 罗廷光：《师范教育新论》，南京书店，1933，第46页。
③ 张恒德：《乡村师范教育之理论与实际》，《新农村》（本书引用太原版）创刊号，1933年。

忧、高尚之理想、真挚之同情、远大之眼光、敏活之手腕、勇敢之精神、沈毅之气概、领袖之才能。由此才能承担起发展乡村教育，改造乡村社会的重担。①

为了办成符合乡村需要的乡村师范学校，余家菊对乡村师范学校的课程设置、教学内容、培养目标等提出了初步的建议。首先，各科的教学应着眼于乡村，注重乡村教育。学校教授的理化、博物、历史、地理等科目课程乡村化，比如地理，与其教学生强记各国的都市名称，不如教学生研究各国农民的操作状况和生活情况。其次，设置乡村教育课程。在普通教育学之外，设置乡村教育学，专门研究乡村教育问题。再次，创立乡村试验学校。乡村试验学校既可直接作为试验学理的场所，又可间接作为乡村教育的模范。最后，养成服务乡村的精神。② 余家菊虽然没有明确提出乡村师范教育的概念，但他将培养乡村教育的师资，视为解决乡村问题最主要的途径，意味着乡村师范教育在整个乡村教育中被置于非常重要的地位。

1925 年 12 月 14～15 日，陶行知在黄渡举行的江苏省立师范分校联合会第二届常会上发表了题为《师范下乡运动》的演讲，指出师范学校在乡村设分校，在乡村的环境里训练乡村师资，已经是朝着正确的方向进行了。陶行知认为，"我们要想每一个乡村师范毕业生将来能负改造一个乡村之责任，就须当他未毕业以前教他运用各种学识去作改造乡村之实习。这个实习的场所，就是眼面前的乡村，师范所在地的乡村。舍去眼面前的事业不干而高谈将来的事业，舍去实际生活不改而单在书本课程上做功夫，怕是没有多大成效的。我们不要以为把师范学校搬下乡去就算变成了乡村师范学校。不能训练学生改造眼面前的乡村生活，决不是真正的乡村师范学校"。③

众多专家学者的教育理念和教育实践为乡村师范教育制度的变迁和乡村师范学校的举办，提供了价值定位和合理性论证。总的来说，这些社会有识之士所表达的观点基本上是一致的，都是站在乡村教育或义务教育的立场上，来说明师范应开展"下乡运动"。

---

① 宁远：《乡村师范与城市师范之区别》，《河南教育》第 2 卷第 15 期，1930 年。
② 余家菊：《乡村教育运动的涵义和方向》，《中华教育界》第 10 卷第 10 期，1921 年。
③ 陶行知：《师范下乡运动》，《生活周刊》第 1 卷第 19 期，1926 年。

民国时期，尽管有许多独立设置乡村师范学校的呼吁和实践，但也有不少反对的声音。反对者认为独立设置乡村师范对社会有种种不利，最大的不利就是划分城乡的界限，破坏社会的统一。雷通群就表达了这样的观点："就狭隘的目标打算，确应以校舍设在乡村及学生由乡村生长为原则，但就广大的目标打算，又反觉采用变通办法为有效。何则？校舍之设在乡村，固便于学生熟悉乡村实情，但易令其囿于一隅，有知一不知二之弊。学生之在乡村生长，固于将来更能适应环境及肯为本土服务，但易于先入为主，不知采用他种生活法以改良乡村生活之弊。"① 汪懋祖也认为："近来颇有人主张于乡村内设立乡村师范学校，不与城市混合。然不赞成者实居多数。缘教育原理及根本方法，乡村与城市无异；所异者儿童经验与社会需要耳。质言之，即乡村教育与城市教育之异点：在于外境，而不在内启的方法也。苟另设独立之训练师资机关，实为大不经济。且乡村教师与城市教师，苟其自在养成时即已隔绝，无互相讨论研究之机会，则是道不同不相为谋，又安能灼知乡村与城市之关系；长养其通力合作之精神，而使能互表同情乎。所以不宜分立。"② 从理论上讲，这些反对意见不能说没有道理。充分考虑反对者的意见，可以避免实际办理乡村师范学校时出现极端的城乡对立的做法。有人分析民国时期乡村师范学校存在的问题时，就提出过于强调现代教育的乡村化，有可能走向反面，不但不能改变乡村，反而有被乡村改造的可能。③ 但是结合 20 世纪上半期中国乡村社会的实际状况，乡村师范的设置确实为广大乡村教育的改善做出了切实的贡献，持乡村师范学校独立设置的意见明显占上风。

前面的论述大多是学者对于乡村师范教育的认识，把乡村师范学校独立问题提升到国家层面的是 1928 年第一次全国教育会议。1928 年 5 月 15～28 日，南京国民政府大学院为了"三民主义教育之实施，教育行政之统一，学制系统之整理，教育经费之保障，教育效率之增进"，④ 召开了第一

---

① 雷通群：《中国新乡村教育》，新亚书店，1932，第 64 页。
② 汪懋祖：《美国教育彻览》，中华书局，1922，第 201～202 页。
③ 参见曹彦杰《师范为何下乡：民国时期乡村师范教育的兴起》，博士学位论文，华东师范大学，2018。
④ 《全国教育会议规程》，中华民国大学院编纂《全国教育会议报告》，商务印书馆，1928，甲编，第 8 页。

次全国教育会议。在这次会议上，众多代表就师范学校、乡村师范学校独立问题提出议案，进一步推动了乡村师范学校的发展步伐。向大会提交师范学校独立案的单位有国立中山大学、广东教育厅、广西教育厅、中央大学区师范科联合会、南京特别市教育局，个人有黄琬、李相勗、程时煃、孟宪承、陶行知、欧元怀、李宗武等。① 陶行知在《乡村小学师范学校标准案》中指出，由于乡村需要的教师，多于城市五六倍，城市师范学校培养的教师不足以满足乡村的需要，需要单独设立乡村师范学校，其理由还有："都市里所造就之师资，不愿下乡服务。即使下乡服务，也过不惯乡下生活，并无助于乡下人。一到乡下，便觉得有苦无乐，故不能久于其职。""在乡村里所设的师范学校，天天所过的是乡村生活，所得的是解决乡村生活的本领；在乡下很有用武之地，自能忍耐乡下之苦，而欣赏乡下之乐。"② 欧元怀在《提倡乡村教育设立乡村师范学校案》中极力主张要单独设立乡村师范学校。他的理由是："（一）吾国民众居住于乡村者，占百分之八十以上，即学龄儿童百分之八十以上生长于乡村；其环境及需要，与城市儿童不同；故理论与事实两方面，均有提倡乡村教育之必要。（二）吾国以农立国，农民之潜势力极大。……故为发扬三民主义，匡正世道人心起见，亦不能不急行提倡乡村教育。（三）乡村教育之灵魂，在于优秀教师。现行师范学校课程，系为养成城市学校教师而编制者，现有师范学校多设于城镇，其不适于乡村师资之养成。"③ 参会代表韩安原在《请大学院明令各省注重训练乡村教育师资案》④ 中，对于单独设立乡村师范学校所持理由与陶行知、欧元怀基本相同。在代表们的呼吁和极力推动下，第一

---

① 黄琬，福建代表，曾留学英美，福建教育厅厅长。李相勗，清华大学毕业，被保送到美国加利福尼亚大学学习。程时煃，江苏代表，美国哥伦比亚大学教育硕士，中央大学区普通教育处处长。孟宪承，专家代表，美国华盛顿大学硕士，中央大学教育院教授。陶行知，安徽代表，美国伊利诺伊大学硕士，中华教育改进社主任干事，晓庄学校校长。欧元怀，交通部代表，美国哥伦比亚大学教育硕士，上海大夏大学副校长。没有查到李宗武的简历。可以看出，除了李宗武之外，其他提案人都有留学欧美的经历，国外乡村教育的实践应该对他们的思想产生了一定的影响。

② 陶行知：《乡村小学师范学校标准案》，中华民国大学院编纂《全国教育会议报告》，商务印书馆，1928，乙编，第 147～148 页。

③ 欧元怀：《提倡乡村教育设立乡村师范学校案》，中华民国大学院编纂《全国教育会议报告》，商务印书馆，1928，乙编，第 149～150 页。

④ 中华民国大学院编纂《全国教育会议报告》，商务印书馆，1928，乙编，第 151～152 页。

次全国教育会议通过了《整顿师范教育制度案》。该案中除了规定独立设置师范学校或师范讲习所用来培养小学教师之外，乡村师范学校作为师范学校系统中的一部分，也被单独提了出来："乡村师范学校，收受初中毕业生，或相当程度学校肄业生之有教学经验，且对于乡村教育具改革之志愿者。此项学生修业年限，得暂定为一年以上。如收受高小毕业生，则其入学时之年龄，应在十六岁以上；修业年限，至少两年。"① 第一次全国教育会议的召开，对于推动乡村师范学校的发展发挥了积极的作用。

1929 年 4 月 26 日国民政府公布《中华民国教育宗旨及其实施方针》，规定"师范教育……于可能范围内使其独立设置，并尽量发展乡村师范教育"。② 1930 年教育部公布的《改进全国教育方案》规定："县立乡村师范学校，大县单独设立，小县联合设立，全国共设一千五百所，在五年里完全成立。所需乡村小学师资一百二十万人，由这一千五百所师范学校分头训练，平均每所必须养成教师八百人。"③ 教育部规定，县立乡村师范学校分三期开办："第三年、第四年、第五年各成立三分之一，从第一年起到第五年止，全国每年添设县师五百所。"④ 自此以后，乡村师范学校纳入国家教育体系，正式成为现行教育制度的组成部分。

乡村师范教育作为乡村教育的重要组成部分出现于中国近代师范教育体系中，是中国师范教育发展中不可或缺的重要阶段。从师范教育本身而言，乡村师范教育扩大了师范教育的渠道和规模；从师范教育与社会的关系而言，师范教育开始关注中国广大的乡村地区，更加适应中国社会的现实需要。乡村师范学校的创设旨在为乡村地区培养小学师资，在课程、学时的设计上，积极与乡村社会相融合，充分体现了乡村日常生活的合理性。

（二）救济乡村、振兴乡村教育的内在要求

基于对当时中国乡村现状以及乡村社会的发展在整个国家发展中地位的清醒认识，几乎所有提倡乡村师范教育的学者，在论述乡村教育的重要性时，都会强调乡村教育是救济乡村、促进乡村社会发展的必要途径。

---

① 中华民国大学院编纂《全国教育会议报告》，商务印书馆，1928，乙编，第 140 页。
② 李桂林编《中国现代教育史教学参考资料》，人民教育出版社，1987，第 290 页。
③ 教育部教育方案编制委员会编制《改进全国教育方案》，1930，第 3 页。
④ 缪仞言辑录《第二次全国教育会议始末记》，江东书局，1930，第三编，第 4～5 页。

关于 20 世纪 20 年代的中国乡村现状，有"乡村教育先驱"之称的黄质夫在《中国乡村的现状和乡村师范生的责任》一文中有比较充分的表述。他认为，中国乡村第一个方面的问题是乡村人民生计的困苦，中国的农民"因为耕地狭小，收入不多，加之苛捐杂税，重重剥削的原故，平日除供给生活上必需的费用外，余钱的竟不多见"，哪里还有余力去购买适当的肥料、新式的农具以及讲求灾害防免的方法呢？"结果是灾害时见，旱潦迭遭，生产减少，生计困苦"。第二个方面的问题是乡村人民知识的浅陋。"一般的农人经营农业，纯凭着他们的经验，父而子，子而孙，累世相传，不稍改变，排斥一切新的学理。经验固然是可贵，不过经验是已往的事迹，任凭着经验去做，做得好，也不过和从前人一样，断不会有什么新的发明，新的进步出来。更加上农民迷信的心很深，对于各种的灾害，完全委诸天命，从没有想到用人力去防治的。其他各种的常识，也非常缺乏，因此农民就做了时代进化上的落伍者。"第三个方面的问题是乡村风俗的颓惰。"在乡村中的人民，常因为没有正常娱乐的原故，不免沾染了许多的恶习。如吸烟赌博之类，旷时失业，以收入很微的农家，做这类的事，势必至弄到倾家荡产的地步！"第四个方面的问题是乡村人才的缺乏。"现在因为都市劳工需要的增加和乡村盗匪横行的原故，农民有群趋都市的现象。剩余的比较能力薄弱的，靠这班人去经营农业，当然是没有进步的。因为新工业大都是分工的，除去领袖外，其余操作的人，并不需乎许多的智慧。农业是何等的繁复啊，相土宜，辨物性，预测气候，贩卖产品，全靠着一人去做，没有能力的人，如何做得呢？从各方面去观察，乡村社会的状况，实在难使人乐观。"针对这些问题，黄质夫提出乡村的改造可以分三步走："第一步，须使乡村人民家给人足，富而后教，那就容易了。第二步，是养成乡民具有适当的组织能力，其要点在使乡民的知识增进，道德高尚，然后聚集此等民众组织新村，兴办一切事业。第三步，是指导乡民组织与建设，使乡村社会事业，日有进展，实现理想的新中国乡村。"① 黄质夫认为改造乡村唯一的工具，就是教育，这一点也为其他学者所认同。

---

① 黄质夫：《中国乡村的现状和乡村师范生的责任》，见王文岭、黄飞主编《黄质夫乡村教育文集》，东南大学出版社，2017，第 116～117 页。

著名教育家张宗麟谈到如何改造乡村社会时说："中国政治机构对于农村一部分已经松弛到政令不能下乡，豪绅可以把持的地步。政府为了要使各种计划见效起见，不得不另托主持人，所以许多新政的施行，不但宣传工作必须托教师做，其他托教师直接进行的工作也很多，如乡村卫生、造林、推广改良农业等。"① 教育家傅葆琛明确指出乡村师资"是普及乡村教育的一个先决问题，而造就乡村小学教师，端赖乡村师范"。他认为"我国乡村师资的缺乏和程度的低浅，已经造成了乡村教育衰落的现象。此后改进乡村教育，自是一方面应当急速培养师资，一方面对于在职的教员，应当给予最得力的辅导"。② 时任山东省教育厅厅长的何思源认为，设立乡村师范学校的目的是使师范学校"乡村化"，"旧日省立学校，为交通便利，观摩迅速计，多设于都市。及其弊也，恶习浸染，渐忘本来。师范毕业之学生，薄乡村教育而不为，群集都会，失业不恤，以故师范毕业生日多，各县小学师资，仍有缺乏之患。滋特力矫此弊，设校地点，务在交通较便之乡区，或具有淳朴风气之城市"。③ 雷沛鸿也认识到自清末以来，中国新学校次第兴办，然教育制度"原本是舶来品，而外国所有社会状况实与中国所有悬殊。……外国的社会是产业革命后的社会，因之，他们的教育是产业革命下之一个制度，尝经多次变易以造成今日的形态；中国的社会现在还滞留于中世纪一般的农村社会，所以这种教育制度的移植不当徒事剿袭"。"中国民众的大多数虽散处于各处乡村，徒未尝集中于都市，然而国内学校集中于城市所在地；至于城市以外之乡村，则甚少有任何学校。惟其如是，学校在中国只成为政治上之一种装饰品，而未能有多大裨益于大多数民众。"④ 因此雷沛鸿呼吁："教育事业不应做成政治上之装饰品及经济上之奢侈品；应被做成人类社会所有一件普遍的平凡事业……为着图谋国中之最大多数人的最大幸福，农村教育不可不从速办理。"⑤ 只有

① 张沪编《张宗麟乡村教育论集》，湖南教育出版社，1987，第540页。
② 陈侠、傅启群编《傅葆琛教育论著选》，人民教育出版社，1994，第160页。
③ 山东省政府教育厅编《山东省政府教育厅视察报告第二集》，成章印务公司，1931，何思源撰"弁言"，第2页。
④ 雷沛鸿：《中国教育的新要求》，《教育杂志》第22卷第4号，1930年。见陈友松主编《雷沛鸿教育论著选》，人民教育出版社，1992，第16～17页。
⑤ 雷沛鸿：《中国教育的新要求》，《教育杂志》第22卷第4号，1930年。见陈友松主编《雷沛鸿教育论著选》，人民教育出版社，1992，第19页。

把教育办成普通而平凡的事业，普通老百姓特别是农村的百姓才能真正拥有受教育的权利。

新式教育对乡村教育不仅无所裨益，反而促使乡村溃败，对于以农业为本的国家来讲，其消极的影响不可忽视。"然中国固至今一大乡村社会也，乡村坏则根本催，教育家之有心人发见其非，于是有乡村教育之提倡。"① 随着"复兴农村""改进农村""建设农村"的呼声日涨，许多知识分子开始注意到中国的乡村问题或下乡去实际从事农村工作。② 一批乡村教育家，如晏阳初、黄炎培、梁漱溟等人在全国很多地方都开始试办乡村教育，以图拯救农村，达到救国的目的。留学国外的陶行知、傅葆琛等人，从美国、丹麦、墨西哥、土耳其等国重视乡村教育受到启发，怀着爱国之心，抱着强国之志，投身农村，从事乡村教育。乡村师资问题由此开始逐渐成为关注的焦点，并在 20 世纪 20 年代引发了一场轰轰烈烈的乡村教育运动。

陶行知认为乡村社会不能发展的原因在于教育不充分，我国乡村师资的缺乏及其程度的低浅，已经造成了乡村教育衰落的现象。此后改进乡村教育，自是一方面应当急速培养师资，一方面对于在职的教员，应当给予最得力的辅导。③ "中国乡村教育走错了路！它教人离开乡下向城里跑。他教人吃饭不种稻，穿衣不种棉，做房子不造林。它教人羡慕奢华，看不起务农。他教人分利不生利。它教农夫子弟变成书呆子。它教富的变穷，穷的变的格外穷；它教强的变弱，弱的变得格外弱。"④ 1925 年 8 月，陶行知在中华教育改进社第三届年会上发表了题为《中国教育政策之商榷》的演讲，"提倡以乡村学校为改造乡村生活之中心，乡村教员为改造乡村生活之灵魂。其具体办法，应设试验乡村师范学校以实验之"。⑤ 1926 年初，陶行知在评述江苏省立师范分校联合会第二届常会时指出："乡村师范学校负有训练乡村教师、改造乡村生活的使命。师范学校在乡村里设分校，在乡村的环境里训练乡村师资，已经是朝着正当的方向进行了。我们的第

① 马秋帆编《梁漱溟教育论著选》，人民教育出版社，1994，第 79 页。
② 李楚材：《乡村运动的现阶段》，《教与学》第 2 卷第 10 期，1937 年。
③ 陶行知：《师范教育下乡运动》，《新教育评论》第 1 卷第 6 期，1926 年。
④ 陶行知：《中国乡村教育之根本改造》，《中国教育改造》，东方出版社，1996，第 84 页。
⑤ 陶行知：《中国教育政策之商榷》，《新教育》第 11 卷第 2 期，1925 年。

二步办法就是要充分运用乡村环境来做这种训练的工夫。我们要想每一个乡村师范毕业生将来能负改造一个乡村之责任，就须当他未毕业之前教他运用各种学识去作改造乡村之实习。这个实习的场所，就是眼面前的乡村。"①

在深入调查访问农村学校的基础上，陶行知和东南大学教育科乡村教育教授赵叔愚于 1926 年 11 月成立了中华教育改进社特约乡校教师研究会。1926 年 12 月 3 日陶行知发表了他起草的《中华教育改进社改造全国乡村教育宣言书》，提出中华教育改进社的乡村教育政策是"要乡村学校做改造乡村生活的中心；乡村教师做改造乡村生活的灵魂。我们主张由乡村实际生活产生乡村中心学校，由乡村中心学校产生乡村师范。乡村师范之主旨在造就有农夫身手，科学头脑，改造社会精神的教师。这种教师必能用最少的金钱，办最好的学校，培植最有生活力的农民。我们深信他们能够依据教学做合一的原则，领导学生去学习那征服自然改造社会的本领。但要想这种教育普遍实现，必须有试验，研究，调查，推广，指导之人才，组织，计划，经费，及百折不回的精神，方能成功。本社的事业范围很宽，但今后主要使命之一即在励行乡村教育政策为我们三万万四千万农民服务。我们已经下了决心要筹集一百万元基金，征集一百万位同志，提倡一百万所学校，改造一百万个乡村。这是一件伟大的建设事业，个个国民对它都负有绝大的责任。我们以至诚之意欢迎大家加入这个运动，赞助它发展，指导它进行，一心一德的为中国乡村开创一个新生命"。② 宣言书对乡村师范学校主旨的阐述，成为此后众多乡村师范学校的培养目标。

乡村教育的开拓者、国际平民教育家晏阳初认为：中国学习西方以来，试图以"新教育"代表中国传统"旧教育"凡数十年，非但不能实现富国强兵的目的，反而仍然处于任人宰割的贫弱地位，其原因就在于"误教"与"无教"。所谓"误教"，即中国现在所谓的"新教育"，"并不是新的产物，实在是从东西洋抄袭来的东西。日本留学生回来办日本的教育；英美留学生回来，办英美的教育"，中国人办教育不知道中国的情形，

---

① 陶行知：《师范教育下乡运动》，《新教育评论》第 1 卷第 6 期，1926 年。
② 陶行知：《中华教育改进社改造全国乡村教育宣言书》，《中国教育改造》，东方出版社，1996，第 82～83 页。

随便把外洋的东西搬进来，并不适合中国，"所以教育办了几十年，对于中国本身没有发生什么好的影响"。模仿西方教育的结果，是整个教育的破产。所谓"无教"，指四万万人口中有80%没有受过教育，而受教育的人多为城市人，多数农村人没能受教育。他认为中国人的大毛病是说而不干，都知道教育存在的问题，但无人实地去改造，"更有谁能认真吃苦，到乡村去！"① 由晏阳初领导的中华平民教育促进会，在河北定县等12个县，创设了乡村平民学校，大力推动了乡村教育运动，并将中华平民教育促进会的活动，重点向乡村建设方面转移。这些乡村教育家和教育团体，不仅对乡村教育有理性上的认识，而且还亲自前往农村做调查研究，试图将理性和感性结合，找到更为有效的办法，探讨实施乡村教育的具体模式。1921年成立的义务教育期成会②创办的刊物《义务教育》上，刊登的几位专家的文章具有一定的代表性。

王朝阳在《试办省立农村师范讲习科计划书》中，为如何办理乡村师范提出了几条建议：第一，农村师范学生由各县劝学所保送，须确系农村子弟无力升学者；第二，农村师范学生须年在十六岁以上，高小毕业或有同等学力者；第三，农村师范校所宜设在乡间，设备但须敷用，力求质朴；第四，农村师范必须附设单级小学，以资练习；第五，农村师范教科宜添设农事学及农村社会学，其他教材务宜精选，合于农村生活者，程度不求高深，一以实用为主；第六，农村师范训练注意养成农村生活之习惯，农村经营之思想及趣味；第七，农村师范学习年限二年或三年。③ 王朝阳强调农村师范"训练注意养成农村生活之习惯，农村经营之思想及趣味"。他乐观地展望，照此办法养成的师范生，分布于各农村，可任国民

---

① 晏阳初讲《"误教"与无教》，《民间》（本书引用北平版）第3卷第14期，1936年。

② 1921年7月28日，江苏省举行第五次省教育行政会议，决定为推行义务教育而成立江苏义务教育期成会，以常会和干事员会的形式进行活动，以会刊《义务教育》杂志为宣传阵地，其组织模式分为总会和地方支会，成为自省到县一以贯之的专门性教育团体，集合各界重视教育的知名人士，参与义务教育普及的规划、组织和协调工作，其宗旨是"依据省政府颁行计划，期于八年之间，现普及之实。其方法：筹款方面，对官厅为适法之请议，对社会为同情之联络。处务方面，对学校为相当之赞划，对家庭为必需之劝导，而其最单纯之宗旨则在合苏省人民全力，共以地方义务为己任"。江苏义务教育期成会第一任会长是袁希涛，袁为最早提倡在师范学校设立乡村分校之人。参见《江苏义务教育期成会宣言》，《义务教育》（本书引用江苏版）创刊号，1921年。

③ 王朝阳：《试办省立农村师范讲习科计划书》，《义务教育》第6号，1922年。

小学校长及其他乡村教育事宜，比之当时的教师及师范生，更为适用。

顾述之对乡村师范学校的培养目标的认识非常明确，在《办理农村师范的旨趣》一文中，将乡村师范的目标总结为三点，一是接近农村生活，二是调查农村实况，三是具备改进农村的学识和精神，并指出只有生活方面能够农村化，精神方面才能化农村。①

过探先在《办理农村师范学校的商榷》中指出："农村师范教育的实施，断然要顾到现在农村的情形。……农村教育，应拿农做事业，村做中心。农村教育不但要施行普通的教育，并且要担负改良农业的责任。"② 他认为要达到上述目标，需要做到以下几点。首先，应邀请有关乡村教育的专门人才，对乡村师范学校的办理进行指导；其次，对乡村师范生进行有关农业专业技能的教学与训练，培养他们改良农业的能力；再次，乡村师范学校的学生应以农家子弟为主；最后，要求农村小学，不仅要教育农家子弟，还要注重对广大农民的教育。

乡村教育运动，"旨在从教育农民着手以改进乡村生活和推进乡村建设"。③ 据《第二次中国教育年鉴》的统计，从 1925 年到 1935 年，在全国各地建立的各种乡村教育、乡村改进和乡村建设的试验区多达 193 处。④ 其中有四处试验区最具有代表性，第一个是生活教育派在南京郊区创办的晓庄试验乡村师范学校，第二个是平民教育派在河北定县创办的乡村建设试验区，第三个是职业教育派在江苏昆山徐公桥创办的乡村改进试验区，最后是乡村建设派在山东邹平等地创办的乡村建设试验区。

乡村师范教育的快速发展，引起了国民政府的关注。国民政府出于政治方面的考虑，意识到乡村教师的重要性，不得不重视乡村师范教育工作，于是将包括乡村师范教育在内的整个乡村教育纳入自身控制范围之中，即通过自己所规定的乡村教育来实现对乡村社会的控制。国民政府对乡村师范教育的这种关注，是不断通过政府教育法令或教育行政命令的形式加以表达的。

---

① 顾述之：《办理农村师范的旨趣》，《义务教育》第 24 号，1924 年。

② 过探先：《办理农村师范学校的商榷》，《义务教育》第 20 号，1923 年。

③ 中国大百科全书总编辑委员会《教育》编辑委员会中国大百科全书出版社编辑部编《中国大百科全书·教育》，中国大百科全书出版社，1985，第 411 页。

④ 教育部教育年鉴编纂委员会编《第二次中国教育年鉴》，商务印书馆，1948，第 223 页。

1924 年 1 月中国国民党第一次全国代表大会宣言号召"改良农村组织，增进农人生活"。[①] 1927 年 3 月，国民党第二届中央执行委员会第三次全体会议提出了《对全国农民宣言》，[②] 并通过了《农民问题决议案》，其表达的主要思想为农民受压迫最深，是革命的基本力量，国民党应该注意号召农民参加国民革命，打倒土豪劣绅，以谋农民的解放。[③] 1927 年 11 月，国民党中央特别委员会第十次会议通过了《农人运动大纲案》，提出国民党应该在政治、经济、文化和其他各个方面支持农民，以充分地发动农民，这是革命的基础，也是建国的基础。[④] 上述提案表明国民党对农民重要性的认识，但这种认识没有在实践中得以全面推行。特别是 1927 年"四一二"反革命政变以后，国民政府对农村和农民问题的重视主要是为了限制共产党在乡村的发展，与以前相比性质上发生了变化。

1928 年 5 月 15～28 日，在南京召开的第一次全国教育会议上，交通部代表、美国哥伦比亚大学硕士、上海大夏大学副校长的欧元怀在《提倡乡村教育设立乡村师范学校案》中，指出乡村教育的重要性："吾国民众居住于乡村者，占百分之八十以上，即学龄儿童百分之八十以上生长于乡村；其环境及需要，与城市儿童不同；故理论与事实两方面，均有提倡乡村教育之必要。""吾国以农立国，农民之潜势力极大。近年来共产党……特注意于下层工作……故为发扬三民主义，匡正世道人心起见，亦不能不急行提倡乡村教育。"[⑤] 安徽代表、美国密歇根大学硕士、安徽省政府委员兼安徽教育厅厅长韩安提交的《请大学院明令各省注重训练乡村教育师资案》中也是从农村人口众多和政治两个方面强调了乡村教育的重要性："吾国户口，乡村约九倍于城市。而教育则偏重城市，不合教育机会均等之原则，亦违背吾党注重农工幸福之主张。此后各省应竭力提倡乡村教育，以均教育机会，

---

① 荣孟源主编《中国国民党历次代表大会及中央全会资料》（上），光明日报出版社，1985，第 11～22 页。

② 荣孟源主编《中国国民党历次代表大会及中央全会资料》（上），光明日报出版社，1985，第 308～311 页。

③ 荣孟源主编《中国国民党历次代表大会及中央全会资料》（上），光明日报出版社，1985，第 327～331 页。

④ 荣孟源主编《中国国民党历次代表大会及中央全会资料》（上），光明日报出版社，1985，第 489～490 页。

⑤ 中华民国大学院编纂《全国教育会议报告》，商务印书馆，1928，乙编，第 149 页。

而谋乡民之福利。惟推广乡村教育，必须先行培养适当师资，办学始有成效，而经费不致虚糜。”“共产党徒煽惑农民。防止之法，不外乎政治教育。果有思想稳健，受有乡村师范特殊训练，能得乡民信仰之教职员，从事乡村教育，则共产分子不能在乡村活动，而农民不致流为赤化。”① 这些提案的政治目的十分明显，最后经大会审议通过，可以看作政府的意见。培养乡村教育的师资，同时培养乡村运动的领袖，有利于维护国民党在乡村的统治地位，这是国民政府重视乡村教育的一个非常重要的原因。

1930 年 3 月 4 日，胡汉民、刘庐隐、陈立夫联合提出的《实施三民主义的乡村教育案》在国民党中央执行委员会第三次全体会议上通过。该提案把乡村教育视为地方自治顺利推行的关键因素，阐述了推行乡村教育极为重要的四个方面的原因。第一，三民主义必须依赖乡村教育，将根基深植民间，庶几三民主义的国家建设，始能由开创而进于完固。第二，实施三民主义的乡村教育，能使三民主义深入全国未受教育的乡村平民、儿童。第三，乡村人口占全国总人口的80%以上，城市人口不足20%。而中国的政治大抵以城市为中心，这实际上是说中国政治的基础并不广泛扎实。巩固这一基础，必赖三民主义之乡村教育，培植中国政治的基础。第四，孙中山先生的《建国大纲》规定，县为自治单位，而县的自治基础必在乡村。②

20 世纪 20～30 年代，国民党政府在农村开展了许多运动，如政教合一运动、教养卫合一运动、政富教合一运动。这些运动的政治工作、经济工作、保卫工作，都可与教育机关携手进行，主要工作人员都是乡村小学教师。张宗麟分析了原因：“这其中不是乡村教师自己作主的，也不是几个提倡者可以作主的，而是有他的必然性。在这个时期，乡村改造工作非由乡村教师负责不可。”③ 这一时期，上自政府，下至民众，都竭力从事复兴农村的运动，寻求乡村问题的解决办法。他们认为发展农村教育、增进农民知识，进而促进农业改进，是解决乡村问题的最主要途径，而发展乡村教育的前提是乡村有足够的师资，培养乡村教师的途径是乡村师范学校的设立。

① 中华民国大学院编纂《全国教育会议报告》，商务印书馆，1928，乙编，第 151～152 页。
② 中国第二历史档案馆编《中华民国史档案资料汇编》第五辑第一编教育（二），江苏古籍出版社，1994，第 1023 页。
③ 张沪编《张宗麟乡村教育论集》，湖南教育出版社，1987，第 537 页。

乡村师范教育就是乡村教育的"母体"。只有乡村师范教育才能担当起培养乡村师资的重任；只有乡村师范教育兴起，才能振兴乡村教育；只有振兴乡村教育，才能为农村社会发展培养大量人才，乡村运动才能顺利进行。受乡村运动的影响，乡村师范教育运动的兴起成为历史的必然，而乡村师范学校也就应运而生。

（三）解决普及乡村义务教育所面临的师资缺乏问题

清朝末年，欧美各国以及亚洲的日本大都实行了义务教育。国外对义务教育的推行引起了清政府对这个问题的重视，在 20 世纪初清政府草拟的有关教育文件中，就有"义务教育""强迫教育"的字眼。

1902 年 8 月，清政府颁布了由张百熙起草的《钦定学堂章程》，史称"壬寅学制"。这是中国近代第一个具有现代教育制度特点的学制。"壬寅学制"把全国学校系统划分为三个阶段：小学阶段、中学阶段和大学阶段。小学阶段修业年限分别为：蒙学堂四年，寻常小学堂三年，高等小学堂三年。"壬寅学制"虽然没有明确出现"义务教育"一词，但字里行间体现了把小学阶段前七年教育作为义务教育学制的目标。尽管由于种种原因，这一学制没有实行，但它反映了晚清以来朝野兴学的要求，体现了当时兴学的形势和需要，为以后建立比较完善的义务教育体系奠定了基础。

1904 年清政府又颁布了由张之洞、荣庆、张百熙起草的《奏定学堂章程》（"癸卯学制"），开始兴办新式教育。"癸卯学制"把全国学校系统分为三等六级：初等教育阶段、中等教育阶段和高等教育阶段。初等教育分为两级：初小修业年限为五年，高小修业年限为四年。和"壬寅学制"相比，"癸卯学制"在普及教育的态度上更为坚定。初等小学堂的宗旨是：以启人生应有之知识，立其明伦理、爱国家之根基，并调护儿童身体，令其发育为宗；以识字之民日多为成效。对初等小学堂入学年龄，章程规定为七岁。但考虑到实际情况，章程也采取了变通和从宽的办法，即使满八岁、九岁，亦准入初等小学。初等小学堂修业，以五年为限。教授科目，小学堂完全科共八门：修身、读经讲经、中国文字、算术、历史、地理、格致、体操。简易科课程分设五门：修身和读经、中国文字、算术、历史地理与格致、体操。

"癸卯学制"是以日本学制为蓝本构建的近代纲领性兴学文件，第一次分开了学制系统与行政系统。"癸卯学制"的制定与实施，宣告了封建教育制度即将退出历史舞台，新式教育将以崭新的姿态展现在世人面前。与"壬寅学制"相比，"癸卯学制"充分考虑当时的实际情况，在就学年限上，把六岁改为七岁，入学年龄推后了一年。"癸卯学制"确定初等小学阶段教育为义务教育，其设置分为完全科、简易科两轨。其中完全科与高等小学、中学阶段、大学阶段教育互相衔接，构成了完整而稳定的近代学制；简易科以普及实用为宗旨，以"识字之民日多"为目的，在年限上又分为三年、四年两种，课程设置从乡村实际出发，突出主干，使义务教育在实施中具有更大的灵活性、可行性和广泛的适应性。

"壬寅学制"和"癸卯学制"还不能说是专门化的义务教育学制，但其中初等小学堂章程的有关内容，以及兴学之初把初等教育普及放在突出地位，体现了官方的义务教育观。

从1905年中央设学部，省设提学使司，到1906年县设劝学所，短短一年多时间，形成了推动与领导新式教育的专门化行政力量，为规划与发展新式教育提供了根本保障。从1905年科举制度被废除到清朝被推翻，五年多时间里近代义务教育的学制变革十分活跃。

1907年，学部公布了《咨行各省强迫教育章程》十条，强迫性措施主要表现为两点：一是幼童至七岁令入学，不入学者，罪其父兄；二是规定了各府州县长官及地方劝学所办理学堂的责任，依据学堂创办多寡论其功过。

1907年3月，学部颁布了《奏定女子小学堂章程》。该章程一方面提出把女子小学堂与男子小学堂分设，不得混合，以及注重礼教，保留了浓厚的封建成分；另一方面，它把女子小学堂分为初等、高等两种，其修业年限均为四年，第一次把女子教育纳入整个学制系统中，体现了国民教育平等、全民性的特点。

1910年12月学部公布了《改定两等小学堂办法》，统一了全国初等小学堂学制，将初等小学堂一律改为四年。改定后设必修课五门：修身、读经讲经、国文、算术、体操。另设随意科手工、图画、乐歌等供选择。前两年不再设读经与讲经课程；后两年的读经、讲经课时也大为削减。初等小学堂学制的改革，从根本上说，是当时各地教育发展的内在要求，也是人们普遍要求提高义务教育质量的反映。

1911 年 7~8 月，学部派人在北京主持召开中央教育会议，会议议决了《试办义务教育章程案》等文件，明确规定以四年为义务教育期，并提出了试办义务教育的办法。

中华民国成立伊始，十分重视义务教育。1912 年 1 月 19 日，教育部先后公布了《普通教育暂行办法》和《普通教育暂行课程标准》。9 月 3 日，教育部颁布了《学校系统令》，即"壬子学制"，规定"初等小学四年，为义务教育，毕业后得入高等小学校或实业学校"。9 月 28 日又公布了《小学校令》。其中重要的内容有：各级各式学堂改称学校；监督、堂长一律改称校长；初等小学男女可以同校；废除小学读经；小学校分初等小学校与高等小学校，初等小学校修业期限为四年，高等小学校修业期限为三年。把义务教育定为四年，延用和保留了清末有关普及义务教育的政策，态度谨慎，注意到了推广义务教育的连续性，为民国时期初等小学学制的建立奠定了基础。

民国初年把义务教育的宗旨归纳为：以留意儿童身心之发育，培养国民道德基础，并授以生活所必须之知识技能。6~14 周岁为学龄期，儿童达到学龄期后，应受初等小学教育。学习科目有修身、国文、算术、体操、手工、图画、唱歌。女子加缝纫课，遇不得已时，可暂缺手工、图画、唱歌。小学附设补习科。

民国初年普及义务教育的愿望面临师资的严重短缺，尤其是乡村缺学少教的情况更为突出，这在很大程度上催生了乡村师范教育制度。北洋政府时期，政府层面对于义务教育推广工作的重视，为乡村师范教育制度的产生做了很好的酝酿和准备。1915 年教育部颁布了《义务教育施行程序》，决定分两期从 31 个方面推动义务教育的实施。从调查各地教育现状，规定义务教育之要则，到中央和地方开始师资的培养、经费的筹集，义务教育进入了一个规划和实施的重要阶段。[①] 1915 年 7 月 31 日教育部颁布了《国民学校令》；1916 年又公布了《国民学校令施行细则令》，把四年义务教育改为国民教育，从一个新的思想高度认识和实施义务教育。

五四运动前后，普及义务教育面临的师资匮乏，成为当时亟待解决的

---

① 中国第二历史档案馆编《中华民国史档案资料汇编》第三辑教育，凤凰出版社，1991，第 466 页。

问题，而解决这一问题最有力度的当数山西省。1918年，时任山西省省长的阎锡山筹划在山西全省分七期依照先城市、次城镇、后乡村的顺序普及义务教育。1919年，阎锡山在太原筹设国民师范。国民师范办学的宗旨是养成乡村学校的师资，学生毕业后服务乡村，在课程设置上也与以往的师范学校有很大差别，按照两年的修业年限安排课程。这所学校虽然仍旧未能摆脱普通师范学校的羁绊，但已初步具备了乡村师范学校的某些特质，可被视为民国乡村师范学校的萌芽。

1919年北洋政府教育部公布了《全国教育计划书》，要求"义务教育急应分年计划进行，以期十年以后渐图普及"。①

随后，北洋政府教育部于1920年制定《八年推进义务教育办法》，规定了用八年时间普及四年义务教育的任务，并提出了培养能够深入乡村并适应乡村生活环境教师的任务。

1922年9月，北洋政府以大总统令的方式颁布了《学校系统改革案》，一般称之为"壬戌学制"，又称新学制，也称"六三三学制"。"壬戌学制"的颁布，确定了义务教育普及的任务，建立了符合中国国情的新学制。新学制作为民国时期义务教育的基本体制，"小学校修业年限六年，分初高两级。初级修业年限四年，高级修业年限二年"。"义务教育年限为六年，但依地方情形，得暂以初级修业年限为义务教育年限。"②"壬戌学制"从总体上提出实施义务教育的基本标准，又充分考虑到了各地方省份办学的实际，给予地方一定的自主权，有利于义务教育的推广。

1923年颁布的《中华民国宪法》第四章明确指出"中华民国人民依法律有受初等教育之义务"。③"义务教育"首次出现在宪法中，为中国近代义务教育的发展提供了法律保障。"新宪法"规定："义务教育之学年至少以六年为限。在义务教育学年内，免纳学费。"④

1928年5月15~28日召开第一次全国教育会议，江西代表、国立武

① 中国第二历史档案馆编《中华民国史档案资料汇编》第三辑教育，凤凰出版社，1991，第53页。

② 中国第二历史档案馆编《中华民国史档案资料汇编》第三辑教育，凤凰出版社，1991，第84~85页。

③ 郭卫、林纪东编纂《中华民国宪法史料》，大东书局，1947，第31页。

④ 王炳照、阎国华主编《中国教育思想通史》第7卷，湖南教育出版社，1994，第282页。

昌中山大学教育系及心理学教授柳报青提交《请国民政府通令各省切实施行义务教育案》，强调："今欲普及教育，亟应从速推广师资。查现在各中等师范班之毕业生，为数过少不敷分配。宜于各省多设师范讲习所，或单设，或附属于他种学校均可。招收高小以上之毕业学生，予以师资之训练，以应此急需。其在乡村，尤应注意农村教育。"① 第一次全国教育议通过了《厉行全国义务教育案》，要求各县市设立义务教育委员会，设专款作为义务教育经费，提出各地方失学儿童每两年应减少 20%，以义务教育办学成绩作为考核教育人员的依据。②

第一次全国教育会议确定的十年实现义务教育计划，并没有预料到"中国有四千万失学儿童，需要一百四十万教员，一百万间教室，每年需要二亿八千万元经费，更没有如何分期设学、培养师资、增加教室"的办法。③ 这些问题在 1930 年 4 月 15 日到 22 日的第二次全国教育会议上得以解决。这次会议通过了《实施义务教育初步计划草案》，目标是"使全国学龄儿童得受初级小学四年之教育。但对于农村或城市中贫寒儿童，得酌量变通或缩短在校期间，而以补习学校或'自修制度'，补足其应受之义务教育"。关于实现义务教育的期限，该草案规定："拟于五年之内完成全国训练师资之机关；并于同时期内开办城市及乡村义务教育实验区各一千五百处，俾全国各重要部分，对于义务教育，皆得开始作小规模之试验。以后逐年推广至第二十年之末，全国一律实施四年之义务教育。"④

1932 年 6 月，南京国民政府教育部公布了《第一期实施义务教育办法大纲》。规定第一条，"以民国二十一年八月起至二十四年七月止"为实施义务教育第一期。"在此期内，全国各县市及行政区特别区，应指定城市

---

① 中华民国大学院编纂《全国教育会议报告》，商务印书馆，1928，乙编，第 298 页。
② 中华民国大学院编纂《全国教育会议报告》，商务印书馆，1928，乙编，第 293~294 页。
③ 缪仞言辑录《第二次全国教育会议始末记》，江东书局，1930，第二编，第 16 页。
④ 《实施义务教育初步计划草案》，《教育部公报》第 2 卷第 5~6 期，1930 年。陶行知在《普及教育运动小史》中说："民国十九年春天，我曾一度赞成一个二十年内完成的普及教育计划。这计划曾由教育部提出，全国教育会议通过。"1929 年 6 月国民党第三届中央执行委员会第二次会议通过振刷政治决议案，由中央政治会议决定成立教育方案编制委员会。教育部遂聘陶行知等 15 人为委员，陶为 7 名常委之一。陶还担任义务教育组主任，负责方案起草工作。这个"初步计划"是全国教育方案的组成部分，当提交第二次全国教育会议时，陶行知被通缉，未能参加会议。

及乡村各设一区或数区，为义务教育实验区，实施义务教育。是项实验区收容儿童总数，至少应占全县市区失学儿童十分之一。"第二条，"省教育厅为试验推行义务教育办法，并为各县示范起见，应指定相当地点设义务教育实验区，城市及乡村，至少各设一区"。① 教育部为进一步促进义务教育的普及，又于同年制定了《短期义务教育实施办法大纲》，规定"短期义务教育之实施，以乡镇坊公所为主体，省市行政区特别区及县市区，为试验与示范起见，应指定相当地点，设短期义务教育实验区，尽先办理短期义务教育"。"短期义务教育，以特设之短期小学或小学及改良私塾内添设之短期小学班施行之。"② 这些法令的颁布，促进了义务教育在全国的开展。

推广普及义务教育的关键无疑是教师，中国的广大民众在乡村，因此推行义务教育必须着眼于乡村，而开展乡村教育，必须大力培养乡村师资。过探先就表达了这种观点："近岁义务教育，呼声日高，吾省明达君子，急急焉以推广小学教育为先务，而所欲推广之小学十之八九在农村，乃愈觉造就农村小学教员之不可一日缓。"③ 但当时农村师资薄弱，教师的受教育程度也很低，难以胜任乡村小学的教学任务。于是就有人强调"义务教育为国民根本教育，非智识新颖，了解三民主义，并能深明教学管理法者，不得滥竽充数"。④

随着对乡村教育的检讨与反思，许多人提出并试办乡村师范学校，以培养真正适合乡村教育的师资队伍。江苏省义务教育期成会的袁希涛、黄炎培等人是最先提倡在乡村设立分校的代表人物。黄炎培曾从普及职业教育的角度，对乡村教育的重要性进行了阐述。他说："吾尝思之，吾国方盛倡普及教育，苟诚欲普及也，学校十之八九当属于乡村。"⑤ 1922 年 3 月，袁希涛草拟了省立师范学校添办乡村分校的计划，指出推行义务教育，首要的任务是培养合格的教师。该计划分析了中国乡村师资队伍存在的问题，认为乡村普及教育就要培养出更多的乡村教师。目前最为简便的

---

① 《第一期实施义务教育办法大纲》，《教育部公报》第 4 卷第 45 ~ 46 期，1932 年。
② 《短期义务教育实施办法大纲》，《教育部公报》第 4 卷第 45 ~ 46 期，1932 年。
③ 过探先：《办理农村师范学校的商榷》，《义务教育》第 20 号，1923 年。
④ 中华民国大学院编纂《第一次全国教育会议报告》，商务印书馆，1928，第 297 页。
⑤ 中华职业教育社编《黄炎培教育文选》，上海教育出版社，1985，第 93 页。

方式就是让省立师范学校添办乡村分校，以直接推进农村教员的培养。其具体办法如下。第一，由省立师范学校择乡村适宜地点设立分校，且分校必须设立乡村附属小学。第二，乡村师范分校除讲授普通各学科外，还应开设农业、桑蚕、林业科等学科课程。第三，设备完全之分校，招收完全师范科之学生，毕业后其学力优著者，经特别试验，得充各县师范讲习所教员，其余一般毕业生，听充城乡各小学教员；不能招收完全师范科学生者，应要求原校师范生于最后一年，以若干日期住宿分校，就乡村附校实习，并对于乡村教育，为实地之研究。各省立师范学校也可专办二年制讲习科，直接养成乡村教员。第四，各省立农校设立农业专科教员讲习班，负责培养乡村师范讲习所之农业教员和乡村小学之农业专科教员。[①] 同时，袁希涛以该计划向江苏各省立师范学校及农业学校、政府相关部门及《申报》等媒体致函征求意见。[②] 在其推动下，江苏省在全国率先试办乡村师范学校。

在教育界有识之士的推动下，南京国民政府颁布了相关法令，促进了义务教育在全国的开展，推动了全国各地乡村师范学校的兴办。

---

① 袁希涛：《省立师范学校添办乡村分校议》，《义务教育》第 7 号，1922 年。
② 袁希涛：《师范添办乡村分校之倡议》，《申报》1922 年 3 月 27 日，第 4 版。

第二章 乡村师范学校的初步办理及其政策演变

在乡村师范教育制度构建初期，地方政府成为推动师范学校特别是乡村师范学校发展的主体。阎锡山主政的山西省，于1919年成立了山西省立国民师范学校，虽然该校没有直接被命名为"乡村师范学校"，但其设置的目的是满足全省105个县对小学教员的需求，所以学界把它看作民国第一所乡村师范学校。20世纪20年代，在学者们"师范教育下乡"的呼吁下，江苏省立第一、第二、第三、第四、第五师范学校设立农村分校，成为专门培养乡村师资的乡村师范学校。作为全国乡村师范学校嚆矢的晓庄试验乡村师范学校1927年在南京成立。在江苏省的带动下，其他各省纷纷行动起来。1928年夏天浙江省立湘湖乡村师范学校成立，这是由省级政府拨款开办的第一所乡村师范学校。同年10月，江西开办乡村师范两所，一所在南昌，一所在上饶。湖北省立乡村师范学校也在筹办中。1929年安徽、山东、河南都开始筹办乡村师范学校。同时，各省旧有县立师范学校大都改为县立乡村师范学校。这些初步的尝试，为后来乡村师范教育制度的构建和30年代乡村师范学校在全国的推广奠定了很好的基础。

一 乡村师范学校的产生及其初步办理

（一）山西省立国民师范学校

1917年9月，身为山西督军的阎锡山兼任省长，掌握了山西省的军政大权，开始着力推行"用民政治"，提倡发展民德、民智和民财。阎锡山从三个方面入手，通过教育发展民智：一是普及国民教育，二是创办职业教育，三是推行以改良社会风俗、开通知识为宗旨的社会教育。三个方面的重点当然放在普及国民教育上。阎锡山在《人民须知》里这样写道："凡是山西百姓，不论贫富贵贱的小孩子，七岁到十三岁，这七年内，须要有四年上学，这就名叫国民教育；凡上过学的人，智识就高了，身体也壮了。为父母的无论如何贫穷，总要使子女上学，是父母对于子女的义务，又名叫义务教育；……国家法律定的，人民若不上学，就要罚他，罚了还得上学，又名叫强迫教育。"① 1918 年山西省颁布《山西教育计划进行案》和《山西省实施义务教育程序》，对各地完成义务教育的时间、要求以及师训、经费筹措等都做了明确规定。面对筹措义务教育经费的困难，阎锡山发布命令，上自省内各厅，下至县级各机构，乃至最基层，均有责任和义务筹集义务教育经费。经费的筹措要上下互动，省里拨一点，县里集一点，村镇自筹一点。

1919 年，为广造师资，由阎锡山提议，经省议会通过，山西省决定于省会设立国民师范学校一处。② 因原计划国民师范学校每年招生 20 个班（1200 人），学制为两年，建校 20 年后即要满足全省 105 个县对小学教员的需求，所以国民师范学校的兴建规模十分可观。1919 年 3 月购买土地181 亩，建筑学生宿舍 20 排，每排 21 间，教室 43 座，仪器标本室 3 座，教职员办公室兼宿舍 93 间，接待室 25 间，茶厅 22 间，饭厅 2 座（44间），洗漱室 36 间，浴室 5 座（36 间），厨房 20 间，储藏、校警、传达、夫役等室 73 间，自省堂 1 座（11 间），养病院 1 所，厕所 10 处，共建筑房屋 840 余间，连同建筑围墙、打井、修筑校门和接收阳曲县第一国民学校为附属小学校的花费在内，共计大洋 245717 元。1920 年，又购买山西省立国民师范学校西边土地 80 亩，辟为操场和校园。1922 年，在学校院中添建大楼 1 座，图书阅览室 2 座。以后又陆续兴建教工宿舍及其他附属设施。

1919 年 6 月，学校粗具规模，省政府委派陆军第四旅旅长赵戴文兼任

---

① 阎锡山：《人民须知（续）》，《京兆通俗周刊》第 5 期，1919 年。
② 关于山西省立国民师范学校的材料，取自太原市教育志编辑组撰写的《解放前山西省立国民师范学校》，载中国人民政治协商会议山西省太原市委员会文史资料研究委员会编印《太原文史资料》第 1 辑，1984，第 90~98 页。

校长，7月委派马鸣鸾充任教务长，蓝承荣充任庶务长，8月又委任徐一监充学监。同年8月学校开始招生，阎锡山令全省105个县各选送学生10人，编为二年制普通班1～20班；又由省教育厅派人到天津、保定招取中学毕业生291人，设二部师范。11月又招中学毕业生73人，开设高等体育专修科。国民师范学校开办之初，共有学生26个班1570人，教职员79人，为当时太原最大的学校。

山西省立国民师范学制与专业设置在最初五年内屡经变更，比较混杂，两三种学制同时并存。1919年，设普通科师范（二年制）、二部制师范（一年制）及高等体育专修科（二年制）。1920年，又设完全科师范（五年制），将上年普通科中学生年龄较小的两班改为完全科，夏季又招普通科和完全科两种学生。此后，二年制与五年制师范同时存在了几年。同年又增设职业养成科（二年制）。1921年，将普通科毕业生中考试不及格者编为补习科，补习一学期后发给修业证书。1922年，将原完全科中部分学生改编为三年普通科，增设初级雅乐专修科（一年制）、职工养成科（二年制）。1923年后，学制渐趋固定。当年招收的学生按新学制编为六年师范，分前后两期，各三年，前期相当于初中，后期相当于高中。同年又招中等学校毕业生设高级雅乐专修科（一年制）。1925年，开办高级师范部，仅有国文一系，招生一班。①

山西省立国民师范学校的课程按照教育部的规定设置，包括公民科、国文、英文、数学、历史、地理、自然科、教育概论、珠算、手工、乐歌、图画、军事常识、体育、实用工艺，共15门。各科修业均采用学分制，以每周授课一时，满一学期为1学分，无须课外预备的科目则为半学分。每学期以26学分为准，但可以根据学习成绩加减3学分。同时规定前期（三年）各科为必修课，后期于第五学年开设分组选修课，共有文史地、自然科和艺术三组，任学生自由选择，但是至少应选修20学分。

学生管理方面，学校开办之初曾采用队长制，每两班委派队长一人。第二学期取消队长制，改为训育员制。到1921年7月，改训育员制为班主

---

① 1929年，按照教育部的规定，山西省立国民师范学校高级师范部改为独立学院，定名山西省立教育学院，1930年春教育部准予备案。1931年，按照国民政府教育部的要求改为高中师范科并附设初中，1933年按照省教育厅的命令停招初中。

任教员制。

学生待遇比较优厚，不收学费，制服、膳宿、讲义等由学校供给，课本一项由学校补助半价，学习用具等项由学校补助三分之一，以致家庭贫寒的学生竞相报考。

由于国民师范学校的多数学生来自贫寒之家，学校规定即使家庭宽裕的学生也应该格外节约，以减轻父母负担。如果查到"在校外各酒食小铺私聚浪费者，轻则扣除操行成绩，重则勒令退学"。学校逐渐养成较为浓厚的学术氛围，学生自行组织的学术社团"学光会"，定期出版的《学光月刊》《音乐月刊》，都深受欢迎。学校还利用暑期多次举办"夏令营讲学会"，请专家来讲授新教育原理、儿童心理、公民学纲要、中国外交史等。

得益于阎锡山的重视，山西省在全国率先提出义务教育实施方案，并为推行义务教育兴办国民师范学校的做法取得了积极的成效，使山西这个省份成为全国义务教育发展的典范，各地都派员去山西参观学习。[①]

（二）江苏省立师范学校设立的农村分校

进入 20 世纪 20 年代，经济、教育发达的江苏省以在师范学校设置农村分校的方式开始办理专门培养乡村教师的乡村师范学校。1922 年江苏在黄渡镇成立了江苏省立第二师范学校的农村分校。1923 年，江苏省立第一、第三、第四师范学校分别在苏州吴江、无锡洛社及南京栖霞成立了各自的农村分校。1924 年春，江苏省立第五师范学校的农村分校在江苏高邮

---

① 1922 年 6 月，胡适在《努力周报》发表的文章中说："现在有许多人爱批评阎锡山，但是阎锡山确有不可及的地方。他治山西，是有计划的。例如他决心要办普及的义务教育，先做一个分年期的计划。四年的师范不够养成教员，他就设速成的国民师范；这还不够用，他就设更速成的传习所。他依着这个计划做去，克期进行，现在居然做到了义务教育！江苏、浙江还办不到的事，阎锡山在那贫陋的山西居然先做到了！人称山西为模范省，又称阎锡山为模范督军。"（胡适：《这一周》，见欧阳哲生编《胡适文集》第 3 卷，北京大学出版社，1998，第 406～407 页。）1925 年，陶行知到山西进行实地考察后，这样评价阎锡山在山西推动的义务教育："自从民国七年（1918 年）开始试办，到了现在，山西省 100 学龄儿童中已有 70 多人在国民小学里做学生了。山西之下的第二个省份（江苏）只有 20% 多。可见，真正实行义务教育的，算来只有山西一省。"（陶行知：《时局变化中之义务教育》，《新教育评论》第 1 卷第 3 期，1925 年。）1925 年 8 月，中华教育改进社在太原举行年会，参会代表超过 700 人，事实上是全国各地教育界人士集中学习山西经验的一次大聚会。

界首镇成立。上述师范学校的农村分校均以"养成适于农村生活之小学教师，指导农村教育，改进农村社会之人才"[1] 为宗旨，培养满足于乡村需要的乡村教育师资，以及乡村建设人才。这些学校的校址都在乡村，学校试图在乡村环境里对学生进行教育和训练，使学生在乡村生活的熏陶下，逐渐养成适应乡村生活的习惯。

1. 黄渡乡村师范学校[2]

黄渡乡村师范学校是江苏省立第二师范学校的分校。由省教育厅划拨嘉定县黄渡镇前清驻防军废垒为校址，校园 20 亩。黄渡与上海仅距 40 里。学校创办时，未建校舍，借用民房招生，设备也比较简陋，除购置基本的校具、图书、仪器外，仅有几亩农事实习地。黄渡乡村师范学校于 1922 年 10 月 1 日开学，主任为傅鸣光，招收二年制学生一班。1923 年暑假学制由二年制改为三年制，以解决学生的学力不足问题。1924 年春，校舍被军队占据，校具等皆毁于战火，学校迁往上海上课。这年暑假，第一届学生毕业，成立附属小学一所。1925 年自建房屋 13 间，退回一部分租用的民房，学生迁入新教室上课。1926 年暑假，第二届学生毕业，秋季建宿舍三进 18 间，所租民房全部退回，又收回营地 35 亩充作农场。至此学校共有校舍 43 间，地基 55 亩，校具也逐渐丰富。

1927 年春，随着北伐革命军到达江苏，该校教育制度发生变更，二师分校成为上海中学的一部分，由上海中学校长欧元怀接收，改为上海中学乡村师范科，也称上海中学乡村师范部。当年暑假，第三届学生毕业。秋季，黄敬思接任该科主任，郑通和继任校长，校务没有变化。乡村师范科招收新生时男女兼收，该校开始有女生。1928 年暑假，第四届学生毕业，收回营地 59 亩，其中 22 亩建成运动场，其余土地充作农场。黄敬思担任乡村师范科主任四年，每年结余的经费陆续建筑房屋并增加教学设备。

1931 年秋，滕嵩石接任主任一职。滕嵩石注重实验，试办工学。四年级学生在附近乡村办理乡村小学五所，名为工学实验小学。这些学生一面学习学校指定课业，一面在小学进行实验，将理论用于实践，一年以来，

---

① 古楳编著《乡村师范概要》，商务印书馆，1936，第 56 页。
② 关于黄渡乡村师范学校的材料，采自《江苏省立黄渡乡村师范学校概况》，《江苏教育》第 1 卷第 7、8 期合刊，1932 年。

颇有成效，深得地方人士的赞扬。农场除耕种外，兼备畜养，三年级学生组织工学团，养鸡养蜂。当学生正在扩展生产和合作事业的时候，沪战突起，学校的大部分校舍毁于战火，校具、图书、仪器均有损失，而学生的行李衣物损失更大。1932 年 3 月 4 日，黄渡乡村师范学校迁入上海办学，5 月又迁回黄渡。6 月，江苏省政府决定各中学乡村师范科独立设置，该校更名为江苏省立黄渡乡村师范学校。

黄渡乡村师范学校在教学中实行"实验工学教育"，要求学生具有较强的动手能力，尽可能在实际操作中学习每一门课程。学校重视乡村改进事业的发展，认为一所师范学校设在乡村，如果不能推进乡村社会的建设，不能促进乡村社会的发展，就失去了教育的意义。学校在课程设置上，除了一些基本文化训练和教师必修课外，还增添了许多指导地方社会的课程，如合作、乡村教育、乡村社会、农业、工艺、小学工学教育。其中，乡村教育课程包括办理小学、农民教育馆及民众学校；农业课程包括各种基本的农业生产知识和技术，尤其是先进的农业技术；工艺课程教授学生掌握一些基本的工业手艺；乡村社会和合作课程包括乡村合作事业，推广优良品种、筑路、开展公共卫生事业，举办乡村医院，推行乡村自治和乡村保卫；等等。这些课程的设置都体现了黄渡乡村师范学校明确的教育宗旨，就是将学生训练成为乡村的建设人才、乡村的领袖。

2. 吴江乡村师范学校[①]

吴江乡村师范学校在苏州中学乡师部即省立第一师范分校的基础上发展而来。1922 年江苏省为推行义务教育，培养乡村小学师资，由省立师范学校增设五所师范分校，省立第一师范学校在吴江筹设分校。由于开办经费仅有 1400 元，缺口较大，学校推迟半年开办。半年后得到吴江学宫故址，加以修整，于 1923 年 3 月初开学，招收二年制师范科一级，到秋季又招收三年制师范科一级。受战争影响，自成立以后数年中，学校除维持现状外，精力物力大都消耗于兵灾损失的恢复上面，学校发展比较困难。

1927 年江苏省试行大学区制，省立师范学校与中学合并，该校隶属苏

---

① 关于吴江乡村师范学校的材料，采自《江苏省立吴江乡村师范学校概况》，《江苏教育》第 1 卷第 7、8 期合刊，1932 年。

州中学，改为吴江乡村师范学校。1928 年改三年制修业年限为四年制。1929 年因乡村小学女教师缺乏，学校兼收女生。1928 年到 1929 年，校内设备，除新建教室三座外，图书馆、科学馆、艺术院等，也在原来校舍的基础上次第建成。农场面积从原来的 20 余亩增加到 60 余亩，暖室、鸡舍、羊舍等设备也逐渐增加。学校精神、物质都得到很大发展。

吴江乡村师范学校重视提高学生知识和能力水平。课程设置方面，在必修课程外，增设十余种课外研究，测候所所做的气象报告、自制仪器班制作的小学简单仪器等成绩尤为突出。学生活动方面，除组织学生自治会外，还增加了各种学校行政实习，以培养学生的办事能力。社会推广方面也有相关成果，有关于民众教育的三年推广计划与民教馆建筑计划。农事则有麦种、藕种、鸡种的推行与花卉园艺的出品。1932 年吴江乡村师范学校更名为江苏省立吴江乡村师范学校。

3. 洛社乡村师范学校[①]

洛社乡村师范学校由江苏省立第三师范农村分校改建而成。1922 年 5 月，江苏省政府指令省立第三师范学校在本学区内的乡村添办农村分校，并令拟定计划及学则，编制预算册，呈省议会公议。因为该学区无锡、江阴、靖江、武进、宜兴五县的人士对分校设立地点主张不同，江苏省教育厅便邀集各县代表共同讨论。讨论中，各县代表仍无法达成共识，省教育厅又派人前往各县实地调查。调查组认为无锡洛社镇具有"地点适中""交通便利""与本校（按：指省立第三师范学校）呼吸灵通"三大优点，因而指定此处为分校设立地点。1923 年 8 月，该校先在距洛社镇三里许的石塘湾镇，商借孙家集善堂为临时校舍，招生开学，学生修业年限为二年。1924 年 1 月，迁回洛社新校。1925 年招生时改为三年制。1927 年秋，江苏省学校改组，中学与师范学校合并，省立第三师范学校改为无锡中学，农村分校改称乡村师范科，仍隶属于无锡中学。1930 年春天，乡师决定办四年制，该校即从在校的一年级开始实行四年学制。1932 年 6 月无锡中学改办成无锡师范学校，同时该校乡村师范科亦奉命改组成为省立洛社乡村师范学校。

---

① 关于洛社乡村师范学校的材料，采自《江苏省立洛社乡村师范学校概况》，《江苏教育》第 1 卷第 7、8 期合刊，1932 年。

4. 栖霞乡村师范学校[①]

栖霞乡村师范学校由江苏省立第四师范学校的农村分校发展而来。学校兴办时选购栖霞附近农民的土地，构筑校舍，招生研修。1927 年秋，江苏省教育改组，四师与一中合并，称为第四中山大学南京中学，师范学校部分改名乡村师范科。同年 8 月，黄质夫应聘南京中学乡村师范科主任，正值国民革命军北伐途经栖霞山地区，与北洋军阀孙传芳展开恶斗，栖霞沦为战地，学校被军队占据，遭到破坏。9 月份，军队撤离之后，黄质夫着手学校恢复、建设工作，积极组织学生参与盖房、修路、植树、开辟生产园地。在黄质夫的努力争取下，南京中学乡村师范终于在同年 10 月份开学。数年之后栖霞乡村师范开始步入正轨，图书馆、教室、宿舍都正常投入使用，此外还有一些礼堂、自然科学馆、农业研究室等新型教学场地也用于教学实践中。1928～1929 年夏天，校名屡变，或称为江苏大学南京中学乡村师范科，或易名为中央大学区立南京中学乡村师范科。学校虽几经易名，但内部设施没有改变。1929 年秋，大学区制取消，更名为江苏省立南京中学乡村师范科。学校创办以来多为附属性质。1932 年 6 月江苏省立南京中学乡村师范科更名为江苏省立栖霞乡村师范学校。

栖霞乡村师范学校为了选拔熟悉并愿意从事生产劳动的学生，在入学考试时就开始通过常识考核、农事操作考核考查学生的农事经验、务农能力，农事不合格没有资格进入学校学习。除了农事考核，栖霞乡村师范学校也会通过国文考试考查学生是否摒弃了传统的劳动观念。栖霞乡村师范学校通过入学考试中的层层考查，选拔出有劳动精神和习惯的学生，为将来的劳动生产训练打下基础。

栖霞乡村师范学校对学生的劳动生产训练融入全部教育课程和全部生活中。在课程设置上，学校特别注重农业、农工家事等劳动生产训练，让学生在劳动生产过程中创造经济价值。在生活方面，所有炊事、清扫、洗

---

①　关于栖霞乡村师范学校的材料，采自《江苏省立栖霞乡村师范学校概况》，《江苏教育》第 1 卷第 7、8 期合刊，1932 年。栖霞乡村师范学校在黄质夫的领导下办得很出色，许多知名人士如梁漱溟、黄炎培、马寅初、陶行知、郭秉文、陈立夫等，相继到那里考察、演讲，全国各地不少学校和教育机构派人去参观。参考李仰华《黄质夫传略》，见江苏省文史资料委员会、仪征市文史资料委员会编《乡村教育先驱黄质夫》，江苏文史资料编辑部，第 8 页。

涤等工作都由师生共同来做，自己煮饭自己吃，自己缝衣自己穿，只聘请几个校工来协助指导。栖霞乡村师范学校的生产训练，不仅增加了学校的物质财富，而且培养了学生的劳动能力，使学生毕业后具备乡村小学教师和乡村社会领袖的能力。与此同时，学生参与劳动生产，可以亲身体会劳动者的艰辛，理解劳动者的生活和感情，培养学生对劳动和乡村的热情，有利于学生毕业后更好地服务乡村。[①]

5. 界首乡村师范学校[②]

江苏省立界首乡村师范学校创建于1924年春，原为省立第五师范学校农村分校，主任为黄质夫。建校之初，江苏省立第五师范学校校长任诚本打算在界首、氾水、邵伯、樊汊等农村集镇中，任择一处定为校址。界首镇教育界知名人士曹伯镛、谢鸣九等人闻悉此事后，赴省教育厅商谈，愿为学校捐献田亩，故获准在界首建校。1924年春学校正式招生开学，定一级，设一班，学制三年。1927年因爆发战事，学校被迫停课。复课后改名为扬州中学界首乡村师范科。扬州中学校长为周厚枢，分校校长先后有姚舜生、黄汝辑、龚子勤、韩文庆。1929年改为四年制。

1932年扬州中学界首乡村师范科更名为江苏省立界首乡村师范，校长为吴学培。同年，全校有一级四班，学生136人，教职员工20人。

6. 灌云乡村师范学校[③]

除以上五所省立学校之外，江苏省还有一所学校也值得介绍，即江苏省立灌云乡村师范学校。灌云本来设有江苏省立第八师范，1927年按照江苏省教育厅的要求，将第八师范与第十一中学合并，改为东海中学，当地人士颇为不满。教育当局为培养乡村小学教师以满足需要，于1928年2月在第八师范的旧址上设立乡村师范，定名为中央大学区立东海中学乡村师

---

① 关于栖霞乡村师范学校学生选拔与生产劳动训练的内容，见魏莹《民国时期乡村师范教育研究》，硕士学位论文，东北师范大学，2013。
② 关于界首乡村师范学校的材料，采自《江苏省立界首乡村师范学校概况》，《江苏教育》第1卷第7、8期合刊，1932年。高庆森：《全省闻名的界首乡村师范》，高邮县政协文史资料研究委员会、江苏省高邮师范学校、高邮县文教局编印《高邮县文史资料》第5辑，1987，第1~16页。
③ 关于灌云乡村师范学校的材料，采自《江苏省立灌云乡村师范学校概况》，《江苏教育》第1卷第7、8期合刊，1932年。

范科。1929 年 8 月，中央大学区取消，江苏教育厅成立，该校改称为江苏省立东海中学乡村师范科。1932 年 6 月，江苏省立东海中学乡村师范科改名为江苏省立灌云乡村师范学校。校长顾瑶圃努力倡导读书与改造乡村相结合的教育理念。

灌云乡村师范学校虽然名为乡村师范，但距离市区较近，不免喧闹之扰。因此主持者提出把学校迁往城外农场办学，但因缺乏经费，搬迁之事搁浅。1934 年春，江苏省教育厅决定把灌云乡村师范学校迁到京杭运河与陇海铁路交会处的邳县运河镇。适逢热心教育的乡绅庄氏自愿捐地 150 亩作为校园体育场与农场，该年秋，灌云乡师迁至运河镇，改名江苏省立运河简易乡村师范学校。校长李鉴清实践陶行知的教育理论，实行教学做合一，培养出一批优秀的乡村学校教师。

（三）晓庄试验乡村师范学校

为了实现乡村师范教育改造的理想，寻求乡村教育的曙光，1927 年 3 月 15 日，陶行知在南京和平门外郊区，创办了晓庄试验乡村师范学校。学校采用"教学做合一"的生活教育法来训练学生，对乡村师范教育不符合中国乡村实际的方面进行改造。其他各地的乡村师范学校也争相效仿，晓庄的办学经验俨然成为其他乡村师范学校的标准。

1927 年初，陶行知在南京安徽公学召开筹备会议，并在上海组成董事会。该年 3 月 5 日晓庄中心小学先行开办，3 月 15 日晓庄试验乡村师范学校正式开学。该校原名为"试验乡村师范学校"，后来除设小学师范院之外，还增设幼稚师范院、中心小学、中心幼儿园、民众学校、医院、劳山中学，甚至筹办晓庄大学，遂于 1928 年 2 月改称为"晓庄学校"。

陶行知曾经谈到晓庄特异于其他学校的地方有两点："一无校舍，二无教员。大凡一个学校创立，总要有房屋才能开课。我们在这空旷的山麓行开学礼，实在是罕见的。要知道我们的校舍上面盖的是青天，下面踏的是大地，我们的精神一样的要充溢于天地间。所造的草屋，不过避风躲雨之所。本校只有指导员而无教师。我们相信没有专能教的老师，只有比较经验稍深或学识稍好的指导，所以农夫、村妇、渔人、樵夫都可做我们的指导员，因为我们很有不及他们之处。我们认清了这两点，才能在广漠的乡村教育的路上前进。"①

晓庄学校的经费以及学校部分设施的来源情况，陶行知在《对于乡村教育及本校赞助人之总致谢》一文中有比较详细的介绍："继续作本校雄厚的后盾的便是程霖生先生。……允许（按：中华教育）改进社变更补助费用途，使本校经常费得立最低限度之基础的，就是中华教育文化基金董事会干事长范静生先生。会中本身经费困难万分，而肯在本校产生之始极力济急的，是江苏义务教育期成会同志及会长袁观澜先生。特别设法发放江苏国库补助费，俾改进社得以进行开创本校的，是江苏教育经费管理处钟叔进、卢绍刘、刘北禾三先生。国民政府首先以行政财力鼓励本校，俾本校经常费增进来源的，是第四中山大学行政院程伯庐院长、南京特别市教育局陈剑修局长、陈鹤琴课长。拨给公债实现本校乡村计划，为本校今后开一新纪元的，是中华民国大学院蔡孑民院长。"② 该文也谈到学校设施的捐建情况。"冯焕章先生、浙江大学、安徽教育厅为发展乡村教育起见，特对本校捐建浙江、安徽、甘肃、陕西、河南五馆，以备学生留校学习。霍守华先生为便利乡村教育研究起见，特对本校捐建乡村图书馆一所，以便同志参考。吴蝶卿先生为提倡乡村艺术起见，特对本校捐建艺术馆一所，以便同志研究。潘哲人先生为提倡乡村卫生起见，特捐建乡村疗养院一所，以便乡民及同志休养。中华职业教育社为改造乡村教育起见，特与本校合设农艺馆、中心茶园、中心木作，以资试验。王儒望、刘鸿生、高君珊、俞庆棠、毕云程诸先生和他的朋友，皆曾予本校以经济的助力。此外缪云台先生允许改进社在富滇银行立透支办法，颇能应济本校缓急之需；陈陶遗先生省长前拨款五百元与改进社开办之乡村幼稚园，亦归本校主持办理，作训练之中心。张莼鸥先生捐助改进社一百元推广乡村教育费，也加了不少力量，使本校早日实现。中华教育改进社、商务印书馆、中华书局和安徽教育厅，都捐给本校好些图书，很是合用。中华科学仪器

---

① 《试验乡村师范学校的两个特点》，摘自李楚材的《第一次开学礼记》，转引自杨效春的《晓庄一岁》（儿童书局，1928）。见方明主编《陶行知全集》第2卷，四川教育出版社，2005，第282页。

② 陶行知：《对于乡村教育及本校赞助人之总致谢》，《乡教丛讯》第3卷第3期（二周年纪念特刊第1号），1929年，文后附有《本校收到特别捐及补助费志谢》。见方明主编《陶行知全集》第2卷，四川教育出版社，2005，第364～365页。

公司丁佐盛先生借无线电话一架在本校展览。王云五先生捐测量仪、缝纫机各一架，都增加我们对于科学的兴味。"① 在学校规划、建设阶段，"朱葆初先生头半年尽义务为本校规划建筑；秉农山、吴研因、许士骥、广石巷、徐仲迪、乔启明诸先生尽义务在本校任课，都应当受我们的感谢。南国社田汉、田洪、左明诸先生及来宁同志，对于晓庄剧社极有贡献，我们是应当感谢的。顾季高、牛徐亦蓁、赵仲则、刘绍裘、洪范五、朱蓁庐、施凤笙、黄惊顽、马崇涂、潘竞民、杨味余诸先生，在规划、事务或提倡上都给了我们很多的帮助。农友董云龙、陈金禄二先生，驻军刘文起、美国瑞二连附也给了我们很有价值的助力。此外精神上还有许多朋友帮助了我们"，② 对给予晓庄学校支持的各方人士，陶行知一一道谢。

由招收学生的条件可以看出，晓庄试验乡村师范学校非常注重农事经验。晓庄试验乡村师范学校招收的学生根据学历程度分为以下四种。第一，初级中等学校第三年学生之有农事经验者；第二，高级中等学校第三年之有农事经验者；第三，大学第三年学生之有农事经验者；第四，在职之教育行政人员及教职员之具有上列各项相等程度者。③ 收录有农事经验的学生，更有利于学校进一步培养学生的农业知识与技能。陶行知在《试验乡村师范学校答客问》中建议："凡是小名士，书呆子，文凭迷的都最好不来。"④ 在回答晓庄乡村师范学校"考些什么功课"的时候，陶行知回答说："我们所要考的有五样东西：一，农事或土木工操作；二，智慧测验；三，常识测验；四，作国文一篇；五，三分钟演说。"⑤

晓庄试验乡村师范学校的校训是"教学做合一"，陶行知认为："教学做合一是：教的法子根据学的法子；学的法子根据做的法子。事怎样做就

---

① 陶行知：《对于乡村教育及本校赞助人之总致谢》，《乡教丛讯》第 3 卷第 3 期（二周年纪念特刊第 1 号），1929 年，文后附有《本校收到特别捐及补助费志谢》。见方明主编《陶行知全集》第 2 卷，四川教育出版社，2005，第 365 页。

② 陶行知：《对于乡村教育及本校赞助人之总致谢》，《乡教丛讯》第 3 卷第 3 期（二周年纪念特刊第 1 号），1929 年，文后附有《本校收到特别捐及补助费志谢》。见方明主编《陶行知全集》第 2 卷，四川教育出版社，2005，第 365 页。

③ 陶行知：《中华教育改进社设立试验乡村师范学校第一院简章草案》，《新教育评论》第 3 卷第 3 期，1926 年。

④ 陶行知：《试验乡村师范学校答客问》，见《中国教育改造》，东方出版社，1996，第 91 页。

⑤ 陶行知：《试验乡村师范学校答客问》，见《中国教育改造》，东方出版社，1996，第 91 页。

怎样学，怎样学就怎样做。比如种田这件事情要在田里做，就要在田里学，也就要在田里做。教学做有一个共同的中心，这个中心就是'事'，就是实际生活；教学做都要在'必有事焉'上用功。"① 因此，试验乡村师范学校的全部课程就是全部生活，"我们没有课外的生活也没有生活外的课"，全部课程可分为五个部分："（一）中心小学活动教学做。这部分教学做占全数时值之半。寻常师范有附属小学实习的一科。这种办法，和师范学校缺少有机的联系。小学乃是师范的中心，先须有很好的中心小学，才能有很好的师范学校。中心小学好比是母亲，也是发电机。中心小学活动教学做分为六组——国语算数组、公民组、卫生组、自然组、园艺组、游戏娱乐组。每组各设研究指导员。师范生每人可以选择一组或两组做研究指导员的助手。每个指导员研究所得，必须将经过情形和学生讨论，指导他，观察他，帮助他。小学教学做指导员由校长聘请，对于该工作负完全支配之责任。（二）分任院务教学做。全校的文书、会计、杂务、卫生等工作，都是指导员指导学生做的。全校只有一个粗工，担任挑水，其余的工作都是学生和指导员分担的。甚至烧饭炒菜也是自己做的。烧饭的工作，在乡村教师是很重要的。因为学生们倘若送到一所没有校工的新学校里，那末，就非自己动手做饭不可了。（三）征服自然环境教学做。这项包括科学的农业、造林、基本手工、卫生和其他教学做。（四）改造社会环境教学做。这项包括村自治、民众教育、合作组织、乡村调查和农民娱乐等教学做。这部教学做，从学校三里路四周着手做起。每一个小村有二位去担负责任。现在已经有了十二个小村，在计划中了。我们无论什么事都是以做为教学的中心的。所以这件事就算是社会工作。乡村调查，我们不在教室里学的，乃是要到十二个小村里去实行调查的。又如合作社，也是要依照各种原则，实行去组织的，不是空讲的。其他的教学做都是如此的。二人担任一个小村庄的办法，我们希望他们和这个村庄里的人民做极要好的朋友，做一条学校与村庄通电的电线。有了这根活电线，一切的改造工作，都可以极便利的进行了。（五）学生自动的教学做。这部分活动

① 陶行知：《试验乡村师范学校答客问》，见《中国教育改造》，东方出版社，1996，第89页。

都是学生自动计划和决定的。大部分是关于个人的事情。"① 晓庄试验乡村师范学校的"实际生活，就是我们的全部的课程；我们的课程，就是我们的实际生活。我们每天早晨五时有一个十分钟至十五分钟的寅会，筹划每天应进行的工作，是取一日之计在于寅的意义。寅会毕，即武术。本校无体操课，即以武术代。上午大部分时间阅书。所阅之书，一为学校规定者；一为随各个人自己性之所好者。下午工作有农事及简单仪器制造、到民间去等。晚上有平民夜校及做笔记、日记等。这是本校全部大概的生活"。② 进行这样的培训和实践活动，晓庄学校目的有三个：第一，养成农人的身手；第二，养成科学的头脑；第三，养成改造社会的精神。③ 最终目的是把学生培养成有乡村领袖能力的教师。

关于乡村师范学校教师的地位问题，陶行知认为乡村师范学校的"教师都称为指导员，不称为教员。他们指导学生教学做"，他们与学生共教、共学、共做、共生活。④ 这样做的目的是改变过去学校教员和学生之间接触太少的状况。以前教员除了上课教书之外，很少有和学生接触的机会，使得教员与学生成了两个阶级：一个是教的阶级，一个是学的阶级。晓庄乡村师范学校师生一起吃饭，一起睡觉，一起学习，一起做事，也有利于打破师生之间的隔阂，增进感情。在学校里教师与学生共甘苦，就可以教育学生在毕业后与民众共甘苦，也更有利于教育社会化和民众化的发展。

1930 年 4 月 14 日，晓庄学校遭国民政府关闭，虽然仅仅存在三年，但在当时中国师范教育发展低迷的背景下，晓庄试验乡村师范学校为乡村

---

① 陶行知：《中国乡村教育运动之一斑：中国代表致送坎拿大世界教育会议报告之一》，《中华基督教教育季刊》第 3 卷第 3 期，1927 年。

② 陶行知：《晓庄试验乡村师范学校创校旨趣》，该篇为陶行知 1927 年 8 月 14 日在晓庄试验乡村师范的演讲记录，记录者为葛尚德，摘自《南京市教育局长及各校长参观本校记》，见江苏省陶行知教育思想研究会、南京晓庄师范陶行知研究室编《陶行知文集》（上），江苏教育出版社，2008，第 269 页。华中师范学院教育科学研究所主编的《陶行知全集》也收录有此篇文章，但题目是《晓庄试验乡村师范学校创校概况》，与《陶行知文集》不同。编者注明题目为编者所拟（《陶行知全集》第二卷，湖南教育出版社，1985，第 17 ~ 18 页）。

③ 陶行知：《中国乡村教育运动之一斑：中国代表致送坎拿大世界教育会议报告之一》，《中华基督教教育季刊》第 3 卷第 3 期，1927 年。华中师范学院教育科学研究所主编的《陶行知全集》收录此篇文章时加有注释，注明该篇文章原稿为英文，由张宗麟译成中文。（《陶行知全集》第二卷，湖南教育出版社，1985，第 26 ~ 37 页）。

④ 陶行知：《试验乡范学校答客问》，见《中国教育改造》，东方出版社，1996，第 90 页。

师范学校的兴办寻找到了一条正确的出路。

（四）浙江省立湘湖乡村师范学校①

陶行知在南京创办以改造乡村社会为宗旨的晓庄乡村师范学校的成功引起了当时浙江省教育厅长蒋梦麟的关注，蒋梦麟非常重视乡村教育的发展，邀请陶行知到浙江创办一所乡村职业教育学校，于是陶行知带领晓庄师范的学生去杭州筹备办学事宜。

1928年夏天，第三中山大学派操震球、孔雪雄等负责湘湖师范学校的开办事宜，10月1日开学，操震球任校长。1929年2月操震球因病辞职，由方与严继任。该年暑假之后，大学区制停止施行，改由浙江教育厅管辖，方与严因其他事情辞职，由刘藻继任。1930年春天，刘藻辞职，汪志青代理校长职务半年，暑假之后由黄质夫继任校长，遵教育厅明令，按照普通学校施行年级编制。黄质夫当校长期间，选聘一批新教师，增设特科（简师）班，增加招收百名新生，并注重学校的基本建设，建成学生宿舍两排。1932年2月，黄质夫辞职，由金海观继任。该年8月起，始试行工学制。该校初名浙江省立乡村师范学校，1933年度更名为浙江省立湘湖乡村师范学校。

湘湖师范分高级、初级两部，投考高级师范科须初中毕业，投考初级师范（简易师范科）须高小毕业。其他投考条件如下。投考高级师范科的：第一，来自农村者，能忍劳耐苦为合格；第二，须体格强健，没有嗜好和暗疾者；第三，考试课目约分党义、公民、国文、史地、理化、数学、生物、劳作、演讲、口试、体格检查等。投考初级师范（简易师范科）的第一、第二两条相同，考试课目仅有党义、公民、国文、史地、自然、算术、操作、口试、体格检查等。考取后进校的手续也很简单：第一，到校登记；第二，缴学杂费（约高级40多元、初级30多元）；第三，保证人（原籍教育科长，或湘湖附近的住户）。

湘湖乡村师范学校的首任校长操震球、继任校长方与严，以及陶行知介绍来担任指导员的工琳、程本海、董纯才、李楚材等，都来自晓庄师

---

① 湘湖乡村师范学校的材料取自友青《浙江省立湘湖乡村师范概况》，《学校生活》第147期，1936年。

范，所以两校关系密切，有"浙江的晓庄"之称。湘湖乡村师范学校从创建时起，就切实贯彻陶行知"生活即教育""社会即学校""教学做合一"的主张。湘湖乡村师范学校附设中心小学六所，为学生"做学教"活动的中心。

（五）立达学园农村教育科

1925年初，匡互生、朱光潜、丰子恺、陶载良、朱自清等人在上海虹口老靶子路租用民房创办了"立达中学"。"立达"二字，源于孔子的"己欲立而立人，己欲达而达人"。"立"指站立、立身，能立足社会；"达"指通达、得志、显贵。与此同时，为了扩大影响，匡互生、夏丐尊、朱光潜、丰子恺等发起成立了"立达学会"。立达学会是以修养人格、研究学术、发展教育、改造社会为宗旨成立的，它是一个纯粹自由组织的团体，是一个愿贯彻独立的精神而不受任何束缚的团体。1925年秋，学校迁到江湾自建的校园，并增设高中部及艺术专修科，将学校改名为"立达学园"。① 立达学园以"立己立人，达己达人"为校训，以"修养健全人格，实行互助生活，以促进文化，改造社会"为宗旨。虽然提出了改造社会的宗旨，但这个时候的立达学园与乡村教育并没有什么联系。

1929年秋，立达学园添设农村教育科，1930年7月6日，公布农村教育科新计划，制定了《立达学园高中农村教育科工学纲领》。② 关于试验工学的目的，纲领列举了三个方面的内容：第一，试验集体的"工学"农庄生活；第二，养成指导农民"工学"的能力。第三，养成指导农村儿童"工学"的能力。关于"工学"项目，有七个方面的内容。第一项，集体组织，包括集会、职务分担、食事轮值、卫生轮值、杂务轮值、图表统计编制以及其他。第二项，耕种，包括蔬菜栽培收获、果树栽培收获、花卉栽培、作物（稻、麦、棉、豆及其他杂作）栽培收获、农具的设备与管理、农事主持以及其他。第三项，畜养（暂定养鸡、养蜂、养鸭、养鱼四项），包括各种畜养轮值（如养鸡值日、养鸭值日）、各种畜养分担（不能

---

① 刘英编著《漫画宗师：丰子恺》，民主与建设出版社，2012，第62~64页。
② 张石樵：《立达学园高中部农村教育科"工学"生活底试验》，《教育杂志》第23卷第2号，1931年。

轮值练习者，分担练习）、各种畜养主持以及其他。第四项，成年农民补习学校，包括招生、会议、职务分担、教授分担、教材编制与审定、图表统计编制以及其他。第五项，农村"工学"小学，包括校务主持、事务分担、教务分担、各种指导分担、教材编制、图表统计编制以及其他。第六项，农村合作运动。第七项，宣传报告，包括文字的、口头的和其他艺术的。文字的包括本科大事记、生活描写、各部门事务记录、回忆录、报告、刊物编辑、个人日记、感想录、文艺作品、通讯及其他；口头的包括对内报告、批评与其他，对外讲演、报告与谈话；其他艺术的包括图画、音乐。

立达学园农村教育科课程、组织、训练方法均与一般高中师范科及乡村师范学校有很大不同："（一）发展农村教育，需从改进农村经济入手。该科学生将来服务所取途径，为由合作运动中附以识字运动，而后进行小学运动。（二）所谓农村教育，绝非专指教读，更非专指教农村儿童读书。该科学生将来负有指导扶助农民一切生活之责任。（三）该科学生决非靠教书收入以糊口，而别具各种可在农村自谋生活之技能。服务农村，是其义务，非借此营生。彼等虽负有指导扶助农民之责任，而自身仍为农民一份子，决非高于或异于农民之另一阶级。"① 立达学园农村教育科"本互助精神，采合作制度，共同消费，共同研究，求工学合一之实现，借以养成改造农村生活之实力"，对学生的培养兼顾农业生产技能和学识修养，与晓庄乡村师范学校的办学旨趣是一致的。

二　南京国民政府时期乡村师范学校相关法令与政策演变考察

从前面的论述中我们可以看出，无论是有关乡村师范学校的理论研究，还是乡村师范学校的初步办理，在 1928 年之前，从北洋政府、广州军政府到武汉国民政府，中央方面基本上都未在其中发挥作用。南京国民政府成立以后，于 1928 年召开了第一次全国教育会议，这在乡村师范学校发

---

① 《立达学园农村教育科之新计划》，《教育杂志》第 22 卷第 7 号，1930 年。

展史上是一个转折点。这次会议上，参会代表比较集中地提出了涉及师范独立、义务教育、乡村师范学校等关键词的议案，国民政府大学院也通过了《整顿师范教育制度案》《请大学院明令各省注重训练乡村教育师资案》《厉行全国义务教育案》等决议案，标志着政府力量正式介入乡村师范学校的办理。本部分梳理南京国民政府时期的各种会议提案、教育部通令以及各级政府法规等有关乡村师范学校的内容，以显示国民政府有关乡村师范学校的法令和政策的演变。在 1928 年之前，中华教育改进社、全国教育联合会、全国学生总会在各自召开的会议上，提出多项训练乡村教师、发展乡村教育的议案，是民间的讨论到政府决策的过渡阶段，在此一并考察。

（一）中华教育改进社、全国教育联合会、全国学生总会关于发展乡村教育和乡村师范学校设置方面的提案和意见

1924 年 7 月，中华教育改进社在南京举行第三次会议，乡村教育组通过了两个议案。第一个议案是《提倡乡村教育案》，建议各省师范学区，应就本县区的具体情况，开办乡村教育师范科以培养师资。中华教育改进社应征集各地乡村所需材料，规定分科选习课程标准，以备各地参考。各省县乡团体志愿及热心公益人士，均应联合组织地方乡村教育期成会，共同谋划乡村教育发展。各省应设乡村教育巡回指导员，促进各地乡村教育的改进。第二个议案是《确定发展农村教育办法案》，规定由各省组织农村教育委员会，执行调查、指导、研究、奖励四项职务。农业教育组议决通过了《国内中等以上农业学校，亟宜调查研究农村社会情形，并培植农政人才，以期改良农村案》《在西北边疆设立农林学院案》《各省县及全国每年应举行农事及农业教育展览一次案》三个提案，加强对农村问题的调查、研究，指导办理乡村的一切事业，达到改造乡村社会的目的。①

1924 年 10 月，在河南开封召开了全国教育会联合会第十次会议，会议将发展乡村教育作为重点问题进行讨论，决议"设相当年期之师范学校或讲习所，依新制设立四年之师范学校或二年之师范讲习科，招高级小学毕业生入学肄业。如果办理得人，成绩可观，以之充任小学教员，拟不患

① 《中华教育改进社第三届年会纪要》，《直隶教育旬报》第 8 卷第 5 期，1925 年。

其不能胜任。每县分设固属甚善，如或不能，即分道设立或联合数县于相当地点设立亦无不可。但为乡村小学计，应注重研究农村教育"。① 同年傅葆琛出任中华平民教育促进总会乡村教育部主任，该会由此开始提倡乡村平民教育。

1925 年 8 月，中华教育改进社第四次年会在山西太原举行，陶行知在开幕式的发言中谈到改进社所办事业"一为科学教育，二为乡村教育"。在本次年会上，师范教育组通过了《请教部通令师范学校增设乡村分校案》，乡村教育组通过了《请教育部通令各省教育厅，注重乡村教育，并筹设乡村教育委员会及训练乡村教师学校案》《各乡村小学应各据该乡村情况及其需要酌选教材案》② 等，将乡村师范教育作为发展乡村教育的入手之端。

1927 年 8 月 4 日，全国学生总会第九届代表大会通过《厉行乡村教育以完成国民革命案》，提出解决乡村教育问题的办法：第一，将各处乡村中土豪劣绅产业，充作乡村教育之基金，所有乡村庙宇均改作实行乡村教育开办学校校址；第二，设农民夜校；第三，设立农民俱乐部，增加农村讲演所等。③

中华教育改进社、全国教育联合会、全国学生总会的提案促进了政府关注乡村教育、举办乡村师范学校的进程。

（二）国民政府关于发展乡村教育和设置乡村师范学校的相关法规和政策

1928 年 1 月，国民政府在广东组织教育行政委员会，委员长许崇清、委员韦悫拟制的《中华民国教育方针》指出，"我国的农工阶级，大多数是不识字的。我们要特别为他们做一种识字运动"，和给他们以种种知识，务使工人们和农民们的知识提高。我们要想达到这个目的，"就要在工人农民们的地方，设种种特别学校，以实施农工教育"。④ 这标志着政府开始关注乡村教育问题。

---

① 《全国教育联合会议决案》，《奉天公报》第 4333 号，1924 年。
② 《中华教育改进社第四届年会之议决案》，《教育杂志》第 17 卷第 10 号，1925 年。
③ 滕仰支、张石樵、郭人全合编《农村工学教育实施》，黎明书局，1933，第 66 ~ 67 页。
④ 滕仰支、张石樵、郭人全合编《农村工学教育实施》，黎明书局，1933，第 52 页。

1928 年 5 月 15 ~ 28 日，国民政府召开第一次全国教育会议，会议中关于乡村教育及乡村师范学校的议决案有《整顿师范教育制度案》（《乡村小学师范学校标准案》《提倡乡村教育设立乡村师范学校案》等提案作为原案附于此案之后）、《请大学院明令各省注重训练乡村教育师资案》等。大会没有议决，但是认为可供参考的提案有《改革乡村教育案》《中国农村教育设施案》《实施农业教育案》《扩充补习教育及整顿乡村教育案》。

陶行知提交的《乡村小学师范学校标准案》[1] 和上海大夏大学副校长欧元怀提交的《提倡乡村教育设立乡村师范学校案》作为《整顿师范教育制度案》的附件通过，表明两个提案的主要内容得到了大会的认可。在《提倡乡村教育设立乡村师范学校案》中，欧元怀列举设立乡村师范的理由之后，提出设立乡村师范学校的几个办法。"（一）各省教育厅及各县教育局，设乡村教育专员，以资提倡。（二）初等教育经费百分之五十以上，应用于乡村教育。（三）师范教育经费百分之五十以上，应用以维持乡村师范学校。（四）乡村师范课程，应以能于养成'脑手双全'之教师为标准。（五）乡村师范全部课程百分之三十至五十，须为农业之科学的方法与工作。（六）乡村师范应设置模范农场。"[2]

安徽省教育厅长韩安提交的《请大学院明令各省注重训练乡村教育师资案》[3] 中有关乡村师范学校的内容如下。各省照地理形势及农事情况，酌分若干乡村教育区，每区设立乡村师范学校一所，专门培养乡村教师。此项学校之办法，应注重下列各点。第一，学校组织及实施，应以农村实际生活为中心，实行农村生活之教育。第二，应使学生具有科学及农业知识，农村生活之经验，朴实耐劳之习惯，及改造社会之精神。第三，学生

---

①　陶行知《乡村小学师范学校标准案》中的很多表述，在前引《改造全国乡村教育宣言书》《中国乡村教育之根本改造》《试验乡村师范学校答客问》《师范下乡运动》等文章中都有表述，此处不再罗列。
②　中华民国大学院编纂《全国教育会议报告》，商务印书馆，1928，乙编，第 150 页。欧元怀列举的设立乡村师范学校的理由见第一章。
③　中华民国大学院编纂《全国教育会议报告》，商务印书馆，1928，乙编，第 152 ~ 153 页。韩安列举的设立乡村师范学校的理由见第一章。

应切实与农民联络，师生应到田间去。第四，附设小学一所，或就一优良小学，加以改组，俾成为实验乡村小学，供给师范学生以参观及实习之机会。至于中学师范科，酌设关于乡村教育之选修课程，例如乡村学校之组织及行政，乡村社会学及乡村经济学等，以便有志于充当乡村教师者之选读。关于乡村师范学校及附属实验小学之组织、课程标准等项，由各省教育厅组织委员会讨论确定。

第一次全国教育会议通过的《整顿师范教育制度案》综合了相关提案的内容，有以下几个关于乡村师范学校的意见。"（一）为促成义务教育起见，应于高中师范外，由各省多设独立之师范学校或师范讲习科，特别训练小学师资。……（五）乡村师范学校，收受初中毕业生，或相当程度学校肄业生之有教学经验，且对于教育具改革之志愿者。此项学生修业年限，得暂定为一年以上。如收受高小毕业生，则其入学时之年龄，应在十六岁以上；修业年限，至少两年。"[①] 此案后经国民政府大学院以第 539 号训令通饬实行，明确地将乡村师范学校列入师范教育制度中，自此乡村师范学校在师范教育制度中获得合法地位。

第一次全国教育会议通过了《整理中华民国学校系统案》，之后，国民政府教育部对学制进行调整，调整后的新学制即"戊辰学制"。"戊辰学制"废止了综合中学制，确立了师范教育在中等教育中的独立地位。在国民政府教育部公布的《中华民国学校系统原则、系统表及说明》中明确规定了乡村师范学校在学制中的地位：为补充乡村小学教员之不足，得酌设乡村师范学校，以受初级中学毕业生或相当程度学校肄业生之有教学经验且对于乡村教育具改革之志愿者，修业年限一年以上。[②] 然而，遗憾的是，"戊辰学制"并未公布实施。因此，在此后很长一段时间内乡村师范学校普遍没能独立，除了各省独立设置的省立乡村师范学校和一些私立乡村师范学校外，大部分乡村师范学校依然附属于中学，是中学的乡村师范科。

1928 年 6 月 30 日，国民政府大学院拟定并出台了《训政时期施政大

① 中华民国大学院编纂《全国教育会议报告》，商务印书馆，1928，乙编，第 139～140 页。
② 中国第二历史档案馆编《中华民国史档案资料汇编》第五辑第一编教育（二），江苏古籍出版社，1994，第 11 页。

纲》，提出在三年期间促进乡村师范的计划，即第一年择地试办乡村师范学校，第二年根据各地需要教员的人数，逐渐增加乡村师范学校的数量，第三年实施乡村师范学校课程和设备标准，并继续上述师范教育之各项工作。[①] 这一时期还强调乡村师范教育应注重改善农村生活，并适应其需要，以养成切实从事乡村教育或社会教育的人才。

1929 年 4 月 26 日，国民政府公布了国民党第三次全国代表大会第十一次会议通过的《中华民国教育宗旨及其实施方针》。实施方针中第三条规定：社会教育必须使人民具备近代都市及农村生活之常识。第五条规定："师范教育……于可能的范围内，使其独立设置，并尽量发展乡村师范教育。"第八条规定："农业推广须由农业教育机关积极设施。"[②] 规定表明乡村师范教育学制的独立地位得以确立。

1930 年 3 月 4 日，国民党第三届中央执行委员会第三次全体会议决议原则通过了由胡汉民、刘庐隐、陈立夫联合提议的《实施三民主义的乡村教育案》。[③] 提案认为唯有实施三民主义的乡村教育，"党之主义始能深入全国未受教育之乡村儿童"。中国乡村人口占全国总人口的 80% 以上，之前的教育建设仅以城市为中心进行，"不足以舒展全民族应有之建国伟力，今后则必赖三民主义之乡村教育"。该案提出的实施乡村教育的步骤是，第一步，必须训练健全之师资；第二步，必须分期开办乡村学校于各省。造就师资方面的具体方法如下。第一项，在中央政治学校设立乡村教育系，以考试的方法，征集身心健全及曾在高级中学以上学校毕业的青年，入校训练，其期限为一年，俟大多数之省份皆已开办乡村学校时，其期限得延长为二年。第二项，中央政治学校添设乡村教育系，采用军队式编

---

① 《大学院拟定训政时期施政大纲》，《大学院公报》第 1 卷第 8 期，1928 年。
② 《国民政府令：中华民国教育宗旨及其实施方针》，《国民政府公报》第 151 号，1929 年。1931 年 11 月 17 日，《中华民国教育宗旨及其实施方针》又经国民党第四次全国代表大会第三次大会修正通过。
③ 《实施三民主义的乡村教育案》，《中央周报》第 92 期，1930 年。从国民党中央秘书处检送实施三民主义乡村教育案致中央训练部函（1930 年 3 月 17 日）可以看出，国民党中央执行委员会第三次全体会议通过此案后，中央执行委员会常会决议"交组织、宣传、训练三部审查，由训练部召集"，目的是使该案得以落实。见中国第二历史档案馆《中华民国史档案资料汇编》第五辑第一编教育（二），江苏古籍出版社，1994，第 1022 页。《中华民国史档案资料汇编》中的内容与《中央周报》中的内容有所不同。

制,以养成学生之勤苦耐劳、果敢敏确等精神为训练之标准。第三项,乡村教育系之课程,以养成能切实从事三民主义的乡村教育及社会教育之人才为目的,所有学程,注意切合乡村社会之需要,而期实施实用。主要学程分为锻炼、技能、知识三类,其中包括乡村教育实验、乡村公共卫生、农村副业、乡村幼稚教育、农村调查、乡村教育原理、农村经济学、美国乡村教育、丹麦农业教育等课程。分期开办乡村学校的具体方法如下。第一项,先于各省择定适当乡村地点,于第一期乡村教育师资养成半年内,各设乡村学校若干所。第二项,大多数之省份经由第一次遣派乡村教育系毕业学生举办乡村学校后一年内,再在各省增设乡村学校各若干所。如有实际情况允许,同时即可将第一次遣派各省服务之学生,调回中央政治学校受乡村教育系第二年之训练。第三项,前两项设立乡村学校之程序,可以循环实施,以期乡村教育普及于全国,而且不断有改进。第四项,关于举办乡村教育之经费,由中央执行委员会常会就各省教育经费项下划拨或特予补助。虽然在中央政治学校设立的乡村教育系,并不是严格意义上的乡村师范学校,但这一政策的出台与执行推动了乡村师范学校在全国的开办。

1930年3月7日,国民政府教育部通令实施强迫教育期,自民国"二十一年一月一日起,各省省会市镇乡实行强迫教育。二十二年一月一日起,一等县二等县县市镇乡实行强迫教育。二十三年一月一日起,三等县市镇乡实行强迫教育"。① 到1936年底,这项计划才告一段落。

1930年4月15~22日,国民政府教育部召集全国各省市地区甚至县级的教育负责人,国立大学和学院的校长、院长,全国著名的教育专家,在南京举行了第二次全国教育会议。陶行知作为全国知名的教育家受邀参加此次会议。晓庄师范学校由于受冯玉祥的支持而获罪,学校遭到查封,陶行知被列入全国通缉要犯的名单不能与会,不得不由人代为出席。这样的矛盾做法显示了国民政府一方面将陶行知的晓庄师范学校的实验看作在政治上有威胁的激进活动,另一方面又无法忽视学校的实验为国民政府以教育手段进入乡村社会提供的启示。一个稳定繁荣的乡村社会才是中国良好前景的基础,陶行知教育实践所提出的中国乡村经济萧条、村庄面临瓦

---

① 《教部实施强迫教育》,《广东教育行政周刊》第62期,1930年。

解等问题是无法回避的客观存在，因此国民政府急需重建底层的社会组织。这种重建需要落实到保障农村社会的基本生活和教育上，而且要求有足够的人力去完成。所以即使陶行知不能与会，但在会议上仍有巨大的影响力。

第二次全国教育会议议决的全国教育方案，把乡村师范列为三类：小学毕业六年之乡师；大学前二年之乡村师范专修科；大学后二年之乡村师范学院。这次会议出台了两个对乡村师范学校的发展有重大影响的重要决策。第一，乡村师范学校以每县设立一所为原则（特别市得按实际需要酌设若干所），贫瘠县得两县合设一所。暂定全国共设 1500 所。从训政时期第三年起，每年设 500 所，到第五年，全国 1500 所乡村师范学校完全成立。当时中国有 1915 个县，因此这个计划雄心勃勃，要将中国绝大多数县份涵盖其中，包括那些从未有过中等学校的地方。① 第二，恢复 1922 年教育改革中废除的师范生免学费政策。安徽省教育厅厅长程天放在《对师范教育几点意见》里呼吁："师范教育是国民教育的导源，师范毕业生负有直接训练次代国民的重大使命。所以师范学校应采行公费制度。师范生在校应享受免缴学宿费的权利。"② 多数代表在会议上还提出建立更多省一级的师范学院，为地方乡村师范学校培养师资。从这次会议开始，中国教育渐渐摆脱自 1922 年以来对美国模式的依赖，试图探索一种符合中国社会需要，并且在中国环境下，尤其是在乡村社会条件下可行的教育模式和教育体系。尽管这次会议提出的新建 1500 所乡村师范学校的计划最终是纸上谈兵，但是在中央政府的推动下，一些以前改为中学的师范学校又恢复为师范学校，甚至有些地方政府为了政绩，将部分中学改为师范。同时，师范生免学费的政策在全国范围内基本得到落实。

1930 年 7 月 15 日，教育部中小学课程标准起草委员会开会讨论乡村师范必修科目，胡蕴甫拟定的《乡村师范农业课程标准草案》，提出乡村师范学校的目标。第一，明了现代农业的状况（不仅是中国的），授以简

---

① 《筹设各级各种师资训练机关计划》，缪彻言辑录《第二次全国教育会议始末记》，江东书局，1930，第三编，第 12～15 页。参考〔美〕丛小平《师范学校与中国的现代化——民族国家的形成与社会转型：1897～1937》，商务印书馆，2014，第 202 页。

② 程天放：《对师范教育几点意见》，缪彻言辑录《第二次全国教育会议始末记》，江东书局，1930，第四编，第 12 页。

便实用的农业知识。第二，启发研究农业问题的兴趣，训练实行农事经营的技术，养成爱好农村生活的习惯。第三，认识文化集中于都市的偏弊，努力进行乡村人文的培植。第四，有领导农民从事农业改进的智能。第五，有训练农村儿童关于树畜学习的新智识与新方法。[①]

1931 年 4 月 2 日，教育部通令各省市教育厅局，自 1931 年起，各县立中学，应逐渐改组为职业学校或乡村师范学校。其办法即自 1931 年起，停招普通中学生，改招职业或乡师学生，以后逐个改招，俟原有普通中学生全数毕业，即为纯粹之职业学校或乡村师范学校。如各县确有设立普通中学之必要，不能改办者，由教育厅斟酌情形，于普通中学内改设职业科及乡村师范科。[②]

1931 年 4 月 30 日，中国国民党中央执行委员会给中央政治学校发函，函文称国民党第三届中央执行委员会第三次全体会议，关于实施三民主义的乡村教育一案，经大会决议"原则通过"。国民党中央执行委员会第一三八次常会决议："照原案原则先交中央政治学校筹设乡村教育系，其详细办法由该校妥拟施行。"[③]

1931 年 9 月 3 日，国民党中央执行委员会第一五七次常会通过了《三民主义教育实施原则》，明确了乡村师范学校的宗旨及实践原则。"乡村师范教育应注重改善农村生活，并适应其需要，以养成切实从事乡村教育或社会教育的人才"为宗旨。在实践中"乡村师范课程应注重农业生产及农村改良教材"，"学校应与社会沟通，并造成'教'、'学'、'做'三者合一的环境"。[④]

1932 年是中国乡村师范教育发展极为重要的一年。1932 年 12 月 17 日教育部公布了《师范学校法》及其附件《师范学校规程》。乡村师范学校被正式纳入师范教育体制，成为中等师范教育的重要组成部分。法令把乡

---

① 胡蕴甫：《乡村师范农业课程标准草案》，《南中乡师》第 1 卷第 3 期，1930 年。
② 中国第二历史档案馆编《中华民国史档案资料汇编》第五辑第一编教育（一），江苏古籍出版社，1994，第 411 页。
③ 《函中央政治学院：照实施三民主义的乡村教育案原则筹设乡村教育系》，《中央党务月刊》第 33 期，1931 年。
④ 教育部教育年鉴编纂委员会编《第二次中国教育年鉴》，商务印书馆，1948，第一编，第5 页。

村师范学校划分为乡村师范和简易乡村师范两种，并明确了乡村师范学校
的含义、目标、课程等，指出在学校设置、经费、待遇、服务等方面当与
普通师范要求相同。在《师范学校规程》① 中，关于乡村师范学校有如下
内容：

　　第四条：以养成乡村小学师资为主旨之师范学校，得称乡村师范
学校。

　　……

　　第六条：各地方为急需造就义务教育师资起见，得设简易师范学
校或于师范学校及公立初级中学内附设简易师范科。

　　……

　　第九条：师范学校应视地方情形，分设于城市或乡村，于可能范
围内应多设在乡村地方。

　　……

　　第二十七条：乡村师范学校，应增设关于乡村及农业科目。

　　……

　　第一百二十五条：简易师范学校以县市设立为原则。

　　第一百二十六条：简易师范学校，应于可能范围内设在乡村地
方。设在乡村之简易师范学校得称简易乡村师范学校。②

　　《师范学校规程》规定乡村师范学校以及简易乡村师范学校的劳动实
习课程"应增设关于乡村及农业科目"，并"根据实施方针所规定劳动实
习，师范学校学生除劳作科作业外，凡校内整理、清洁、消防，及学校附
近之修路、造林、水利、卫生、识字运动等项，皆须分配担任。学校工人

---

① 《师范学校规程》，《教育部公报》第 5 卷第 15～16 期，1933 年。1912 年 12 月教育部公
　布《师范学校规程》，1916 年 1 月公布《修正师范学校规程》，均没有设立乡村师范学校
　的条款。随着乡村师范学校的发展和形势的需要，1932 年 12 月 17 日南京国民政府公布
　《师范学校法》的附件《师范学校规程》中，增加了设立"乡村师范学校"和"简易乡
　村师范学校"的条款。1935 年 6 月 22 日南京国民政府公布《修正师范学校规程》，1947
　年 4 月 9 日南京国民政府公布新的《修正师范学校规程》。
② 李友芝等编《中国近现代师范教育史资料》第 2 册，1983，第 327～345 页。

须减至最低限度"。① 但具体的规定直到 1935 年才由南京国民政府教育部颁布。在这之前，各省创设的乡村师范学校的课程基本上围绕小学教学科目和行政事务及教育方面的内容而设置，有关乡村的课程并不统一。

《师范学校规程》规定师范学校各科均应聘请专任教员，师范学校教员须品格健全，其所任教科目，为其所专门学习之学科，并于初等教育具有一定的研究，且符合下列资格之一：经师范学校教员考试或检定合格者；国内外师范大学或大学教育学院教育科系毕业者；国内外大学本科、高等师范本科，或专修科毕业后有一年以上之教学经验者；国内外专科学校或专门学校本科毕业后，有二年以上之教学经验者；有专门著述发表者；具有精练技能者（专适用于劳作科教员）。②

《师范学校规程》中"养成小学师资"的要求主要侧重于师范性，单纯从学校教育机构的角度来强调它以培养乡村小学师资为主旨。这一表述缩小了乡村师范培养目标的范围，也从侧面反映出国民政府对乡村师范的办理加强了学校教育意义上的规范。国民政府竭力将之纳入正常的师范教育体系，从而削弱乡村师范的教育革命性和社会改造性。

1932 年，教育部令蒙藏各旗选送优秀学生，就学于内地或边疆各地之师范学校、高中师范科、乡村师范学校，俾得养成相当师资，毕业回籍，从事地方教育工作。③

1934 年 5 月 21 日，国民政府教育部公布了《中学及师范学校教员检定暂行规程》，④ 对师范学校、简易师范学校教师进行无试验检定（由检定委员会审查其各项证明文件，决定其是否合格）或试验检定（除审查其各项证明文件外，还要加以试验），旨在剔除队伍中不适合成为教员的人，保障师范教师队伍的严谨与专业、纯洁与稳定。

1935 年同样也是民国乡村师范学校发展的重要年份，国民政府教育部颁布了《乡村师范学校课程标准》（1935 年 3 月颁行）和《简易乡村师范

---

① 《师范学校规程》，《教育部公报》第 5 卷第 15～16 期，1933 年。
② 李友芝等编《中国近现代师范教育史资料》第 2 册，1983，第 343 页。
③ 中国第二历史档案馆《中华民国史档案资料汇编》第五辑第一编教育（二），江苏古籍出版社，1994，第 838 页。
④ 李友芝等编《中国近现代师范教育史资料》第 2 册，1983，第 371～374 页。

学校课程标准》（1935 年 5 月颁行），① 规范了乡村师范学校的课程、课程标准及学时。

从部颁的两个课程标准来看，简易乡村师范学校的教育课程总学时数为 31，占全部学时数的 11%；农事课程总学时数为 44，占全部学时数的 15%，农事教育课程的设置得到重视；课程以科目划分，与晓庄等乡村师范以活动来定课程有所区别；课程设置围绕养成一般乡村小学教师这一目的，全部科目与其他普通师范学校及简易师范学校并没有太大的差别。由此可见，国民政府有关乡村师范学校课程设置的规范较为完备，此后，各乡村师范学校的课程设置多以部颁的课程标准为参考，个别学校虽有出入，但大致以此为参照。

1935 年 6 月 22 日国民政府教育部公布《修正师范学校规程》。② 《修正师范学校规程》对 1932 年公布的《师范学校规程》最大的修正，是对乡村师范学校、简易乡村师范学校的课程做了单独规定。乡村师范学校和普通师范学校相同的课程有 21 门，乡村师范学校独有的课程有 4 门。"乡村师范学校之教学科目为公民、体育、军事训练（女生习军事看护及家事）、卫生、国文、算学、地理、历史、生物、化学、物理、论理学、劳作、美术、音乐、农业及实习、农村经济及合作、水利概要、教育概论、教育心理、小学教材及教学法、小学行政、教育测验及统计、乡村教育实习。"《修正师范学校规程》规定简易乡师范学校"应于可能范围内设在乡村地方，设在乡村之简易师范学校得称简易乡村师范学校"，"简易乡村师范学校之教学科目为公民、体育、卫生、国文、算学、地理、历史、植物、动物、化学、物理、劳作（工艺）、美术、音乐、农业及实习、农村

---

① 自 1930 年开始，国民政府便着手制定乡村师范课程标准。1930 年 7 月教育部中小学课程起草委员会曾开会讨论乡村师范的必修科目，8 月起草乡村师范课程标准；1931 年，教育部开乡村师范课程审查会；1932 年 8 月 21 日，各乡村师范学校校长在镇江师范开会，讨论各校课程如何修改以应实际需要案，决议呈请教育厅召集乡师校长并聘请乡村教育专家，组织乡村师范课程标准起草委员会编定乡师课程标准；直至 1935 年《乡村师范学校课程标准》才最终制出台。（引自张燕《抗战前国民政府对乡村师范的办理及历史评析》，硕士学位论文，华中师范大学，2007）

② 中国第二历史档案馆编《中华民国史档案资料汇编》第五辑第一编教育（一），江苏古籍出版社，1994，第 439～459 页。《修正师范学校规程》是教育部 1935 年 6 月 22 日第 8497 号训令公布实施的，1947 年 4 月 9 日教育部再次以第 19251 号部令公布实施该规程。

经济及合作、水利概要、教育概论、教育心理、小学教材及教学法、教育测验及统计、乡村教育、中学行政及实习"。

这一时期，国民政府制定了一系列关于乡村师范教育的政策，逐渐加强了对乡村师范学校的控制。国民政府对乡村师范教育进行规范化、制度化管理，将包括乡村师范教育在内的整个乡村教育，纳入其管理范畴之内，在很大程度上促进了乡村师范教育的发展，体现了国民政府对乡村师范教育发展的鼓励与支持。

1937 年日本全面侵华，国民政府迅速做出应对。8 月 11 日，国民政府颁布《总动员时督导教育工作办法纲领》，对战时学校的处理、经费拨付、秩序维持以及师生之服务战时需要等均做出明确规定，这个纲领体现出"一切仍以维持正常教育为宗旨"的精神，关于乡村师范学校的政策没有大的变化。①

1938 年 3 月国民政府在武汉召开临时全国代表大会，制定了《抗战建国纲领》，确定了抗日战争期间的一系列基本政策。国民政府在制定《抗战建国纲领》的同时，也制定了相应的《战时各级教育实施方案纲要》，②教育部随之制定了《战时各级教育实施方案》，③ 从战时的现实需要出发，对之前的一系列教育法令、法规均做了必要的补充和完善。在师范教育方面，形成了普通师范学校、乡村师范学校、特别师范科、简易师范学校、简易乡村师范学校、简易师范科、各种专业师范科及师范学校、边疆师范学校等八类师范学校共存，以普通师范教育为主体的格局。

至此，乡村师范教育取得学制上的独立，国民政府逐渐对乡村师范进行规范化、制度化管理，将其纳入正规学校教育体系。作为师范教育体系中重要组成部分的乡村师范教育制度至此走向完备。国民政府统治时期，该制度虽有所调整，但是总体上并没有发生大的变化。

---

① 中国第二历史档案馆编《中华民国史档案资料汇编》第五辑第二编教育（一），江苏古籍出版社，1997，第 1 页。

② 中国第二历史档案馆编《中华民国史档案资料汇编》第五辑第二编教育（一），江苏古籍出版社，1997，第 13～16 页。

③ 中国第二历史档案馆编《中华民国史档案资料汇编》第五辑第二编教育（一），江苏古籍出版社，1997，第 16～38 页。

1938 年 5 月 7 日，国民政府教育部发布《关于确定师范教育设施方案的训令》，提出小学师资标准："小学教员以师范学校及乡村师范学校毕业生为合格，初小及短小教员以简易师范学校及简易乡村师范学校毕业为合格，今后补充师资应依照标准。"关于乡村师范学校，训令规定："二十七年度应即划定师范区，每区至少设师范学校或乡村师范学校一所……简易师范学校及简易乡村师范学校以由区内数县联合设立为原则。各区内所设省县立各种师范学校校数及招收学生数，均应由厅参照逐年增补之教员数，通盘筹划，分别规定。"①

1937 年 12 月，南京沦陷，很多人开始意识到抗日战争的持久性。鉴于中国基础教育本就薄弱的现实，为了抗战的需要，教育界人士遂主张以"战时须作平时看"的方针。1939 年召开的第三次全国教育会议上，蒋介石发表讲话，对"战时须作平时看"的主张予以支持。"战时须作平时看"的方针，彰显了在抗日战争全面爆发的民族危难之际国民政府对各级各类教育发展的重视。事实上，作为各级各类教育基础的师范教育更是受到国民政府的重视。《战时各级各类教育实施方案纲要》对于师范教育的规定体现了原则性的特点，其中提出"对师资之训练，应特别重视，而亟谋实施""各级学校教师之资格审查与学术进修之办法，应从速规定，以养成中等学校德、智、体三育所需之师资"。② 在《战时各级各类教育实施方案纲要》颁布之后，国民参议会议又出台了《各级教育实施方案》，具体规定了师范教育的改革问题。

1940 年 2 月 29 日，国民政府教育部公布《特别师范科及简易师范科暂行办法》，规定特别师范科及简易师范科以附设于师范学校为原则，但公立中学及公立高级中学内得附设特别师范科，公立中学及公立初级中学内得附设简易师范科。课程科目设置上，规定了普通师范与乡村师范在课程上通用，但是兼顾了乡村师范学校的特点。③

---

① 中国第二历史档案馆编《中华民国史档案资料汇编》第五辑第二编教育（一），江苏古籍出版社，1997，第 633～634 页。
② 教育部教育年鉴编纂委员会编《第二次中国教育年鉴》，商务印书馆，1948，第七编，第 910 页。
③ 中国第二历史档案馆编《中华民国史档案资料汇编》第五辑第二编教育（一），江苏古籍出版社，1997，第 637～638 页。

抗战胜利之后，全国各级各类教育经历了战火的摧残，进入战后恢复期。乡村师范教育方面最为重要的改革是重新修订了之前颁布的《师范学校规程》。1947 年 4 月 9 日，国民政府教育部公布了《修正师范学校规程》。① 关于乡村师范学校的内容，与以前的规程相比没有太大的改变，只是再次重申了乡村师范学校和简易乡村师范学校是民国学制的一部分。

随着内战的展开，军费开支巨大，国民政府降低了对乡村师范教育的支持力度，部分被日军破坏的学校的复校工作也被无限期推迟。受战时压力的影响，乡村师范教育逐渐淡出国民政府的视线。

（三）地方政府关于发展乡村教育和设置乡村师范学校的计划与办法

国民政府关于乡村师范学校的法规和政策的颁布，带动了各级政府积极关注乡村师范学校的兴办和发展问题。第一次全国教育会议之后，全国各省市县也相继颁布设立乡村师范学校的计划和办法，乡村师范学校进入快速发展时期。1928 年 12 月广东省政府批准了广东省教育厅提出的《筹设乡村师范学校案》，随后广东省教育厅制定了《筹设乡村师范学校办法》，② 对乡村师范学校的学制、课程、设备、经费等做了详细的规定。1929 年 1 月 19 日，山东第一次教育局长会议通过了《筹设乡师速成班》《优待乡村教师以提高乡教》《奖励乡村小学校董》《扩充补习教育及整顿乡教》《推广民众补习教育》等提案。③

1931 年 3 月四川省政府公布了《扩充乡村师范学校办法》，④ 对乡村师范学校的设置、修业年限、课程、经费、设备等问题做出明确的规定。关于乡村师范学校的设置问题，该办法谈到三点。第一，在本省设用来单独培养乡村师范师资的乡村师范学院以前，由成都师范大学内分系、分科

---

① 李友芝等编《中国近现代师范教育史资料》第 2 册，1983，第 582~604 页。《修正师范学校规程》是教育部 1935 年 6 月 22 日第 8497 号训令公布实施，1947 年 4 月 9 日教育部再次以第 19251 号部令公布实施。
② 《议决照准教育厅提议筹设乡村师范学校案》，《广东省政府周报》第 68 期，1929 年。
③ 《山东全省第一次教育局长会议记》，《山东教育行政周刊》第 23 期，1929 年。
④ 教育部中国教育年鉴编审委员会编《第一次中国教育年鉴》，开明书店，1934，乙编第二，第 177~178 页。

或附设专修科予以训练。第二，本省原有师范学校及高级中学师范科需要筹设乡村师范分校或附设乡村幼稚师范科，其程度与乡村师范相同。第三，乡村师范学校以每县单独设立一所为原则。但对于财力不足的贫困县，可以联合相邻县共同设立，或暂时在县立中小校内附设，然后积极扩充。关于乡村师范学校的修业年限和招生学生的程度问题，办法规定，乡村师范学校修业年限暂分为一年、二年、三年三种，依实际需要及各个地方具体情形酌定之，其所收学生的程度，遵照师范学校制度相关规定办理。关于乡村师范学校的经费问题，办法规定，暂时比照本省各县设立相当年期师范学校标准执行。关于乡村师范学校的课程设置，办法规定，本省原有相当年期师范学校、国民师范学校及师范讲习所等，改称乡村师范学校后，原有班次的课程量，根据实际需要加以增减。乡村师范学校课程除每周加授党义一学分或二学分外，其余的课程暂照本省相当年期师范课程课程表制定。各地乡村师范学校遇有特殊需要的时候，可以酌量伸缩变更，但须先将特殊情形详细申明，连同制定的课程表，呈请省教育厅核准。关于乡村师范学校的教师进修问题，办法规定，各县教育局应于每年暑假中开办暑期小学教员讲习会，所有在乡村师范毕业后任教小学的教师，一律入会讲习，以补充学识、技能之不足。办法还要求，各县乡村师范学校培养的师资基本上满足各地需求之后，即应增筹设备、经费，并将训练程度提高，将修业年限延长，以期与改进全国教育方案所定标准相适合。

1932 年 1 月，广东省教育厅通令各县市政府从速设立乡村师范学校："查推广乡村师范教育一案，经于十八年十一月间通饬各县市长负责筹集经费，限于十九年八月以前成立乡村师范学校一所，以期普及在案。查各县市已经遵令举办者固多，而延未筹设者，亦复不少，为实施义务教育起见，举办乡村师范，以培植师资，尤为当务之急；其现在尚未设立乡村师范学校各县市，限于本年度内，切筹的欵（款），设署乡村师范学校一所；其已设立而设备不完者，须筹足经费认真扩充。如一时无力单独举办，得联合邻县共同设立。至乡村师范制度，仍应依照改进全省中等学校教育方案所规定第一类至第四类办理。"① 广东省的通令实际是敦促那些尚未设立

---

① 《通饬各县举办乡村师范学校》，《广东省政府公报》第 178 期，1932 年。

乡村师范学校的地区，尽快设立乡村师范学校。

1932 年江苏省教育厅公布《改进江苏全省师范教育计划大纲》，建议分年添设乡村师范学校，以谋乡村教育之平均发展。[①] 1933 年 2 月公布了《江苏省省立乡村师范学校组织暂行规程》，[②] 对省、市、县所办的乡村师范学校做出了具体规定。第一，省立乡村师范学校，以培植乡村小学师资、改进乡村教育为目的。第二，省立乡村师范学校招收学生，以小学毕业者为合格。其修业年限暂定四年。第三，省立乡村师范学校设校长一人，秉承教育厅厅长，统辖全校行政。第四，省立乡村师范学校设教务主任一人，由校长兼任之。教务主任掌理全校课程之支配、考核、教员之服务状况及学生之成绩注册、统计等事宜。第五，省立乡村师范学校设训育主任一人，秉承校长掌理全校之学生指导、训练、监护、考察事宜。训育员若干人，辅助训育主任、分任训育专务。第六，省立乡村师范学校设事务主任一人，秉承校长掌理全校之预算、决算、款项、校舍之支配，整理及校具购置等一切事宜。第七，训育主任、事务主任及训育员，均由专任教员兼任，并由校长按其职务，减少其授课时间。第八，省立乡村师范学校教员，以专任为原则。必要时，可以设兼任教员。第九，省立乡村师范学校，需要设立处理文书、会计等事务及保管图书、仪器的事务员。其员额由校长酌定，呈报教育厅核准。第十，省立乡村师范学校附设附属小学主事一人，秉承校长处理小学行政。第十一，省立乡村师范学校应按照省立中等学校组织暂行规程的规定，设校务会议、教务会议、训育会议、体育委员会、经费稽核委员会。其各项会议细则及办事细则，由校长拟定后呈报教育厅核准备案。

在这样的大环境下，一些县市也出台了设立乡村师范学校的计划，如河南省潢川县教育局就制定了《潢川县筹办乡村师范学校计划书》，对乡村师范学校的校址、校舍、组织、学生的待遇、课程、教职员、设备、经费等进行了规定，具体情况见表 2 - 1。

---

① 《改进江苏全省师范教育计划大纲》，《教育部公报》第 4 卷第 39～40 期，1932 年。
② 教育部中国教育年鉴编审委员会编《第一次中国教育年鉴》，开明书局，1934，乙编第二，第 163～164 页。

表 2 - 1 潢川县筹办乡村师范学校计划预定

计划项目	具体内容
校址	潢川南城大南门外地藏庵旧址
校舍	旧式庙舍约计现有 37 间
组织	招收初中毕业者一班，一年毕业，半年实习 招收高小毕业者一班，四年毕业，半年实习
职教员数	校长 1 人，专任正教员 3 人，助教 2 人，国术教员 1 人，书记 1 人，会计 1 人，事务员 1 人
设备	教室 2，图书室 1，娱乐室兼大会堂 1，办公厅 1，自然实验室 1，工艺室 1，学生自修室 1，教员讨论室 1，职教员寝室 2，学生宿舍 3，清洁用具室 1，农具室 1，接待室 1，诊病室 1，饭厅 1，炊事室 1，商店 1，浴室 1，牛舍 1，猪圈 1，旅舍 1，农场 1，林场 1，公园 1，厕所 1
课程	教育 国文 国语 农业 党义 英文 数学 历史 地理 理科 公民 卫生 体育 图画 音乐 手工 国术 工艺
经费	每月正教员 3 人 250 元，助教 2 人 40 元，国术教员 1 人 12 元，校长、书记、会计、事务员 4 人 90 元，校工 1 人 6 元 添置标本费 5 元，图书杂志费 10 元，杂支（灯油、茶水、纸张等项）40 元，共计 453 元 全年共计 5436 元 来源：由县教育经费项下撙节开支
附记	表内经费一项系指常年经费而言，所有开办费、设备费、修理费、临时费尚不在内 学生除学费免纳外，其余膳费、杂费、书籍概行自备 师范开办一学期后，拟设实验小学 1 处

资料来源：潢川县教育局：《潢川县筹办乡村师范学校计划书》，《河南教育》第 2 卷第 9 期，1929 年。

从以上材料可以看出，从中央政府到地方各级政府对于举办乡村师范学校的重视。一系列发展乡村师范教育的法规、政策和计划的出台，很大程度上促进了乡村师范教育的发展。尤其是国民政府陆续颁布了《师范学校法》（1932 年）、《师范学校规程》（1932 年）、《乡村师范学校课程标准》（1935 年）、《简易乡村师范学校课程标准》（1935 年），规范了乡村师范学校的课程和其他方面的管理。乡村师范教育得以独立设置，不仅在学制、法令上取得了一席之地，而且被纳入正规教育体系之中。[①] 各省市

---

① 参考苏刚《民国时期乡村师范教育制度变迁研究》，博士学位论文，东北师范大学，2015。

县在国民政府、教育部颁布的法令基础上，也纷纷制定了各自办理乡村师范学校的计划，促进了乡村师范学校在全国各地的发展。截止到 1932 年夏，江苏、浙江、安徽、江西、福建、广东、广西、湖北、四川、河南、山东、上海等省市均有乡村师范学校设立，而江苏除六个省立乡村师范学校外，昆嘉青三县，南汇、南通、太仓、吴县、江阴、奉贤、宜兴，靖江、东台、常州等各县也设立了不少乡村师范学校。[①] 关于乡村师范学校的统计数据，将在本书第三章详细展示。

---

① 滕仰支、张石樵、郭人全合编《农村工学教育实施》，黎明书局，1933，第 56 页。

第三章　乡村师范学校办理的成效

本章从乡村师范学校的数量多少和培养目标是否实现两个方面，分析民国时期乡村师范学校办理的成效。首先，在办学数量以及办学规模上，1928 年 5 月 15～28 日第一次全国教育会议召开后，乡村师范学校的开办就进入政府规划之列，乡村师范学校逐步建立。1929 年 4 月 26 日，南京国民政府公布了《中华民国教育宗旨及其实施方针》，提出尽量发展乡村师范教育，乡村师范学校进入较快的发展时期。1930 年 3 月 4 日，国民党第三届中央执行委员会第三次全体会议决议原则通过了由胡汉民、刘庐隐、陈立夫联合提议的《实施三民主义的乡村教育案》，进一步推动了乡村师范学校在全国的开办，成为乡村师范学校发展的一个转折点。1930 年到 1935 年是乡村师范学校发展最为集中的一个时期。这些乡村师范学校承担了在全国范围内培养乡村教育人才、扩充乡村人才储备、发展乡村教育进而改造乡村社会的重任。其次，在办学质量方面，乡村师范学校的办学宗旨是培养适宜中国广大农村的教师，乡村师范学校毕业生的实际情况可以直接反映乡村师范学校主旨目标的达成情况，进而可以折射出乡村师范学校办学实际成效的大小。

一　乡村师范学校办理的成效：数量上的考察

根据教育部的统计，截止到 1930 年，全国公私立乡村师范学校有 280 所，[①]

---

① 笔者根据教育部普通教育司编印《全国中等教育统计（中华民国十九年度）》［1933，表之部分（丙）各省市分表，第 129～230 页］统计。

1931年发展到451所（其中附设63所）。[1] 1932年，全国各种师范学校达到864所，其中乡村师范学校竟达372所（其中附设于其他学校的119所），学生35654人。372所乡村师范学校中，省立29所（其中附设11所），学生6717人；县（市）立332所（其中附设102所），学生27575人；私立11所（其中附设6所），学生1362人。[2] 1933年乡村师范学校与简易乡村师范学校总数为353所（其中附设88所）。[3] 1934年，全国共有中等师范学校788所，其中普通师范46所，乡村师范学校327所，乡村师范学校占全国中等师范学校总数的41.5%。[4] 从1930年到1934年的数据虽然有起伏，但乡村师范学校总体上处于高位发展时期。

表3-1反映的1932年的数据显示，江苏、浙江、安徽、江西、湖北、湖南、河南、河北、山东、福建、广东、广西、四川、云南、热河、察哈尔等16个省份和青岛市设立了乡村师范学校，拥有乡村师范学校300余所（附属100多所），学生31000余人。但陕西、山西、贵州、甘肃、宁夏、青海、新疆、辽宁、吉林、黑龙江、绥远、西康等省份没有设立乡村师范学校。没有设立乡村师范的省份主要集中于中国东北、西北、西南等边疆地区。乡村师范学校分布的这种不平均，和中国长期以来的经济上发展不平衡、政治上分裂不统一的状况相一致。表3-1同时也反映出，乡村师范教育家陶行知、余家菊、黄质夫等人倡导和实践的地区是乡村师范学校集中的地区。

表3-1　1932年全国各省（市）公私立乡村师范学校统计

省（市）	学校数（所）	学生数（人）	毕业生人数（人）	岁出经费数（元）
江苏	19（4）	2319	1040	279427
浙江	4（6）	501	14	66878

[1] 教育部普通教育司编印《全国中等教育统计（中华民国二十年度）》，1935，表之部分，第77页。1931年乡村师范学校增长比较快，应与国民党第三届中央执行委员会第三次全体会议议决通过《实施三民主义的乡村教育案》有一定的关系。

[2] 教育部普通教育司编《全国中等教育统计（中华民国二十一年度）》，商务印书馆，1935，表之部分，第6~7、10~11页。

[3] 教育部普通教育司编《全国中等教育统计（中华民国二十二年度）》，商务印书馆，1936，表之部分，第8页。

[4] 根据教育部普通教育司编《全国中等学校校名地址一览表（中华民国二十三年度）》（商务印书馆，1935）统计。

续表

省（市）	学校数（所）	学生数（人）	毕业生人数（人）	岁出经费数（元）
安徽	2	301	84	70632
江西	3（1）	434	103	55249
湖北	3	516	31	134131
湖南	3（3）	366	69	290929
四川	34（10）	2770	439	215044
福建	4（4）	387	47	65337
云南	23（20）	3341	270	56174
贵州	—	—	—	—
广东	41（38）	6446	1147	481296
广西	4（4）	361	72	15482
陕西	—	—	—	—
山西	—	—	—	—
河南	21（16）	3208	290	132200
河北	138（1）	7267	1671	456158
山东	17（2）	2374	28	300898
热河	6（1）	318	48	10793
察哈尔	10	529	18	42973
甘肃	—	—	—	—
宁夏	—	—	—	—
青海	—	—	—	—
新疆	—	—	—	—
辽宁	—	—	—	—
吉林	—	—	—	—
黑龙江	—	—	—	—
绥远	—	—	—	—
南京市	—	—	—	—
上海市	—	—	—	—
青岛市	（1）	50		
西康	—	—	—	—
合计	332（111）	31488	5371	2673601

注：古楳的统计数据有误。学校数括号内为附设在其他学校的乡村师范学校数，其中浙江省出现一所学校附设多所乡村师范学校的情况。

资料来源：教育部普通教育司编《全国中等教育统计（中华民国二十一年度）》，商务印书馆，1935，表之部分"各省市中等教育概况统计分表"，第52~212页；古楳编著《乡村师范概要》，商务印书馆，1936，第42~44页。

从表 3-2 可以看出，带有公立性质的省立、县立乡村师范学校数量在所有乡村师范学校中所占比例最高，其资金主要来源于国家拨款、地方财政。而且省立乡村师范学校资金最为充足，每所省立乡村师范学校每年得到的经费数高达 3 万余元，县立的乡村师范只有 5000 余元，已备案和未备案的私立乡村师范分别有 8000 余元和近 7000 元。

表 3-2　1932 年全国公私立乡村师范学校经费和资产统计

办学性质	学校数（所）	岁入经费数（元）	岁出经费数（元）	资产数（元）
省立	29（11）	874444	855914	1105978
县立	332（102）	1739261	1734954	3676342
已备案私立	5（5）	43797	43859	358324
未备案私立	6（1）	41972	38880	114850
合计	372（119）	2699474	2673607	5255494

注：此表中的乡村师范学校数目、岁出经费数目与表 3-1 有差距，笔者把《全国中等教育统计（中华民国二十一年度）》分省市数据进行统计之后判断，该年统计总表应该有误。学校数括号内为附设在其他学校的乡村师范学校数。

资料来源：教育部普通教育司编《全国中等教育统计（中华民国二十一年度）》，商务印书馆，1935；古楳编著《乡村师范概要》，商务印书馆，1936，第 44 页。

私立乡村师范学校虽因资金短缺、土地匮乏等问题，在数量上可能无法比及公立乡村师范，在规模和硬件设施上也不能与省立乡村师范学校相提并论，但它们更能体现当地对乡村师范教育的实际需求，办学上更加灵活自由，尤其热衷兴办独具特色的女子乡村师范学校，如广东的私立纲纪女子乡村师范学校，湖南的私立启明女子简易乡村师范学校、私立爱莲女子简易乡村师范学校，热河的私立凤仪女子乡村师范学校。这些数量稀少的私立乡村师范学校扮演着不同于公立乡村师范学校的角色，对当地乡村教育事业的发展做出了自己的特殊贡献。

按照国民政府教育部的规定，在条件不具备的地方，可以几个县联合设立乡村师范学校，以培养乡村教育急需的师资。根据《全国中等学校校名地址一览表（中华民国二十三年度）》的统计，全国共有 14 所联立乡村师范学校。其中江苏 1 所——昆嘉青三县联立乡村师范（昆山）；江西 3 所——上饶七县联立信江乡村师范学校（上饶）、庾崇犹三县联立乡村师范学校（大庾）、龙定虞安四县联立乡村师范学校（龙南）；湖南 5 所——

岳郡联立简易乡村师范学校（岳阳）、茶攸安醴联立简易乡村师范学校（茶陵）、临蓝嘉联立简易乡村师范学校（临武）、沅郡联立简易乡村师范学校（芷江）、九澧联立女子简易乡村师范学校（澧县）；云南1所——昭通十属联立女子乡村师范学校（昭通）；山东4所——临夏馆清邱冠六县联立简易乡村师范学校（临清）、范朝濮三县联立简易乡村师范学校（范县）、济汶金嘉四县联立简易乡村师范学校（济宁）、高博蒲青桓五县联立简易乡村师范学校（高苑县）。[①]

除了创办新的乡村师范学校，各地还把民众师范院、师范讲习所、师范速成班、简易师范或者初级师范改建成乡村师范学校，反映了当时各级政府对乡村师范教育的重视程度。受地方教育政策的影响，各省办学的实际情况有较大的差别。[②]

从地方志的材料看，当时还有一个县设立两所乡村师范学校的情况，一定程度上反映出当时乡村师范学校发展的盛况。例如河南信阳共有信阳、罗山、潢川、光山、固始、息县、商城、经扶（今新县）八个县，设有九所乡村师范学校，分别是信阳县立简易乡村师范学校、罗山县第一小学附设乡村师范班、罗山县立简易乡村师范学校、潢川县立简易乡村师范学校、光山县立简易乡村师范学校、固始县立简易乡村师范学校、息县县立简易乡村师范学校、商城县立简易乡村师范学校、经扶县立简易乡村师范学校，[③] 其中罗山县就设立了两所乡村师范学校。

《第一次中国教育年鉴》和《全国中等学校校名地址一览表（中华民国二十三年度）》的统计数据反映的是1934年之前乡村师范学校的情况（见表3-3、表3-4），1934年以后的统计数据很难找到。《第二次中国教育年鉴》收录的中等师范教育的统计数据（见表3-5），大致可以显示1936～1946学年度乡村师范学校的发展情况。

---

① 教育部普通教育司编《全国中等学校校名地址一览表（中华民国二十三年度）》，商务印书馆，1935。
② 参见牟秀娟《南京国民政府乡村师范教育运动述论（1927年～1937年）》，硕士学位论文，山东师范大学，2008。
③ 吴高春主修，郑大略、乔士华主编《信阳地区教育志》，中州古籍出版社，1991，第156～158页。需要注意的是，全国各省、县乡村师范学校发展的情况是不平衡的。

表 3 - 3　1934 年全国省立乡村师范学校一览

校名	校址	程度	成立年份
江苏省立栖霞乡村师范学校	南京栖霞山	高小毕业四年	1923 年
江苏省立洛社乡村师范学校	无锡洛社	高小毕业四年	1923 年
江苏省立吴江乡村师范学校	吴江垂虹桥	高小毕业四年	1923 年
江苏省立黄渡乡村师范学校	黄渡镇	高小毕业四年	1922 年
江苏省立界首乡村师范学校	高邮界首镇	高小毕业四年	1923 年
江苏省立石湖乡村师范学校	阜宁佃湖镇	高小毕业四年	1933 年
江苏省立灌云乡村师范学校	灌云	高小毕业四年	1928 年
江苏省立连云乡村师范学校	陇海路连云镇	—	1933 年
江苏省立运河镇简易乡村师范学校	运河镇	高小毕业四年	1934 年
浙江省立湘湖乡村师范学校	萧山湘湖	初部高小 高部初中	1928 年
浙江省立锦堂乡村师范学校	慈溪东山村	高小毕业四年	1931 年
安徽省立第一乡村师范学校	贵池	初中毕业	1929 年
安徽省立蚌埠简易乡村师范学校	蚌埠	—	1930 年
安徽省立黄麓简易乡村师范学校	巢县黄麓	—	1933 年
江西省立南昌乡村师范学校	南昌莲塘	一部初中 二部高小	1928 年
江西省立九江乡村师范学校	九江甘棠江	—	1933 年
江西省立贵溪乡村师范学校	贵溪	—	1933 年
江西省立宜春乡村师范学校	宜春	—	1934 年
江西省立赣州乡村师范学校	赣县	—	1934 年
湖北省立武昌乡村师范学校	武昌	—	1928 年
湖北省立宜昌乡村师范学校	宜昌	初部高级	1931 年
湖北省立襄阳乡村师范学校	襄阳	高级	1931 年
河南省立百泉乡村师范学校	辉县百泉	初中毕业三年	1931 年由河南省立民众师范院改办
河北省立女子师范学院乡村师范科	天津	—	
河北省立保定乡村师范学校	保定		1932 年
山东省立济南简易乡村师范学校	济南	高小毕业四年	1929 年
山东省立莱阳乡村师范学校	莱阳	高小毕业四年	1930 年
山东省立临沂乡村师范学校	临沂	高小毕业四年	1930 年
山东省立滋阳乡村师范学校	兖州	高小毕业四年	1930 年

续表

校名	校址	程度	成立年份
山东省立平原乡村师范学校	平原	高小毕业四年	1931 年
山东省立惠民乡村师范学校	惠民	高小毕业四年	1931 年
山东省立文登乡村师范学校	文登	高小毕业四年	1932 年
山东省立寿张乡村师范学校	寿张	高小毕业四年	1932 年
福建省立福州乡村师范学校	闽侯	高小、初中毕业兼收	1929 年
福建省立晋江乡村师范学校	晋江	—	1929 年
福建省立建瓯乡村师范学校	建瓯	—	1929 年
福建省立龙岩乡村师范学校	龙岩	—	1933 年
广东省立江村乡村师范学校	番禺江村	—	1929 年
广东省立韩山乡村师范学校	潮安	—	—
广东省立韶州乡村师范学校	曲江	—	—
广东省立琼崖乡村师范学校	琼山	—	—
广东省立肇庆乡村师范学校	高要	—	—
热河省立师范学校乡村师范科	承德	—	—
广西省立师范专科学校附设乡村师范学校	桂林良丰	高中毕业二年	1932 年

注：古楳在《乡村师范概要》一书中统计的省立乡村师范学校为 38 所，比《全国中等学校校名地址一览表（中华民国二十三年度）》统计的少了 6 所。

资料来源：教育部普通教育司编《全国中等学校校名地址一览表（中华民国二十三年度）》，商务印书馆，1935；古楳编著《乡村师范概要》，商务印书馆，1936，第 45～47 页。

表 3 - 4　1934 年全国县立乡村师范学校一览

省份	校名	备案/创立/改办时间	校址
江苏	上海县立乡村师范学校		上海县
	奉贤县立乡村师范学校		奉贤
	吴县县立乡村师范学校		吴县
	常熟县立乡村师范学校		常熟
	启东县立乡村师范学校		启东
江西	都昌县立乡村师范学校	1933 年备案	都昌
湖南	沅江县立简易乡村师范学校	1929 年创办，1934 年改办	沅江
	益阳县立龙洲简易乡村师范学校		益阳
	安化县立简易乡村师范学校		安化

续表

省份	校名	备案/创立/改办时间	校址
湖南	宁乡县立简易乡村师范学校		宁乡
	攸县县立女子简易乡村师范学校		攸县
	醴陵县立简易乡村师范学校		醴陵
	醴陵县立女子简易乡村师范学校		醴陵
	湘乡县立女子简易乡村师范学校	1933 年创立，1934 年改办	湘乡
	衡阳县立简易乡村师范学校	1929 年创立，1934 年改办	衡阳
	宜章县立简易乡村师范学校	1929 年创立，1934 年改办	宜章
	汝城县立简易乡村师范学校	1933 年创立，1934 年改办	汝城
	资兴县立简易乡村师范学校	1929 年创立，1934 年改办	资兴
	永兴县立简易乡村师范学校	1929 年创立，1934 年改办	永兴
	耒阳县立简易乡村师范学校	1929 年改办	耒阳
	桂阳县立简易乡村师范学校	1929 年创立，1934 年改办	桂阳
	郴县县立简易乡村师范学校	1929 年改办	郴县
	祁阳县立简易乡村师范学校	1930 年改办	祁阳
	宁远县立简易乡村师范学校	1929 年改办	宁远
	永明县立简易乡村师范学校	1932 年创立，1934 年改办	永明
	新田县立简易乡村师范学校	1927 年创立，1934 年改办	新田
	绥宁县立简易乡村师范学校	1934 年创立	绥宁
	新宁县立简易乡村师范学校	1932 年创立，1934 年改办	新宁
	邵阳县立简易乡村师范学校	1932 年创立，1934 年改办	邵阳
	沅陵县立简易乡村师范学校	1930 年创立，1934 年改办	沅陵
	溆浦县立简易乡村师范学校	1930 年创立，1934 年改办	溆浦
	辰峪县立简易乡村师范学校		辰峪
	会同县立简易乡村师范学校	1931 年创立	会同
	大庸县立简易乡村师范学校	1932 年创立	大庸
	慈利县立简易乡村师范学校		慈利
	安乡县立简易乡村师范学校	1928 年创立	安乡
	南县县立简易乡村师范学校	1929 年创立	南县
	汉寿县立简易乡村师范学校	1932 年创立，1934 年改办	汉寿

省份	校名	备案/创立/改办时间	校址
广东	东莞县立乡村师范学校	1932 年创立	东莞
	中山县立和风简易乡村师范学校	1932 年改办	中山
	新会县立乡村师范学校	1930 年创立	江门
	开平县立乡村师范学校		开平
	吴川县立乡村师范学校	1930 年改办	吴川
	罗定县立乡村师范学校	1931 年改办	罗定
	惠阳县立简易乡村师范学校	1930 年创立	惠阳
	龙川县立乡村师范学校	1929 年创立	龙川
	潮阳县立简易乡村师范学校	1930 年改办	潮阳
	大埔县立乡村师范学校	1932 年改办	大埔
	始兴县立简易乡村师范学校	1928 年创立，1933 年改办	始兴
	连山县立乡村师范学校	1929 年改办	连山
	廉江县立乡村师范学校	1929 年创立	廉江
	防城县立乡村师范学校	1930 年改办	防城
	临商县立简易乡村师范学校	1931 年改办	临商
广西	来宾县立简易乡村师范学校	1933 年创立	来宾
	北流县立简易乡村师范学校	1933 年改办	北流
	榴江县立简易乡村师范学校	1934 年改办	榴江
	邕宁县立简易乡村师范学校	1933 年创立	邕宁
	天保县立简易乡村师范学校	1933 年创立	天保
	养利县立简易乡村师范学校	1934 年创立	养利
	那马县立简易乡村师范学校	1934 年创立	那马
	灵川县立简易乡村师范学校	1934 年创立	灵川
四川	合川县立简易乡村师范学校	1926 年创立	合川
	涪陵县立女子简易乡村师范学校	1908 年创立	涪陵
	内江县立简易乡村师范学校	1926 年创立	内江
	长宁县立简易乡村师范学校	1928 年创立	长宁
	青神县立简易乡村师范学校	1926 年创立	青神
	珙县县立简易乡村师范学校	1930 年创立	珙县
	石柱县立简易乡村师范学校	1932 年创立	石柱
	双流县立简易乡村师范学校	1931 年创立	双流

续表

省份	校名	备案/创立/改办时间	校址
四川	江津县立简易乡村师范学校	1933 年改办	江津
	屏山县立简易乡村师范学校	1934 年创立	屏山
	越嶲县立北区简易乡村师范学校	1934 年改办	越嶲
	广汉县立女子简易乡村师范学校	1930 年创立	广汉
	威远县立简易乡村师范学校	1933 年创立	威远
	隆昌县立简易乡村师范学校	1931 年创立	隆昌
	邛崃县立女子简易乡村师范学校	1931 年创立	邛崃
	涪陵县立简易乡村师范学校	1930 年创立	涪陵
云南	昆明县立乡村师范学校	1931 年改办	昆明
	篙明县立乡村师范学校	1933 年改办	篙明
	罗茨县立乡村师范学校	1932 年创立	罗茨
	晋宁县立乡村师范学校	1932 年创立	晋宁
	安宁县立乡村师范学校	1931 年创立	安宁
	昆阳县立乡村师范学校	1932 年创立	昆阳
	宜良县立乡村师范学校	1931 年改办	宜良
	易门县立乡村师范学校	1932 年成立	易门
	富民县立乡村师范学校	1932 年改办	富民
	玉溪县立乡村师范学校	1931 年改办	玉溪
	河西县立乡村师范学校	1932 年创立	河西
	峨山县立乡村师范学校	1932 年创立	峨山
	曲靖县立乡村师范学校	1933 年创立	曲靖
	湍江县立乡村师范学校	1932 年改办	湍江
	寻甸县立乡村师范学校	1930 年改办	寻甸
	永善县立乡村师范学校	1929 年创立	永善
	武定县立乡村师范学校	1933 年创立	武定
	禄权县立乡村师范学校	1931 年改办	禄权
	广通县立乡村师范学校	1931 年创立	广通
	元谋县立乡村师范学校	1933 年创立	元谋
	路南县立乡村师范学校	1931 年创立	路南
	永平县立乡村师范学校	1932 年创立	永平
	祥云县立乡村师范学校	1932 年创立	祥云

省份	校名	备案/创立/改办时间	校址
云南	兰坪县立乡村师范学校	1932 年创立	兰坪
	龙陵县立乡村师范学校	1932 年创立	龙陵
	开远县立乡村师范学校		开远
	禄丰县立乡村师范学校	1932 年创立	禄丰
	车里县立乡村师范学校	1933 年创立	车里
	马关县立乡村师范学校	1932 年创立	马关
河南	郑县县立简易乡村师范学校		郑县
	通许县立简易乡村师范学校	1931 年创立	通许
	永城县立山城乡村师范学校	1933 年创立	永城
	淮阳县立第一乡村师范学校	1930 年创立	淮阳
	考城县立简易乡村师范学校	1934 年改办	考城
	民权县立简易乡村师范学校	1931 年创立	民权
	宁陵县立简易乡村师范学校		宁陵
	襄城县立简易乡村师范学校	1932 年创立	襄城
	许昌县立女子简易乡村师范学校	1932 年创立	许昌
	临颍县立简易乡村师范学校	1934 年改办	临颍
	氾水县立简易乡村师范学校		氾水
	新郑县立简易乡村师范学校	1932 年改办	新郑
	南阳县立简易乡村师范学校	1932 年改办	南阳
	方城县立简易乡村师范学校		方城
	唐河县立乡村师范学校	1930 年改办	唐河
	确山县立简易乡村师范学校	1928 年改办	确山
	泌阳县立简易乡村师范学校	1934 年改办	泌阳
	洛阳县立简易乡村师范学校	1923 年创立	洛阳
	宜阳县立乡村师范学校	1931 年改办	宜阳
	临汝县立简易乡村师范学校	1928 年创立	临汝
	鲁山县立简易乡村师范学校	1931 年创立，1934 年改办	鲁山
	宝丰县立乡村师范学校	1933 年改办	宝丰
	登封县立简易乡村师范学校	1934 年改办	登封
	灵宝县立简易乡村师范学校	1931 年创立	灵宝
	延津县立乡村师范学校	1931 年创立	延津

续表

省份	校名	备案/创立/改办时间	校址
河南	武陟县立简易乡村师范学校	1931 年改办	武陟
	原武县立乡村师范学校	1932 年改办	原武
	汲县县立香泉乡村师范学校	1933 年创立	汲县
	沁阳县立简易乡村师范学校	1929 年创立	沁阳
	博爱县立简易乡村师范学校	1930 年改办	博爱
	涉县县立简易乡村师范学校	1929 年改办	涉县
	孟县县立简易乡村师范学校	1926 年创立	孟县
	新乡县立潞土坟乡村师范学校	1933 年改办	新乡
	猎嘉县立简易乡村师范学校	1934 年改办	猎嘉
	临漳县立乡村师范学校	1931 年创立	临漳
	滑县县立简易乡村师范学校	1934 年改办	滑县
	温县县立简易乡村师范学校	1927 年改办	温县
	阳武县立乡村师范学校	1932 年创立	阳武
	济源县立乡村师范学校	1933 年改办	济源
	林县县立乡村师范学校	1931 年改办	林县
	桐柏县立乡村师范学校	1932 年创立	桐柏
河北	阜城县立乡村师范学校	1930 年改办	阜城
	监山县立乡村师范学校	1930 年改办	监山
	南皮县立乡村师范学校	1931 年改办	南皮
	沧县县立乡村师范学校	1929 年改办	沧县
	青县县立乡村师范学校	1935 年创立	青县
	天津县立乡村师范学校	1934 年改办	天津
	雄县县立乡村师范学校	1929 年改办	雄县
	东光县立乡村师范学校	1931 年创立	东光
	吴桥县立乡村师范学校		吴桥
	宁津县立乡村师范学校	1929 年创立	宁津
	临榆县立女子乡村师范学校	1932 年改办	临榆
	昌黎县立女子乡村师范学校	1930 年创立	昌黎
	昌黎县立乡村师范学校	1930 年改办	昌黎
	乐亭县立乡村师范学校	1930 年改办	乐亭
	抚宁县立乡村师范学校	1931 年改办	抚宁

省份	校名	备案/创立/改办时间	校址
河北	迁安县立乡村师范学校	1930 年改办	迁安
	定兴县立乡村师范学校	1923 年创立，1930 年改办	定兴
	满城县立乡村师范学校	1933 年改办	满城
	清苑县立乡村师范学校	1931 年改办	清苑
	大城县立女子乡村师范学校	1924 年创立	大城
	安国县立乡村师范学校	1931 年改办	安国
	蠡县县立乡村师范学校	1930 年改办	蠡县
	完县县立乡村师范学校	1930 年改办	完县
	容城县立乡村师范学校	1930 年改办	容城
	博野县立乡村师范学校	1934 年创立	博野
	唐县县立乡村师范学校	1929 年改办	唐县
	阜平县立乡村师范学校	1929 年改办	阜平
	安新县立新属乡村师范学校	1930 年创立	安新
	叶城县立乡村师范学校	1930 年改办	叶城
	无极县立乡村师范学校	1933 年改办	无极
	晋县县立乡村师范学校	1930 年改办	晋县
	灵寿县立女子乡村师范学校	1930 年创立，1934 年改办	灵寿
	乐城县立简易乡村师范学校	1931 年创立，1934 年改办	乐城
	深泽县立女子乡村师范学校	1930 年创立	深泽
	定县县立乡村师范学校	1929 年改办	定县
	涞水县立乡村师范学校	1932 年改办	涞水
	新乐县立乡村师范学校	1929 年创立	新乐
	叶城县立女子乡村师范学校	1931 年改办	叶城
	大名县立简易乡村师范学校	1933 年创立，1934 年改办	大名
	安平县立女子乡村师范学校	1932 年改办	安平
	安平县立乡村师范学校	1932 年创立	安平
	饶县县立乡村师范学校	1932 年改办	饶县
	武强县立乡村师范学校	1932 年创立	武强
	深县女子乡村师范学校	1930 年创立	深县
	平乡县立乡村师范学校	1931 年创立	平乡
	南和县立乡村师范学校	1931 年创立	南和

续表

省份	校名	备案/创立/改办时间	校址
河北	清丰县立女子乡村师范学校	1931 年创立	清丰
	广平县立乡村师范学校	1933 年创立	广平
	鸡泽县立乡村师范学校	1933 年创立	鸡泽
	肥乡县立乡村师范学校	1932 年创立	肥乡
	任县县立乡村师范学校	1931 年创立	任县
	内丘县立乡村师范学校	1934 年改办	内丘
	巨鹿县立乡村师范学校	1930 年改办	巨鹿
	深泽县立乡村师范学校	1930 年改办	深泽
	威县县立乡村师范学校	1930 年创立	威县
	成安县立乡村师范学校	1933 年改办	成安
	邯郸县立乡村师范学校	1929 年改办	邯郸
	赵县县立女子乡村师范学校	1929 年创立	赵县
	赵县县立乡村师范学校	1929 年创立	赵县
	武邑县立乡村师范学校	1930 年改办	武邑
	南宫县立乡村师范学校	1931 年改办	南宫
	良乡县立乡村师范学校	1932 年创立	良乡
	高邑县立乡村师范学校	1929 年改办	高邑
	三河县立乡村师范学校	1932 年创立	三河
	通县县立乡村师范学校	1930 年改办	通县
	霸县县立乡村师范学校	1929 年改办	霸县
	密云县立乡村师范学校	1931 年创立	密云
	昌平县立乡村师范学校	1929 年创立	昌平
	香河县立乡村师范学校	1930 年创立	香河
	蓟县县立乡村师范学校	1930 年改办	蓟县
山东	益都县立简易乡村师范学校		益都
	临朐县立简易乡村师范学校		临朐
	济宁县立简易乡村师范学校		济宁
	昌乐县立简易乡村师范学校		昌乐
	菏泽县立简易乡村师范学校		菏泽
	曹县县立简易乡村师范学校	1934 年改办	曹县
	郓城县立简易乡村师范学校	1932 年改办	郓城

续表

省份	校名	备案/创立/改办时间	校址
山东	定陶县立简易乡村师范学校	1932 年创立，1934 年改办	定陶
	滕县县立简易乡村师范学校	1933 年创立	滕县
	邹县县立简易乡村师范学校	1932 年创立，1934 年改办	邹县
	阳谷县立简易乡村师范学校	1932 年改办	阳谷
	齐河县立简易乡村师范学校	1933 年创立	齐河
	诸城县立简易乡村师范学校	1934 年改办	诸城
	郾城县立简易乡村师范学校	1931 年创立	郾城
察哈尔	张北县立简易乡村师范学校	1932 年创立	张北
	涿鹿县立简易乡村师范学校	1931 年创立	涿鹿
	怀安县立简易乡村师范学校		怀安
	延庆县立简易乡村师范学校	1929 年创立	延庆
	阳原县立简易乡村师范学校	1931 年创立	阳原
	怀来县立简易乡村师范学校	1932 年改办	怀来
	龙关县立简易乡村师范学校	1930 年改办	龙关
	万全县立简易乡村师范学校	1931 年改办	万全
	赤城县立简易乡村师范学校	1931 年创立	赤城
	宣化县立简易乡村师范学校	1929 年改办	宣化
	蔚县县立简易乡村师范学校	1929 年创立	蔚县
热河	凌源县立乡村师范学校		凌源
	建平县立乡村师范学校		建平
	赤峰县立乡村师范学校		赤峰
	朝阳县立乡村师范学校		朝阳
	凌源县立女子乡村师范学校		凌源

注：牟秀娟的硕士学位论文中关于乡村师范学校的统计数据比较完整，作者对照《全国中等学校校名地址一览表》《第一次中国教育年鉴》《第二次中国教育年鉴》，对一些不一致的数据做了详细的说明，所得资料比较准确。笔者参考的两篇学位论文均把省立和县立乡村师范学校合并统计。

资料来源：根据教育部中国教育年鉴编审委员会编《第一次中国教育年鉴》（开明书店，1934）、教育部教育年鉴编纂委员会编《第二次中国教育年鉴》（商务印书馆，1948）、教育部普通教育司编《全国中等学校校名地址一览表（中华民国二十三年度）》（商务印书馆，1935）统计制成。部分数据参考了牟秀娟的《南京国民政府乡村师范教育运动述论（1927 年～1937 年）》（硕士学位论文，山东师范大学，2008）和曹彦杰的《师范为何下乡：民国时期乡村师范教育的兴起》（博士学位论文，华东师范大学，2018）。

表 3－5　全国中等师范学校统计（1936～1946 学年度）

学年度	学校数（所）			班级数（个）			学生数（人）			毕业生数（人）		
	小计	师范及简乡师	简师及简乡师	小计	师范及简乡师	简师及简乡师	小计	师范及简乡师	简师及简乡师	小计	师范及简乡师	简师及简乡师
1936	814	198	616	2422	979	1443	87902	37785	50117	24162	11225	12937
1937	364	97	367	1369	544	825	48793	19889	28904	9396	4394	5002
1938	312	100	212	1538	625	913	56679	22923	33756	11200	4594	6606
1939	339	107	232	1588	548	1040	59431	19760	39671	12478	5511	6967
1940	374	130	244	1989	633	1356	78347	22011	56331	18964	4437	14527
1941	408	152	256	2301	687	1614	91239	23849	67390	23065	6107	16958
1942	455	182	273	2807	914	1893	109009	31713	77296	22931	6713	16218
1943	498	195	303	3223	995	2228	130995	36286	94709	24525	7491	17034
1944	562	221	341	3840	1206	2634	157806	44976	112830	26808	9438	17370
1945	770	318	452	5180	1692	3488	202163	62786	139977	28163	13069	15094
1946	902	373	529	6000	1975	4025	245609	76991	168618	47784	16253	31531

注：各级学校每学年从 8 月 1 日起至第二年 7 月 31 日终。统计时没有把师范学校、乡村师范学校、简易师范学校、简易乡村师范学校的数据分开计算，所以只能大致反映出 1936～1946 学年度乡村师范学校发展的情况。

资料来源：本表据教育部教育年鉴编纂委员会编《第二次中国教育年鉴》（商务印书馆，1948，第 929～930 页）资料整理而成，个别数据小计与分项之和不完全相等。

二　乡村师范学校办理的成效：质的考察

乡村师范学校设立之初，目标是培养适合当地农村的乡村教师。有了合格的乡村老师，才能进一步发展乡村教育，进一步改造乡村社会。因此，乡村师范学校毕业生的就业去向是分析乡村师范培养目标是否实现的重要指标，也最能体现乡村师范学校办理的成效。

（一）民国乡村师范学校培养的目标审视

乡村师范学校的学生，必须具备适应乡村生活的素质。他们首先要具有改造农村教育的理想以及为乡村社会服务的意愿，其次要有对乡村生活以及自己平民身份的认同，再次是要具备生存于乡间的能力，最后是要具备改造乡村的能力。① 乡村师范学校培养改造农村人才的特殊使命决定了乡村师范独特的训练目标。民国时期，各个学校设计的乡村师范的培养目标虽略有不同，但服务乡村社会的目的是非常明确的。最早设立的江苏省立乡村师范学校的培养目标能够充分说明这一点。

江苏省立栖霞乡村师范学校的训练目标：

1. 和蔼的态度；2. 丰富的感情；3. 坚强的意志；4. 活泼的精神；5. 强健的体魄；6. 好学的兴趣；7. 勤朴的习惯；8. 真挚的同情；9. 远大的眼光；10. 准确的思想；11. 勇毅的气概；12. 领袖的才能；13. 科学的头脑；14. 耐劳的身手；15. 创造的能力；16. 审美的观念；17. 服务的信心；18. 正义的信仰；19. 规律的生活；20. 力行的决心；21. 敏捷的动作；22. 高尚的理想。②

江苏省立洛社乡村师范学校的训练目标：

1. 有自尊自主的精神和自治的能力；2. 有积极乐观的态度和谦和的性情；3. 有坚忍不拔的意志和不畏强御的勇气；4. 有好学深思的习惯和随时改进的精神；5. 有愿为群众服务的兴趣和决心；6. 有科学的头脑；7. 有农人的身手；8. 有领袖的才能；9. 有乐享田园生活的兴趣；10. 有爱好儿童的态度；11. 有改良乡村教育的志愿和决心；12. 有改进乡村社会的志愿和决心。③

江苏省立黄渡乡村师范学校的训练目标：

1. 革命化；2. 民主化；3. 农民化；4. 纪律化；5. 现代化。④

江苏省立吴江乡村师范学校的训练目标：

1. 农夫的身手；2. 科学的头脑；3. 科学的技能；4. 勤劳的习惯；

---

① 〔美〕丛小平：《社区学校与基层社会组织的重建——二三十年代的乡村教育运动与乡村师范》，《二十一世纪》（香港）网络版，2002 年 11 月号，总第 8 期，2002 年 11 月 30 日。

② 《江苏省立栖霞乡村师范学校概况》，《江苏教育》第 1 卷第 7、8 期合刊，1932 年。古楳的《乡村师范概要》一书摘录了江苏省立六所乡村师范学校的训练目标，部分内容与当时的调查报告有出入，本书采用的是《江苏教育》1932 年第 1 卷第 7、8 期合刊上对六所学校的调查报告中的表述。

③ 《江苏省立洛社乡村师范学校概况》，《江苏教育》第 1 卷第 7、8 期合刊，1932 年。

④ 《江苏省立黄渡乡村师范学校概况》，《江苏教育》第 1 卷第 7、8 期合刊，1932 年。

5. 办事的才能；6. 改造社会的精神；7. 快乐的感情；8. 诚恳的态度。①

江苏省立界首乡村师范学校的训练目标：

1. 要有强健的身体；2. 要有勤朴的习惯；3. 要有处理个人生活上一切事务的能力；4. 要有好乐的兴趣；5. 要有丰富的感情，恪守纪律的精神；6. 要有农夫的身手；7. 要有科学的头脑；8. 要有雄辩的口才；9. 要有互助合作及热心服务的精神；10. 要有创造的精神；11. 要有判别是非的能力；12. 要有和蔼的态度；13. 要有服从正义的精神；14. 要有高尚纯洁的思想；15. 要有坚强的意志；16. 要有应付环境的能力。②

江苏省立灌云乡村师范学校的训练目标：

1. 根据三民主义设施，使之民主化、纪律化、革命化、科学化、劳动化；2. 本训政之精神，领导学生活动，以进于自治；3. 培养农夫之身手，科学之头脑，艺术之兴趣，改造社会之精神；4. 实行师生共生活，同甘苦之信条；5. 养成刻苦耐劳之习惯；6. 养成坚忍不拔之意志和不屈威武之精神；7. 养成乡村人民和儿童所敬爱的导师；8. 扶助学生自治，注意感化教育。③

可以看出，上述学校的培养目标，与陶行知为晓庄学校确定的"康健的体魄、农人的身手、科学的头脑、艺术的兴趣、改造社会的精神"④ 的训练目标本质上是一致的。有些乡村师范学校几乎直接使用了晓庄的培养目标。浙江省立湘湖乡村师范学校的训练目标为：培养农人的身手，培养

---

① 《江苏省立吴江乡村师范学校概况》，《江苏教育》第 1 卷第 7、8 期合刊，1932 年。《江苏省立吴江乡村师范学校概况》关于训练目标有两种表述，摘录的八条为"教育目标"。调查报告对该校的训练目标有如下表述。总目标：第一，遵照总理智仁勇，而贯之以诚字；第二，根据设施原则，实行纪律化、革命化、科学化、劳动化之训练；第三，涵养自然之美感，以完成道德；第四，本训政之精神，领导学生活动，以进于自治；第五，研究青年心理状态，以为实施训练之基础。分目标：第一，刻苦耐劳，养成劳动的习惯；第二，谦恭和善，具慈祥的态度；第三，明察善断，有办事的才能；第四，爱好自然，乐享田园的生活；第五，思想纯洁，抱爱国的热诚；第六，行为端正，具公民应有的品性。

② 《江苏省立界首乡村师范学校概况》，《江苏教育》第 1 卷第 7、8 期合刊，1932 年。

③ 《江苏省立灌云乡村师范学校概况》，《江苏教育》第 1 卷第 7、8 期合刊，1932 年。

④ 陶行知：《第二年的晓庄》，《地方教育》第 5 期，1929 年。

科学的头脑，培养革命的精神，培养艺术的兴趣。① 河南省立百泉乡村师范学校的训练目标是：健强的体魄、劳动的身手、科学的头脑、改进社会的精神。② 广东省立江村师范学校（第一师范学校）的训练目标是：农夫的身手、科学的头脑、专业的修养、办事的能力、艺术的兴趣、革命的精神。③ 江西省立南昌乡村师范学校的训练目标是：培养强壮身体，培养道德品格，培养民族文化，培养科学知能，培养勤劳习惯，培养生产技能，培养艺术兴趣，培养村治知识，培养服务教育知能，培养改良社会精神。④ 江西省立乡村师范学校的训练目标是：三民主义的信仰、农人的身手、科学的头脑、艺术的兴趣、世界的眼光、促进乡村教育的知能、改造社会的精神。⑤ 福建省立龙岩乡村师范学校的训练目标是：坚强的体魄、健全的品格、科学的头脑、生产的智能、勤劳的习惯以及终身服务教育的精神。⑥ 省立学校之外，县立乡村师范学校的训练目标也是如此。广东龙川县立乡村师范学校的训练目标是：康健的体魄、劳动的身手、科学的头脑、艺术的兴趣、专业的修养、改造社会的精神。⑦ 昆嘉青三县联立乡村师范学校的训练总目标是培养乡村人民和儿童所敬爱的导师；分目标是培养农夫身手，培养科学头脑，培养革命精神，培养艺术兴趣。⑧ 上海县立闵行乡村师范学校的训练目标是：农人的身手、科学的头脑、艺术的兴趣、健全的人格、改造社会的精神。⑨

---

① 《浙江省立乡村师范学校简章》，原载《湘湖生活》第2期，1929年，湘湖师范编委会编《生活教育之花盛开在湘湖师范》，四川教育出版社，1988，第25页。

② 李振云：《省立百泉乡村师范学校工作报告》，江问渔、梁漱溟编《乡村建设实验》第三集，中华书局，1937，第389页。古楳在《乡村师范概要》中列举的河南省立百泉乡村师范学校训练目标是：农夫的身手、健康的体魄、艺术的兴趣、教学的技能、科学的头脑、改进社会的精神。见古楳编著《乡村师范概要》，商务印书馆，1936，第66页。

③ 《筹设乡村师范学校办法》，《广东省政府周报》第68期，1929年。

④ 《本校教育目标》，见江西省立南昌乡村师范学校编印《江西省立南昌乡村师范学校一览》，1934。

⑤ 江西省立乡村师范学校编印《江西省立乡村师范学校校务报告》，出版时间不详，第2页。

⑥ 福建省立龙岩乡村师范学校编印《福建省立龙岩乡村师范学校概况》，1936，第12页。

⑦ 《龙川乡师的目标和使命》，见程本海《乡村师范经验谈》，中华书局，1939，第13页。

⑧ 蓝：《一个新兴的乡村学校　昆嘉青三县乡村师范学校　蓝塘新村的创作》，《地方教育》第1期，1929年。

⑨ 陈良烈编《考察江浙乡村师范教育报告书（附意见书）》，广东省教育厅，1929，第133～134页。

为了让乡村教师能持久地居于乡村，服务于乡村，乡村师范在学校的训练目标上强调农夫的身手、生产的技能、改造社会的精神的培养。与此相应，在课程内容上也注重教导学生了解乡村生活，认同乡村生活，适应乡村的环境，具备在乡村生活的能力，因此乡村师范学校各科课程也有不同于城市学校的详尽教育目标。从黄质夫在《栖霞乡师课程概要》里对乡村师范学校各科目标的设计中可以看出，每一科都特别提出针对乡村实际情况，以培养出真正符合乡村需要的乡村教师的要求。①

考察乡村师范学校办理的成效，是否达成设立目标是最重要的检验标准，因此，用培养目标可以很好地来检视其办学效果，评判其得失。综合前文的叙述，民国时期乡村师范学校至少有三个方面的教育目标。第一，为乡村小学提供合格的乡村小学教师。这是乡村师范学校设立的初衷和主要推动力量，亦是低层次的目标，较为容易实现。第二，把乡村师范生培养成为乡村社会领袖，领导村民改造乡村社会。乡村师范教育是乡村教育运动的一部分，在培养乡村师范生成为优秀乡村小学教师之外，更希望乡村师范学校的学生成为乡村社会领袖，领导村民改造乡村社会，以达到救治乡村社会贫、弱、愚的问题。第三，使乡村师范学校成为乡村社会之中心，改造乡村社会。② 各个乡村师范学校设立后，为切实推行陶行知的教育理念，均在社会推广事业方面做了很多卓有成效的工作。

（二）民国时期的乡村师范学校培养了大量乡村小学教师③

乡村师范学校以培养合格的乡村小学教师为最基本的目标，这是当时众多学者的共识，在对乡村师范学校的讨论中被普遍提及。如邵元冲在河

---

① 黄质夫：《栖霞乡师课程概要》，见杨秀明、安永新选编《黄质夫教育文选》，贵州教育出版社，2001，第13～17页，具体内容在第四章"乡村师范学校的管理（一）"里的"课程"部分有介绍。

② 浙江省嘉兴区各县联立乡村建设师范学校在制定教学大纲时，明确指出，为培养推进乡村建设之实际工作人员，及造就短期小学师资等之需要，要训练下列人才：乡村教育人才、地方自治人才、农村改进人才。见《浙江省嘉兴区各县联立乡村建设师范学校教学大纲》，《农村建设》第1卷第8期，1937年。这里的"地方自治人才""农村改进人才"均可对应于训练乡村社会的领袖这一目标。

③ 谈乡师范学校是否培养了乡村小学教师问题，主要通过乡村师范毕业生的就业去向进行说明。在本书第五章论述学生问题时，不再谈论乡村师范学校毕业生的就业问题。

南省立百泉乡村师范学校的演讲中说："所谓乡村师范教育，是要培养能够担负乡村教育的师资，使乡村教育得以发展进步与普遍。"① 戴景曦认为乡村师范学校的第一项任务就是要训练适合乡村生活之良好师资，"因为要普及乡村教育，提高乡村文化，改进乡村生产，一般乡村师范学校的学生，须要受严格身心的训练与具有生活的知能"。② 沈子善提出乡村师范学校培养的是"能满足乡村生活之各种教育上的实施与方法，并训练有改进乡村教育及增加乡村生活为职志之乡村小学教师"。③ 陶行知从中国具体国情出发，深感中国乡村社会师资方面的缺口很大。按照他的估算，当时中国的农村人口占总人口的 85%，大约有 3.4 亿人，其中乡下学龄儿童以四年教育计算，约 3400 万人；如果以每位教师教 40 个学生来计算，全国便需要大约 100 万位小学教师，其中乡村教师则占 80 万人；如果用九年时间训练这些乡村教师，便需要 28000 位乡村师范指导员；如果用三年时间训练这些乡村教师，便需要 85000 位乡村师范指导员。④ 在《试验乡村师范学校答客问》中，陶行知认为："估计起来，中国有一百万个乡村，就须有一百万所学校，最少就须有一百万位教师。个个乡村里都应当有学校，更应当有好学校。要有好的学校先要有好的教师；好的教师有生成的，有学成的。生成的好教师如同凤毛麟角，不可多得，恐怕一百万位乡村教师当中，九十九万九千九百位是要用特殊的训练把他们培养成功的。这是一件伟大的事业。"⑤ 办理乡村师范学校，为的就是要造就好的乡村教师去办理好的乡村学校。

　　乡村师资缺口巨大，应时而生的乡村师范教育能否弥补这个差距，达到陶行知所估算的需求目标呢？事实上，从 1919 年山西省国民师范学校建立至 1937 年全面抗战开始，乡村师范教育经历了萌芽、发展、壮大、衰落的过程。从时间上来看，在这么短的时间内承担培养 80% 的全国小学教师的任务，显然是不现实的。但在当时特殊的历史条件下，这一制度的施

①　邵元冲：《乡村师范教育的责任》，《乡村改造》第 2 卷第 12 期，1933 年。
②　戴景曦：《乡村运动中乡村师范学校的双重任务》，《福建教育》第 9 期，1935 年。
③　沈子善：《农村师范之特殊职能及课程》，《中华教育界》第 15 卷第 6 期，1925 年。
④　陶行知：《介绍一件大事——给大学生的一封信》，江苏省陶行知教育思想研究会、南京晓庄师范陶行知研究室合编《陶行知文集》，江苏人民出版社，1981，第 240 页。
⑤　陶行知：《试验乡村师范学校答客问》，《中国教育改造》，东方出版社，1996，第 87 ～ 88 页。

行，在培养适合乡村环境的师资，以使他们成为改造乡村社会的力量方面，是发挥了积极的作用的。据国民政府教育部 1932 年的统计，当时全国乡村师范学校共有学生 31488 人，毕业生有 5371 人，占当年全国师范学校毕业生总数的 20% 左右。单纯从数量上来看，乡村师范毕业生无疑是农村普及义务教育的生力军。从实际情况来看，乡村师范学校的毕业生毕业后大多数到乡村小学任教。1932 年江苏省教育厅对六所省立乡村师范的毕业生就业情况进行调查，大致有四个方向的出路，分别为小学校长、小学教员、升学以及其他机关职员，其中选择服务乡村社会的毕业生占多数，基本上符合乡村师范学校培养的宗旨。

从表 3−6 到表 3−11 可以看出，江苏省六所乡师毕业生大部分从事乡村教育工作，绝大多数担任乡村小学校长和教员，还有部分从事与乡村教育事业相关的民众教育馆工作，只有一小部分选择升学或进入党、政、军、商界。据乡村师范学校发表的报告，乡村师范学校的毕业生很少有赋闲没有出路的。黄渡乡村师范学校"数年以来，毕业学生，以在乡村小学服务者为多，间有在城镇小学以及社教机关服务者，类能勤劳任事，得社会人士之称许；每年暑假，各县来函聘任者，纷至沓来，大有不敷应付之势。自二十年度，该校试办工学实验小学五所以来，四年级生，试办一年，方可毕业，办学经验，增加不少，尤为各县所乐意延聘"。[1] 栖霞乡村师范学校的"毕业生，在外服务，备受各县欢迎，近农学院探先小学，特聘本科第一届毕业生杜君干全前往协助，并拟续聘一人为助教，十二圩小学，江浦第五小学，均先后来校聘请教员，惜均无以报命，殊深歉怅"。[2] 灌云乡师学生茆燕宾比较中肯地评价说：灌云乡村师范学校"曾经为徐海地区农村教育事业起过积极的良好的作用，取得过一些成绩"。[3] 总之，乡村师范学校为江苏省乡村教育发展提供了一大批优秀的乡村小学教师，为基础教育做出了一定的贡献，在民国教育史上是值得肯定的一个存在。而且他们在乡村中的角色并不单纯是管理学校的校长和从事教学的教师，还是乡村社会各个方面的事业引领人。

---

① 《江苏省立黄渡乡村师范学校概况》，《江苏教育》第 1 卷第 7、8 期合刊，1932 年。

② 《毕业生供不应求》，《栖霞新村》第 15 期，1929 年。

③ 茆燕宾：《我的母校——灌云乡师、运河乡师》，中国人民政治协商会议江苏省灌云县委员会文史资料研究委员会编印《灌云文史资料》第 2 辑，1985，第 158 页。

表 3 – 6 1924~1931 年江苏省立黄渡乡村师范毕业生出路状况统计

单位：人，%

出路	二师时期			上中时期			合计	占比
	第一届	第二届	第三届	第一届	第二届	第三届		
升学			1	3	4	7	15	7.98
小学校长	2	1	4	4	7	3	21	11.17
小学教员	8	18	16	11	19	17	89	47.34
其他机关职员	1	1	5	2			9	4.79
病故				2	1		3	1.59
未详	27	13	5		1	5	51	27.13
合计	38	33	31	22	32	32	188	
占比	20.20	17.55	16.49	11.70	17.03	17.03		100

资料来源：《江苏省立黄渡乡村师范学校概况》，《江苏教育》第 1 卷第 7、8 期合刊，1932 年。

表 3 – 7 1927~1932 年江苏省立吴江乡村师范毕业生出路状况统计

单位：人

出路状况	人数
小学校长	24
小学教员	64
升学肄业	6
民众教育馆职员	4
教育局课员	1
县党部职员	1
乡村师范职员	1
其他	1
已故	1
合计	103

资料来源：《江苏省立吴江乡村师范学校概况》，《江苏教育》第 1 卷第 7、8 期合刊，1932 年。

表 3 – 8 1930 年江苏省立灌云乡村师范毕业生出路状况统计

单位：人

出路状况	人数
小学校长	3
小学教员	14

续表

出路状况	人数
教育局职员	3
民众教育馆职员	2
民众实验区职员	2
盐务稽核所职员	1
合 计	25

资料来源：《江苏省立灌云乡村师范学校概况》，《江苏教育》第 1 卷第 7、8 期合刊，1932 年。

表 3 - 9　1929~1932 年江苏省立洛社乡村师范毕业生出路状况统计

单位：人

出路状况	人数
完全小学教员	24
前期小学校长	15
前期小学教员	47
升学	4
其他	5
合 计	95

资料来源：《江苏省立洛社乡村师范学校概况》，《江苏教育》第 1 卷第 7、8 期合刊，1932 年。

表 3 - 10　1927~1931 年江苏省立界首乡村师范毕业生出路状况统计

单位：人

出路状况	人数
党务	2
校长	11
教员	39
升学	12
政	4
农	7
合 计	75

资料来源：《江苏省立界首乡村师范学校概况》，《江苏教育》第 1 卷第 7、8 期合刊，1932 年。

表 3 – 11　1927 ~ 1932 年江苏省立栖霞乡村师范毕业生出路状况统计

出路状况	人数（人）	百分比（％）
乡村小学任教		80
城市小学任教		20
合计	72	100

资料来源：《江苏省立栖霞乡村师范学校概况》，《江苏教育》第 1 卷第 7、8 期合刊，1932 年。

　　除江苏省立乡村师范学校毕业生服务乡村学校的情况比较乐观之外，其他省份的乡村师范学校毕业生任教乡村学校的比例也比较高。例如，浙江省立湘湖乡村师范学校 1936 年有毕业生 135 人，"服务者有一一九人，所任职务，以小学教师为多，约占百分之七五。在乡村者约占三分之二"。[①]据 1936 年的统计，此前五年河南省立乡村师范学校的毕业生有 81% 回乡任教。[②]

　　省立乡村师范学校的毕业生大部分回到乡村任教，县立乡村师范学校的毕业生更是如此。1934 年，奉贤县教育局编印的《奉贤县立乡村师范第四届毕业生论文》一书，收录有第四届毕业生名录及其工作单位统计信息，可以反映当时县立乡村师范学校的毕业生的就业情况（见表 3 – 12）。

表 3 – 12　奉贤县立乡村师范学校第四届毕业生统计

姓名	性别	年龄	籍贯	现任职务
阮德廉	女	23	奉贤	孙家桥初小校长
董志渊	女	18	奉贤	新寺初小教员
卫兆英	女	19	奉贤	青村港小学教员
范瑾英	女	18	奉贤	蔡家桥初小校长
范琪园	女	17	奉贤	陶宅初小教员
沈许文	女	17	奉贤	陶宅初小教员
张功敏	女	25	奉贤	奉贤桥初小教员
徐菊英	女	17	奉贤	南桥小学教员
罗兰芬	女	20	奉贤	新寺初小校长

---

① 友青：《浙江省立湘湖乡村师范概况》，《学校生活》第 147 期，1936 年。
② 〔美〕黄宗智主编《中国乡村研究》第 6 辑，福建教育出版社，2008，第 59 页。

续表

姓名	性别	年龄	籍贯	现任职务
范顺贤	女	18	奉贤	萧塘初小教员
邬宏才	男	17	奉贤	四团初小教员
张民权	男	18	奉贤	戚家行初小校长
姜祖慰	男	17	奉贤	胡油车初小教员
丁桂明	男	19	奉贤	梵篁初小校长
谢金海	男	18	奉贤	中陈初小校长
陈琴如	男	18	奉贤	野三官塘初小校长
朱印魁	男	18	奉贤	朱店初小校长
宋国平	男	16	奉贤	启民初小校长
严桂章	男	18	奉贤	四团初小教员
郁顺生	男	19	奉贤	张家埭初小校长
张善庆	男	19	奉贤	张泽港初小校长
茅锦贤	男	19	奉贤	华严庵初小校长
陈德在	男	16	奉贤	三元堂初小校长
陈根祥	男	18	奉贤	陈家湾初小教员
钱智书	男	24	奉贤	北宅初小校长
秦林儒	男	18	奉贤	附属小学教员
王荻梅	男	17	奉贤	王家弄初小校长
王玉汝	男	21	奉贤	奉城小学教员
吴洁	男	19	奉贤	道院初小校长
沈才斌	男	17	奉贤	杨家石桥初小校长
郭正心	男	17	奉贤	驳岸初小校长
郭家培	男	21	奉贤	胡家桥初小教员
王志伟	男	18	奉贤	沈行前初小校长
顾水飞	女	21	金山	回籍服务
张鹿鸣	男	20	金山	回籍服务
申其新	男	16	南汇	回籍服务

资料来源：奉贤县教育局编印《奉贤县立乡村师范第四届毕业生论文》，1934。

从表3-12可以看出，县立乡村师范学校的毕业生都需要回到原籍，任教于家乡的乡村小学，一方面是因为政策上的规定，另一方面有一个非常重要的原因是乡村师范学校的学生基本上都是本地人。李景汉在1928年对河北定县东亭区 62 村的 78 位小学教员的调查显示，除 5 人来自河北其他县外，其余 73 位教员都是定县本地人。[1] 这些乡师毕业生的家乡情结，促使他们加入乡村教育的师资队伍，也给乡村教育注入了现代教育的元素。

乡村师范学校在办理的过程中，一方面通过培养学生直接服务于乡村社会；另一方面还附设了乡村小学，将其作为乡村师范学校学生实习场所，通过招收乡村儿童入学接受义务教育的方式，间接地推动着学校所在地区义务教育的普及工作。在陶行知、黄质夫、金海观等乡村教育家的办学理念当中，乡村小学不仅是乡村师范学校的中心，而且是乡村社会改造的中心。陶行知对中心小学有比较明确的定位："中心小学以乡村实际生活为中心，同时又为试验乡村师范的中心。平常师范学校的小学叫做附属小学，我们要打破附属品的观念，所以称它为中心小学。中心小学是师范学校的主脑，不是师范学校的附属品。中心小学是师范学校的母亲，不是师范学校的儿子。中心小学是太阳，师范学校是行星。师范学校的使命是要传布中心小学的精神、方法和因地制宜的本领。"[2] 基于这样的认识，各个乡村师范学校均设立有中心小学。

金海观主持的湘湖乡村师范学校针对"湘湖四岸，村落星布，初均无小学"的情况，在农村、渔村、山村和市镇建立了各具特色的小学，分布在湘安、锭山、湘北、青山张、石岩、安养、徐家坞、塘下施、陈村、闻堰等地，均由在校学生负责办理。学生的学习，即以附小活动为中心。[3]

黄质夫任校长的栖霞乡村师范学校通过举办简易小学、改办义务小学和短期小学的方式，推动当地义务教育的普及。1932 年，栖霞乡村师范学校厘定了试办简易小学计划 11 条，在师范学校附近试办了 8 所简易小学，接受入学儿童达 300 人。1933 年秋季，栖霞乡村师范学校又举办了义务教育实验区，改组原来的简易小学，并扩充 7 所义务小学和 1 所短期小学，加上之前的 8 所简易小学，共有 16 所小学，接受入学儿童共计 800 余人。

---

① 李景汉编《定县社会概况调查》，中华平民教育促进会，1933，第 211 页。

② 陶行知：《试验乡村师范学校答客问》，见《中国教育改造》，东方出版社，1996，第 89 页。

③ 金海观：《湘湖师范实施基本教育工作报告》，浙江省湘湖师范学校编《金海观教育文选》，浙江教育出版社，1990，第 226 页；钱希乃：《省立湘湖乡村师范学校视察报告节要》，《浙江教育行政周刊》第 5 卷第 43 期，1934 年。

这些小学一时间弦歌四野、桃李盈门,[①] 在一定程度上推动了义务教育的普及。

(三) 乡村师范学校是否培养了乡村社会领袖

按照乡村教育家的设想,乡村师范生毕业后,要进入乡村成为乡村社会的领袖,带领乡村进行改造,最终达到整个乡村的复兴,直至中国的复兴。黄质夫就表达过这样的意愿,"不仅希望他们做一个良好的乡村教师,还希望他们去做灌输农民知识、改进农民生活的导师,发展乡村社会事业的领袖"。乡师学生担负了如此重大的责任,就应该有相当的准备,他认为乡村师范毕业生应具有下列几个方面的素养:"一、不仅是坐而言的人,还要是起而行的人;二、对于各种基本知识,应有充分的修养;三、体格健全,能耐劳苦,品格高尚,堪做乡民的表率;四、有各种应用的常识,且明白教育原理,及近代社会的趋势;五、对于本身职业,有浓厚的兴趣,肯认定他的职业为终身职业;六、长于社交,能得各方面的助力;七、了解乡村社会情形,熟知农民习性,安于乡村生活,视改造乡村为最有乐趣的事业。"这些学生毕业之后,如果"再具有敏捷的手脑,诙谐的意思,勤恳的习惯,忠实的态度,创造的思想,丰富的同情和远大的眼光,他将来造福于乡村,一定是不可限量"。[②] 黄质夫在自传中评价江苏界首乡师、浙江湘湖乡师、栖霞乡师"都富有革命性的,当时颇获得各界好评,毕业生参加革命工作者不下千人,颇多知名之士"。[③]

事实上,乡村师范毕业生能否成为"教师—导师—领袖"三位一体的人才值得考察。分析这个问题,需要从乡村师范学校的教师和培养的学生两个层面去讲[④]。从教师的角度讲,陶行知、金海观、黄质夫、张宗麟、

---

① 陈一:《江苏栖霞乡师的农业推广》,《农村经济》第 2 卷第 6 期,1935 年。

② 黄质夫:《中国乡村的现状和乡村师范生的责任》,王文岭、黄飞主编《黄质夫乡村教育文集》,东南大学出版社,2017,第 117 ~ 118 页。

③ 黄质夫:《自传》,肖云慧主编《黄质夫乡村教育思想研究》,贵州民族出版社,2003,第 350 页。

④ 到底什么是乡村社会的领袖?民国时期的乡村教育家们并没有一个十分明确、统一的界定。按照我们的理解,乡村师范学校的教师、学生,只要是在乡村教育的研究方面,或是在为乡村社会的发展方面做出了一定的努力,取得了一定的成绩,就可以被看作乡村社会的领袖。

杨效春①等一大批乡村师范教育家，树立了师范教育救国的宏伟志向，即通过培养大批乡师生改造乡村传统教育，使乡村儿童从小接受现代文明，并努力建设民主国家。而从呼吁乡村教育、研究乡村教育、实践乡村教育、培养乡村教育人才等方面来看，把这些乡村教育家称为乡村社会的领袖，也是符合实际的。

陶行知的信条是自立立人、自化化人、自觉觉人；他用"捧着一颗心来，不带半根草去"自勉勉人；他将事业与信仰融为一体，从而使他具有"我不入地狱谁入地狱"的圣徒般的献身精神；他用辛勤的劳作、坚忍不拔的毅力担负着一个公民对社会应尽的责任，体现着他生命的永恒价值……正是这一切造就了陶行知，造就了陶行知精神。为了专心致力于中华教育改进社和中华平民教育促进会的工作以推进平民教育运动，他辞去东南大学教务主任之职，放弃月薪400大洋的教授职位，拒绝北洋政府任命的武昌高等师范学校（武汉大学前身）校长一职，谢绝母校金陵大学校长之职。1927年，晓庄试验乡村师范学校开办。为了创办晓庄试验乡村师范学校，他将全家从北京迁到南京乡下，甘心与农人为友，与"牛大哥"同眠，并婉拒挚友冯玉祥让他做河南省教育厅厅长的邀请，表示"晓庄事业，我要用整个的身子干下去"。②

在晓庄，他脱下西装，穿上长袍马褂，每天与学生生活在一起，为晓庄的发展殚精竭虑，使晓庄成为乡村师范学校的楷模。陶行知创办晓庄试验乡村师范学校时，晓庄只有一片荒地，经过师生的努力，不久晓庄就有了自己的校舍。生产劳动造就了一个全新的晓庄。1927年以后，江苏省各乡村师范学校学习晓庄的劳动生产训练精神，劳动生产训练贯穿乡村师范学校的发展。在农事方面，乡村师范学校开辟农场，学生每天劳作，提供乡村师范学校的日常粮食和蔬菜。在生活方面，乡村师范学校生活中的洗涤、炊事、清扫等事项都由师生来做，节省本来有限的资金。在校园建设方面，乡村师范学校从最初的借庙宇、学宫或者购买荒地办学到最终把校园建设得一派生气，师生的生产劳动功不可没。

---

① 金海观、黄质夫、张宗麟、杨效春均为国立南京高等师范学校毕业生，是陶行知的学生。毕业之后，他们受陶行知的影响，积极投身于乡村教育的实践和学术研究。
② 徐莹晖、徐志辉编《陶行知论乡村教育》，四川教育出版社，2010，前言，第1～2页。

1928 年 4 月和 1929 年 3 月晓庄指派学生前往浙江杭州和江苏淮安,分别办起了湘湖乡师和新安小学。1931 年又派学生协助创办河南省立百泉乡村师范学校,使晓庄精神得以传播和延续,初步实现以学校化社会、以乡村教育改造乡村社会的目标。1930 年晓庄被封,但"乡村教育是一部永远不会闭幕的历史剧"。陶行知并未停止对乡村教育的研究和试验。他找到了另一条乡村改造之路,于 1932 年 10 月创办山海工学团,主张"工以养生、学以明生、团以保生"。工学团是一个学校,又是一个工场。"如果说晓庄时期还把目光聚焦在学校,那么到工学团时期则转向与促进生产相联系,发起普及教育运动,为满足普及教育所需人才,发起小先生运动,即知即传人,并与当时的救亡运动相结合,为解救民族危亡培养小工人、小战士。"[1]

陶行知不愧是"人民的教育家",不仅提出了生活教育思想,而且使这一思想贯穿他一生的实践,并在实践中不断发展和完善。他始终坚信"教育是立国的根本",始终坚持"教育为改良社会而设,为教育社会人才而设""教育就是社会改造"。正是为了实现社会改造的目的,他坚决反对将学校与生活、与社会相隔离,坚决主张教育必须与生活、与社会融为一体。[2]

金海观(1897~1971 年),浙江诸暨人。1921 年,金海观毕业于南京高等师范学校教育专修科,为该校首届学生,深受时任教育专修科主任陶行知的教导和器重。1925 年,其毕业于南京东南大学。金海观先后担任南京高师附小教师、河南省立第一师范教师兼附小主任、江苏省立第七师范教师、开封北仓女中教师、浙江省立第四中学教师、上海中华书局编辑、国立第四中山大学教育学院教师兼实验学校主任、安徽省立第一女中教师、国立成都大学教授兼实验学校主任等职,曾参加《中国教育辞典》的编写工作。1932 年起,金海观担任浙江湘湖乡村师范学校校长,前后达 25 年,把它办成了一所具有优良传统、出师资出人才、誉满全国的师范学校。金海观生活简朴,平易近人。学生在其熏陶下,勤奋好学,吃苦耐

---

① 徐莹晖:《乡村教育何处去?》,徐莹晖、徐志辉编《陶行知论乡村教育》,四川教育出版社,2010,第 3 页。

② 徐莹晖、徐志辉编《陶行知论乡村教育》,四川教育出版社,2010,前言,第 2 页。

劳。抗战期间，金海观率领全校师生先后迁至义乌、松阳、庆元、景宁等地，办学条件十分艰难。金海观鼓励师生克服困难，坚持上课，为校务、经费四处奔波，不辞劳苦。抗战胜利后，学校迁回萧山。①

金海观主持湘湖乡村师范学校校务期间，按陶行知的教育思想办学，并有所发展。金海观发扬晓庄办学的传统，历年办学主旨所在，"一为改进学校周围环境，二为提高民众文化水准，三为普及附近儿童义教，而于躬行实践之中来训练服务乡村的优良师资"。② 金海观在湘湖师范学校试行"做学教工学制"。工学制实验教育的主要内容为：培养学生从农工生活和教育生活着手，注重生产劳动教育和文化科学知识教育，实行二学合一，以学为主，兼学农工，学校和社会密切联系，师生共同管理办好学校。前两年，一切课程以农事及工艺活动为中心，上午分班上文化理论课，下午分组参加科技活动、社会群众教育工作和农工劳动。最后一年课程以儿童教育为中心，教师带领学生到中心小学去办学。全部教育、教学活动注重理论联系实际，师生在生活上打成一片，在做中学，在做中教，使学生掌握从事农村小学教育工作的本领，乐意到农村去。为了实施新制，当年压湖山麓教学场所林立：西山下设工学馆，东山下设饲养场、菜圃、医疗所，定山顶上则是科学馆和教室。全校有农田 200 余亩，全部实行科学种田。每个学生都要学习农艺课程，并且要会下田播种、施肥、中耕和收割，懂得农业生产的全过程。所有农业和工业劳动，都要核算成本，注意经济效益。全校除了几个厨工和技术工人外，只有一个摇铃打钟兼杂务的工友，其他一切校务劳动和环境卫生工作，都由师生一齐动手来完成。此外，全校师生还在学校周围农村，积极开展农村文化教育普及活动，帮助农民成立消费、生产合作社等。他在《中小学应怎样兼办社会教育》一文中对湘湖乡村师范办理社会教育的成绩进行了总结，提出四条办理经验：中小学兼办社教先要做到能通上下之情，要设法培养民众自主自治的能力，要从培养民力以培养国力，要使兼办社教的人力物质可供抗建之用。"一为社教工作之注重点，在通上下之情以图有助于坚固民心，团结上下。

---

① 金海观：《我的简历》，《金海观全集》编纂委员会编《金海观全集》上册，方志出版社，2003，第 467~468 页。另参考了阙沛霖为《金海观全集》撰写的前言，第 2 页。

② 金海观：《为十周年告校友书》，见浙江省湘湖师范学校编《金海观教育文选》，浙江教育出版社，1990，第 282 页。

第二点说明社教工作之方式，宜以教育方法来培养民主自治之能力。第三点说明社教工作之内容，要注意培养民力。末了则说到工作人员和一切设备，要兼可供作战斗之用。"① 金海观在湘湖的办学实践和对师范教育的主张，为师范学校如何体现师范特点，如何面向农村并为发展农村经济、文化、教育服务，如何与生产劳动相结合，如何巩固学生专业思想，如何培养提高小学师资等提供了一系列经验和理论参考。②

黄质夫（1896～1963 年），祖籍湖南邵阳，出生于江苏省仪征县（今仪征市），1913 年考入江苏省立第五师范学校（扬州），毕业之后在"五师"附属小学任教，1919 年考入国立南京高等师范学校农业专修科。1924 年，黄质夫从国立东南大学农科农艺系毕业之后，即受江苏省立第五师范学校之聘，前往江苏高邮县界首镇创办乡村分校，并主持校务工作；1927 年江苏省立第四师范学校栖霞乡村分校并入江苏省立南京中学，黄质夫应"南中"校长邰爽秋之聘，出任江苏省立南京中学栖霞乡村师范科主任；1931 年秋，黄质夫应浙江省教育厅之聘，出任浙江省立湘湖乡村师范学校（萧山县）校长；1932 年春，栖霞乡村师范独立办学，更名为江苏省立栖霞乡村师范学校，黄质夫再次返校主持工作；1937 年，抗日战争全面爆发，栖霞乡村师范停办，黄质夫内迁武汉、贵州和湖南等地从事教育工作。1939 年，黄质夫受国民政府教育部之命，以省立贵阳乡村师范学校（贵阳青岩镇）为基础，创办国立贵州师范学校，并迁往黔东南榕江县办学，招收边疆少数民族子弟，发展边疆少数民族教育。黄质夫不仅见证了民国时期中国乡村师范学校从创始到发展的历程，而且亲自参与创办乡村师范学校，积极探索乡村师范学校的组织形式、课程设置、训育以及改造乡村社会的方法，被人称为乡村教育的先驱。③

黄质夫性情耿直、疾恶如仇，在教育会议上言人所不敢言，发人所不

① 金海观：《中小学应怎样兼办社会教育》，见浙江省湘湖师范学校编《金海观教育文选》，浙江教育出版社，1990，第 182 页。
② 张天乐：《代序：金海观及其教育思想》，见浙江省湘湖师范学校编《金海观教育文选》，浙江教育出版社，1990。
③ 王文岭、黄飞主编《黄质夫乡村教育文集》，东南大学出版社，2017，前言，第 2 页；黄质夫：《自传》，肖云慧主编《黄质夫乡村教育思想研究》，贵州民族出版社，2003，第 350 页；黄陆、杜永福：《乡村师范教育先驱黄质夫》，江苏省政协文史资料委员会、仪征市政协文史资料委员会编《乡村教育先驱黄质夫》，江苏文史资料编辑部，第 37～39 页。

敢发，为贫苦人民说话，代表们便送他绰号"大炮"。同时他又是建设能手，在界首乡师和栖霞乡师，他都能在短时间内使校园焕然一新。他自谓"愧不如牛"，每天比学生起得早、睡得晚，为学校的发展呕心沥血。栖霞乡师在北伐战争中成为战场，学校被毁坏，1927 年复校后，黄质夫领导师生恢复和建设学校，"积一年来之惨淡经营，除恢复校内各部旧观外，并按照事实上需要之缓急，分别建筑下列各种新房舍，计有浴室三间，理发室一间，洗衣室一间，工场五间，清洁用具室二间，栖霞旅舍三间，民众娱乐馆六间，寝室十二间，温室三间，猪舍三间，并将旧有房屋不适用者大加修葺，辟为村民图书馆、村公所、栖霞医院、栖霞照相馆、栖霞饭店、栖霞商店、栖霞豆汁公司、卫生教育馆、农业指导所、农民教育馆、消防队、村童军部、炊事材料室等，最近复购买民地十亩许，充实验小学及民众茶园建筑之用"。[①] 一年来栖霞乡师这样大规模的建设，仅领到临时费 4750 元，外加经常费中的节余，乡师劳动生产的经济价值不言而喻。黄质夫说："举凡事之可以不假手工匠者，莫不由全体师生通力合作为之，尽人力以济财力之穷，非仅习劳而已也。"[②] 黄质夫在自传中这样描述自己："我的优点是负责任肯吃苦，做事有步骤，有计划，不敷衍，不苟且，能任重致远；缺点是赋性憨直，不畏强御，以是常为豪霸所中伤。"[③] 正是他这样的个性才成就了栖霞乡师在江苏省乡村师范教育史上的重要地位。

张宗麟（1899～1976 年），浙江绍兴袍谷人，生于江苏宿迁县（今宿迁市），2 岁时随父母回绍兴原籍。1915 年毕业于袍谷敬敷高等小学堂，同年考入绍兴五师。1917 年转学至宁波浙江第四师范，在第四师范就读期间，任学生会主席。1920 年初，在袍谷敬敷小学任教。1921 年，考入南京高等师范教育系。1925 年毕业后，留校任教。

从 1927 年起，张宗麟追随陶行知，投身于乡村教育事业，为实现陶行知先生的教育主张，身体力行、不遗余力。1927 年 9 月，兼任晓庄试验乡

---

① 黄质夫：《栖霞乡师十六年度之回顾》，见王文岭、黄飞主编《黄质夫乡村教育文集》，东南大学出版社，2017，第 133 页。
② 黄质夫：《栖霞乡师十六年度之回顾》，见王文岭、黄飞主编《黄质夫乡村教育文集》，东南大学出版社，2017，第 133 页。
③ 黄质夫：《自传》，见王文岭、黄飞主编《黄质夫乡村教育文集》，东南大学出版社，2017，第 281 页。

村师范学校第二院（幼稚师范）指导员。1928年，任晓庄学校生活指导部主任（相当于教导主任），掌管全校日常教学活动。张宗麟非常重视幼儿教育，协助陈鹤琴创办了中国第一所幼儿教育实验中心——鼓楼幼稚园，成为中国第一位男性幼儿教师。他创办的乡村幼稚园与农村实际生活相结合，体现出鲜明的生活教育思想。曾任集美乡村师范校长、桂林师专教师、重庆教育学院教务长、湖北教育学院教育系主任。主要著作有《幼稚教育概论》、《给小朋友的信》、《乡村教育经验谈》、《幼稚教育论文集》（与陶行知、陈鹤琴合著）、《乡村小学教材研究》、《幼稚园的演变史》等。

1931年，张宗麟筹办集美乡村师范学校，后来任山东邹平简易师范校长，还在广西、湖北等地为推行乡村教育做了很多工作。张宗麟提倡"政教合一""教养卫合一"，认为乡村教育应担负起政治、经济、保卫等责任，乡村教师应跨出校门，唤醒民众的政治、经济、社会等意识。实践中，他曾组织乡村自卫团，抵抗土匪及军队的扰乱。他认为要使乡村教育有实效，必须把教育与乡村社会结合起来，通过民众教育训练民众，使他们获得一般知识，提高生活技能。茶园是农民的重要娱乐场所，借助茶园，以壁报、说书及讲演等方式吸引民众，以农民易接受且喜闻乐见的形式开展社会教育，宣传文化知识，推广农业科技。同时开办夜校，对乡民进行文化普及教育。张宗麟认为社会教育的目的是使农民在乡村教师的教育引导下逐渐认识社会，靠自己的力量改变处境。[1]

杨效春（1895～1938年），浙江义乌人。1915年夏天，于浙江省立第一中学毕业后，在义乌廿三里小学任教。1917年，考入南京高等师范，靠半工半读完成学业，获得教育学硕士学位。先后在安徽省休宁女子师范学校、安徽省立第二中学任教。1927年，陶行知创办南京晓庄试验乡村师范学校时，他全力支持，与金海观一起被称为陶的左右手。晓庄学校被迫停办后，到四川成都大学任教。1930年，参与整顿义乌县立初级中学。1931年，应梁漱溟之邀，赴山东邹平乡村建设研究院工作。在乡村建设研究院的三年半时间里，杨效春亲力亲为，在研讨设计、院务处理、编辑教材、督导学生、联络社会方面皆不遗余力。1935年，应张治中邀请，任安徽省

---

① 柴赛飞：《张宗麟乡村教育思想对当前农村教育的启示》，《重庆教育学院学报》2006年第5期。

巢县黄麓乡村师范学校校长。在此期间，杨效春整顿校风，崇本务实，提倡教、学、做合一，使乡村教育与乡村社会紧密结合。杨效春主张"有山皆种树，有塘皆养鱼"，并创建黄麓教育示范区，计划用十年时间，在巢湖周围十县区建成教育与农村经济建设联合网络。这一计划在教育部的"庚子赔款"教育基金的资助和张治中的支持下，从1936年起陆续得以实施。黄麓乡村师范学校及教育实验区的开创工作，得到社会各界的认可，一时声名鹊起。时任教育部督学的周邦道视察后，特在《教育杂志》撰写《一个异军突起的乡村师范：安徽省立黄麓乡师》一文加以赞扬。[①] 杨效春的乡村教育思想主要是在晓庄学校、邹平乡村建设研究院、黄麓乡村师范学校等的工作中思考所得，著有《乡村教育纲要》《乡村教育》《乡村社会学》等。[②]

从乡村师范学校毕业的学生这个角度考察，一定程度上也能够说明乡村师范学校培养出了乡村社会的领袖人物。这里以晓庄试验乡村师范学校为例加以说明。1937年3月27日陶行知以"前南京晓庄学校校长"的名义向教育部抄报1930年晓庄学校学生名录，晓庄学校大学部的毕业生有32人，其中有操震球、程本海、王琳、李楚材、戴邦、方与严、董纯才、戴自俺等；高中部师范科毕业生有153人，其中有王省三、丁绳武、丁屹之、倪式曾等；高中部幼稚师范科毕业生有25人；初中部毕业生有13人，其中初中部幼稚师范科毕业生5人。[③] 下面选择几名有代表性的毕业生加以介绍。

程本海（1898～1980年），安徽绩溪仁里村人。他于1926年考入中华书局编辑所，任编辑兼图书馆主任，同年参与陶行知筹备乡村师范的计划。1927年，程本海辞职到南京晓庄学校大学部学习，兼在燕子矶小学教

---

① 周邦道的文章发表在《教育杂志》第26卷第8号，1936年。参考金佩庆《杨效春：从晓庄走出去的乡村教育先驱》，《生活教育》2011年第11期。

② 余桃桃：《论杨效春的乡村教育思想及其当代价值》，《华中师范大学研究生学报》2019年第4期。

③ 金林祥、胡国枢主编《陶行知辞典》，百家出版社，2009，附录三《晓庄学校十九年毕业同学录》。这份材料是陶行知以"前南京晓庄学校校长"的名义，于1937年3月27日向教育部抄报晓庄学校学生名录，以"追认毕业生资格"。关于师范学校毕业生的材料，参考了屈博的《民国时期乡村教育研究群体分析》（硕士学位论文，华东师范大学，2012）一文。

书。1928 年 7 月，其被分派到浙江省创办湘湖乡村师范学校和平民夜校，并创办《湘湖生活》月刊。在湘湖工作期间，程本海负责管理经济，尽心尽力。1930 年 8 月，程本海只身到广东东江上游的龙川县，创办龙川县立乡村师范学校。临行时，方与严赠予其两首诗。第一首写道："人生两活宝，双手和大脑。远远走龙川，单刀辟荒岛。"第二首写道："荒岛植桃李，桃李株株好。株好如儿童，天长地不老！"① 程本海在龙川县立乡村师范学校工作了五年，呕心沥血，成效显著。1934 年，他秉陶行知命回皖，任省教育厅辅导室主任，兼《安徽教育辅导旬刊》主编，着力改进地方教育，建立辅导制度，发动全省普及教育工作，推行"小先生"制。1937 年底日军侵占安庆后，程本海调任皖南行署教育科员。1939 年后，程本海任宣城、泾县、广德县政府秘书等职。1940 年，他应前晓庄学校指导员潘一尘之邀，赴任浙江省建设厅视察兼编辑股主任，从事乡村工业实验工作。1943 年夏，其去福建长汀县任国立侨民第一师范学校推广部主任，指导学生开办夜校；次年夏转任江西赣南正气中学辅导处主任；1945 年 1 月任浙江云和县教育科长、简易师范校长。陶行知病逝后，其主持生活教育社驻沪办事处工作。程本海一生追随陶行知，实践其教育思想，著有《在晓庄》《乡村教育》《乡村师范经验谈》《安徽普及教育写真》《教育视导之路》《如何做教师》等。

方与严（1889～1968 年），安徽歙县人，1910 年毕业于徽州紫阳师范学堂，后在依坑、槐塘、唐模、崇一学堂和南街女小等学校担任教师、教导主任和校长等职。1927 年，其进入陶行知创办的晓庄学校，"无日不追随着师友们探寻整个生活的出路，即是探寻整个教育的出路"。② 1928 年夏，方与严在晓庄师范毕业，被陶行知派往浙江湘湖乡村师范，参与初创时期湘湖师范的建校活动，以晓庄为榜样办湘湖，使湘湖师范以"浙江的晓庄"而闻名全国。1929 年秋，方与严被陶行知召回晓庄，担任校务主任。在陶行知支持下，方与严组织晓庄师生参加鲁迅领导的自由大同盟活动。晓庄学校被国民党当局查封后，其随陶行知逃往上海，继续从事生活教育工作。1932 年 10 月，陶行知创办山海工学团，方与严担任山海各个

---

① 程本海：《乡村师范经验谈》，中华书局，1939，方与严序。
② 《方与严教育文集——陶行知及其生活教育》上册，四川教育出版社，1995，第 341 页。

工学团联合办事处主任。方与严是陶行知的得力助手，是陶行知教育思想的忠实实践者和最早宣传者，发表有《教人民起来做主人》《陶行知的道路》《陶行知的教育事业和教育思想》等文章，出版有《乡村教育》（上海大华书局，1932）、《晓庄之一页》（上海儿童书局，1934）、《今日的教育》（上海大华书局，1935）、《生活教育简述》等著作。陶行知逝世后，他仍然践行"生活教育"的思想，从事"生活教育"运动长达 42 年，坚持为大众生活而奋斗，为大众教育而奋斗，始终将个人生活与大众生活合而为一。①

李楚材（1905～1998 年），江苏张家港人。1927 年春，李楚材怀着"普及乡村教育，服务农民，改造农村"的宏愿，考取晓庄学校，成为陶行知最早的 13 位学生之一。1928 年 8 月，李楚材从晓庄学校毕业。在毕业前夕，李楚材写了《别矣晓庄》一文，表达对母校的眷恋之情，以及发扬晓庄精神、改革乡村教育的决心。② 关于在晓庄的学习生活，李楚材在《破晓》一书中做了生动具体的描述。书中对入学垦荒考试有这样的记叙："白粉线一方方的划好，各人手里都拿着山锄，号笛一响，大家向荒芜的山上垦去。汗从额角上背上渐渐渗出，于是把棉衣脱去；依旧不息地垦掘，流着热汗，汗发出水蒸汽，像白雾般在眼前。喘着气，呼呼地在喉间作响。不一会，锄柄上有红色黏着，心里非常害怕。这是什么咧？原来，是从薄脆的手皮里所浸出的鲜血呀！血！不管，要做一件事，要使一件事做得好，总要流汗，总要流血。"③ 下大雨的时候，"晚上，冷冰冰的水点，从茅草的破坏处滴到脸上，往往惊醒。喔！有趣"。④ 如此等等，真实地反映了晓庄生活的场景。所以，陶行知在为该书所写的序言中称"《破晓》是楚材在晓庄摸黑路之自述"，"是楚材和他的伙伴在晓庄所过生活之写真"。⑤

从晓庄学校毕业后，李楚材与戴邦杰（又名戴伯韬）一起，被国立中央大学民众教育院聘为民众文学和民众运动的指导员。不久，因浙江省立乡村师范学校办学需要，经陶行知推荐，李楚材被聘为该校指导员即教师。

---

① 沈灿：《论民国时期方与严的生活教育观》，硕士学位论文，苏州大学，2016。
② 李楚材：《别矣晓庄》，《破晓》，儿童书局，1932，第 115～116 页。
③ 李楚材：《考试》，《破晓》，儿童书局，1932，第 9～10 页。
④ 李楚材：《农家小住》，《破晓》，儿童书局，1932，第 34 页。
⑤ 陶行知：《破晓 序》，李楚材《破晓》，儿童书局，1932。

李楚材努力研究陶行知及其教育思想，在思想上深受陶行知的影响，在行动上创造性地实践陶行知的教育思想。他是陶行知乡村教育思想的积极追随者和创造性实践者，也是陶行知及其教育思想卓有成效的研究者。他在一生中，无论是青年时期、中年时期，还是晚年时期，都和陶行知及其教育思想紧密相连，是中国改革乡村教育的先行者。

无论是乡村师范学校的教师，还是乡村师范学校培养出来的毕业生，通过研究乡村教育，特别是实践乡村教育、改造乡村社会所表现出来的全心全意为革新旧教育、建设新教育而奋斗的献身精神，都值得后人学习。为长期处于水深火热中的广大人民群众谋求幸福，宁愿放弃在大城市中舒适的生活，完全不计较个人得失，自觉自愿跑到荒山穷乡去，从身体力行开荒、种地、造林、建造茅舍入手，来试办以改造旧乡村为目的的新乡村教育，而且不管碰到多大困难、阻力与压迫，都百折不挠、再接再厉地坚持下去，甚至还能自得其乐，朝气蓬勃地抬头乐、干到底，这些都是乡村领袖应该具备的献身精神。[1]

（四）乡村师范学校与乡村社会的改造

乡村师范学校虽为培养乡村小学师资而设，但作为乡村教育的一部分，被赋予了改造乡村社会的使命。晓庄试验乡村师范学校成立后，师生亲近乡民，为乡民做事，与乡民一起改造乡村生活。其他乡村师范学校效仿晓庄，把改造乡村社会作为使命之一，确实部分达到了改造乡村社会的目标。乡村师范学校改造乡村社会的途径为设立推广部，在乡村推广农事、教育、卫生事业。江苏省实业厅提倡设立乡村师范学校以促进实业发展时称："苏省凡设有乡村师范学校之地，观其一乡之人民社会状况，均觉焕然一新。"[2]

黄质夫在《栖霞乡村师范服务社会之实况》一文中详细记载了栖霞乡师所做的工作。

---

① 刘季平：《有关教育改革的几点参考意见——代序》，张沪编《张宗麟乡村教育论集》，湖南教育出版社，1987。

② 《令县联合造就乡村师范人材》，《江苏教育》第1卷第10期，1932年。

灌输文化　栖霞居民，平日除务农外，多以凿石为业，识字者极少。本科为灌输村民文化起见，特设村民图书馆一所，就四师分校门房改设。内备平民读物多种，并由本科师生分任指导。每日来馆读者颇多，成效甚大。

传播新闻　乡居者以交通不便，邮递迟滞之故，对于外间消息，多不明真相。本科特设新知识张贴牌多处，每日在报章上摘录重要新闻数条，由学生中工书法者分写张贴。

劝戒赌博　本地居民工作之余，时有借赌博以消遣者。呼卢喝雉，夜以继日，多时辛勤所得，一旦输去，至无有赡家糊口者，情殊堪悯！本科师生有鉴于此，特设法劝导乡民戒赌，成效颇著，并闻有发誓以后不再赌博的。

疾病治疗　乡村人民缺乏卫生常识，每易染各种疾病。乡村地方对于疾病之疗治机关，又十九阙如，故往往极小之病，变为不治之症。本科为促进乡民健康计，特设栖霞医院一所，送诊施药不取分文。就医者日有数十人，有远自数十里以外来者。

通俗讲演　乡村人民，因僻居内地，不闻时事，对于各项常识极形缺乏。本科为灌输新知识，传播新文化起见，常就相当时机，选择乡村适当地点，举行通俗讲演会，并佐以图表及幻灯影片等物，使乡民易以明了而信从。

提倡清洁　乡村居民缺乏卫生常识，致使身体常罹疾病，损害健康。本科近来对于指导村民清洁一事，提倡不遗余力。村民颇受感化，吾人深为欣慰。日前联络村民，举行第二次清洁运动，白叟黄童，悉加入操作，极一时之盛。现本村各处，均觉整洁可观矣。

公开娱乐　乡村人民，终日勤劳，毫无娱乐机会，故生活甚形枯燥。本科特设一游艺室，备置各种乐器及弹棋围棋等，供乡村人民暇时娱乐之用，使其生活丰富，乐于村居。

家庭教学　乡村人民因经济困难及劳苦工作之关系，致使年长失学或无力就学者，不知若干人。本科为救济斯项弊端起见，特提倡村民识字。师生每人担任指导村民三人，课余之暇分赴各村民家庭教学，并协助其改良家事。

开放庭园　乡村地方公园，全村阙如。村民工作之余，缺乏正当消遣之所。本科特开栖霞公园一所，莳植各种花草，供本村居民之娱乐玩赏。每当夕阳西下时，游人麇集留恋而不忍去。

交换种苗 本科为改良作物品种起见，特收集各种优良种苗，加意播植，以供农民之需求，或相互交换，或代为购办。汰劣留良，于农事改良上，裨益将必不浅。

破除迷信 乡村人民知识浅薄，迷信极深，加以本村接近栖霞寺，耳濡目染，受毒尤烈！近日该寺举行春戒，善男信女，联袂偕来，焚香诵经，愚状百出。并有某僧自称活佛，似疯若癫，对于女性备极狎昵，肆无忌惮，美其名曰"结缘"！此种举动足以破坏地方风化，阻碍人群进步。本科每日派人赴该寺附近讲演，借以唤醒愚顽，破除迷信。

宣传国耻 近百年来，外侮迭至，长此以往，国将不国，吾人于创巨痛深之余，当谋所以雪耻之道：第一须唤起民众，明了国际间新形势，及列强谋我之野心，与夫吾国积弱不振之原因，此即古人明耻教战之旨也。最近，本科由宣传股搜集国耻事实，编为标语、歌谣，张贴通衢，或令农民演唱，以期家喻而户晓。

调解争讼 乡民无知，偶因细故，发生争执，结讼经年，贪官污吏、地痞流氓复从而唆使之、愚弄之结果，每致倾家荡产！本科有鉴于此，遇有附近村民发生争执时，即多方劝其和解，试行数月，成效大著。

指导村政 江宁县试行村制，最近委托本科协助指导江乘乡村政，树立村政基础。本科欣然担任此事并为之规划村政一切进行事宜。

提倡植树 本科附近，诸山率多濯濯，旷地自荒，未免可惜！为点缀风景，培养水源，调节气候，增进地方收入计，亟宜提倡植树。本科于今春特购入松、柏、桑、榆等树苗，约万棵，依法栽培，借示提倡。农民观赏之余，颇受感化，近亦知植树之重要矣。

集会指导 本科对于乡村人民有益之集会，均假以大会堂为会场，并从旁多方为策划一切，乡民无不称便焉。

代书信件 乡村居民识字者少，能操笔作信件者，更形缺乏，每有缮写等事极感痛苦。本科特设一村民问字代笔处，解决此项问题，由师生分任其事。

改进农事　乡村师范负有改进农民生活之责，对于农民生活所寄托之农业，当然不容漠视。本科特组设农事讯问处、种苗交换所、农业宣讲团，以谋农事之改进。

乡村调查　欲谋乡村社会之改良前，宜明了其现状，故本科有乡村调查团之组织，对于乡村社会真实情形，无不一一调查清楚，以供有志改良乡村社会者之参考。

贷金周急　乡村缺乏金融流通机关，又无适当典质场，偶有所需，借贷无门，周转乏术，窘迫不可言状。本科久拟筹设农民信用合作社解决此事，顾一时不易实现，遇村民有急需用款处，常予以相当之赞助。受者几于感激涕零，事后均能按期归还。是亦至足引为欣慰者也。

印送刊物　本科为谋乡村教育之改进，讨呈新村建设事宜，及报告本科与实验小学各种设施之结果，特发行《栖霞新村》半月刊，暨其他刊物多种，广为分送，借以就正有道。

救灾恤邻　乡村向缺乏消防组织，一遇火患，施救无从，延烧多家，情况极惨。本科特组织一消防队，备有水龙二具，水桶两只，所有队员均曾经相当之训练，一遇火警，即驰往施救。从此祝融当不再肆虐矣。

供给用品　栖霞村向无大规模之商店，自本科组设"栖霞商店"后，货物比较齐备，定价低廉，购者日众，有来自十数里外的。然于此亦可见栖霞村民生活之困苦，与日用物品供给之不周矣。

职业介绍　本村居民有因耕地狭小，人口众多之故，生计极形困苦，平时又与外界绝鲜往还，以致谋生无术，本科特多方设法为介绍至各机关服役，凡本科介绍在外之职工，对于职务无不勤慎，得雇主之欢心。[①]

关于乡村师范学校改造乡村社会的实际情况，将在本书第六章进行论述。

---

① 黄质夫：《栖霞乡村师范服务社会之实况》，见杨秀明、安永新选编《黄质夫教育文选》，贵州教育出版社，2001，第35～38页。

　　无论从量的方面看，还是从质的方面看，民国时期的乡村师范学校均取得了可喜的成绩，为乡村学校培养了比较充足的教师，也在一定程度上为乡村社会面貌的改变发挥了积极的作用。虽然各省份发展不够平衡，甚至个别省份的发展陷于停滞，但不能因此否定政府和教育界人士的努力。

第四章　乡村师范学校的管理（一）

乡村师范学校的管理影响了乡村师范学校的办学方向和目标的实现。在国民政府教育部 1932 年颁布《师范学校法》和《师范学校规程》之前，各个学校在管理方面的差别还是很大的。即使政府在行政组织、经费、校舍、课程、学生、教师等方面有了统一的要求，各地乡村师范学校在执行政府法令的前提下，根据学校的具体情况，也会有自己的一些特殊规定。本章就乡村师范学校的行政组织、经费、校舍、课程四个方面进行阐述。

一　乡村师范学校的行政组织系统

1932 年《师范学校法》和《师范学校规程》颁布之前，乡村师范和普通师范一样，并未取得学制上的独立，除浙江湘湖师范等少数省立乡村师范学校属于独立设置外，大部分乡村师范学校都是附属性质，是省立或县市立中学附设的乡村师范科，在教育行政上也是附属于这些中学，其行政机构是中学行政机构的一个组成部分，校务主持者不称校长而称乡村师范科主任。乡村师范取得学制上的独立以后，大部分乡村师范学校和简易乡村师范学校都取得了行政上的独立，行政机构的设置渐趋清晰，在教育行政上直接归属省或县市教育行政管理机关，但也有少数乡村师范学校和简易乡村师范学校附设于中学，仍称为乡村师范科。

（一）乡村师范学校行政组织的理论设计和法律规定

依照教育部《师范学校法》和《师范学校规程》的规定，师范学校在学校行政机构上需包括以下几部分：校长；教导主任；训育主任；校医；

会计；图书馆、仪器、药品标本及图表管理员；事务员、书记员；两个委员会，即训育指导委员会、经费稽核委员会；四种会议，即校务会议、教务会议、训育会议、事务会议。① 作为师范学校体制中的一部分，普通师范应有的行政机构，乡村师范学校也理应具备。

乡村师范学校的组织系统与普通师范学校虽然有相同之处，但也有自己的独特性，需要单独制定组织系统，具体有两方面的原因。第一，乡村师范必须做辅导工作或开展其他社会活动。乡村师范学校一定要做社会活动在当时已经成为共识，虽然从事这项工作是全体教师的责任，但是须由一人主持（或校长自己兼任），在组织上也得另外添设一个部门。有许多省份的乡村师范学校兼任师范区辅导或义务教育区辅导，这个辅导工作有的是全体教师兼任的，有的是指定一位教师负责，也有的是校长兼任。无论如何，终得为辅导工作而特设一个部门，所以乡村师范学校组织上需要添设辅导部与社会活动部。第二，乡村的小学，与一般师范附小的意义与办法都不尽相同，在组织上不能隶属于教导部，也不能与教导部并立，需要单独设立。因此，张宗麟认为一个合理化的乡村师范学校组织系统应该如图 4 - 1 所示。

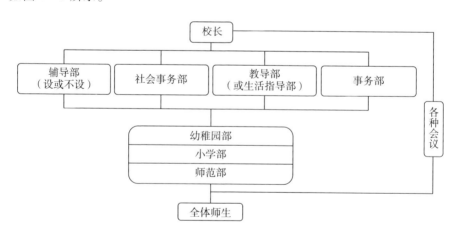

图 4 - 1 乡村师范学校组织系统

资料来源：张宗麟：《怎样办乡村师范》，中华书局，1939，第 13 页。

为了提高行政效率，需要各部职权清晰。根据图 4 - 1，各部职权分配

---

① 李友芝等编《中国近现代师范教育史资料》第 2 册，1983，第 340 ~ 342 页。

如下。校长主持全校事务。全校事务不论大小，校长有最后决定权，但分派给各部的职权，校长以不任意干涉或否认该部工作为原则。事务部主持师范部、小学部、幼稚园部的会计、庶务、文书等。教导部与一般学校的教导部相同，不过全校的教导事项，从幼稚园至师范部都归教导部主持。社会事务部与一般学校的社会事务部相同，除直接主持社会活动外，还得做全校师生从事社会活动的顾问，尤其是小学教师与幼稚园教师的顾问。幼稚园应该独立成为一部，不附属于小学，有独立的预算、独立的行政权，小学低年级可以列入该部。小学与一般师范的小学权限相同，由于师范部的活动必须以小学为中心，所以小学部的责任必须加重。师范部的职权只限于管理师范生，不是全校的中心，更不是全校的重心。[①]

　　古楳的观点与张宗麟有所不同，他认为乡村师范学校应当包括以下基本组织：校长、工学指导部、生活指导部、事务管理部、农场、工场、医院、中心小学、社会活动部、经济稽核委员会（见图4-2）。

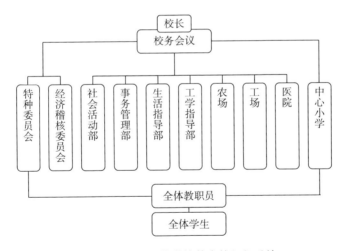

图 4－2　乡村师范学校基本的组织系统

资料来源：古楳编著《乡村师范概要》，商务印书馆，1936，第95页。

　　关于职权方面，古楳也主张各部应该职权分明，以提高行政效率。校长统辖全校行政，应对全校负责任。工学指导部由教务部改组。普通学校设立教务部，为处理教师的授课和学生的修业，把师生的工作划成两个阶

---

① 张宗麟：《怎样办乡村师范》，中华书局，1939，第13～14页。

段。乡村师范学校注重工学合一，教学做合一，所以教务部改称工学指导部比较合适。工学指导部设主任一人，下分若干股。生活指导部是由训育部改组的，为训练学生品性的机关。当时人们认为人的品性、习惯、行为都在日常生活中养成，所以把训育部改称生活指导部，更加名副其实。生活指导部设主任一人，或设生活指导员若干人，组成生活指导委员会。事务管理部即普通的事务部，加上"管理"两个字，表示注重经济效率的意思。事务管理部亦设主任一人，下分若干股。农场、工场为学生劳动生产工作的场所，必须设立。农场、工场各设主任一人，并可根据实际情况分设若干股。医院也为乡村所急需的，无论简单还是完备均可。医院设主任医师一人，指导学生练习看护，兼职诊治疾病。中心小学是专供乡村师范学校学生研究乡村小学设施、教学与管理的场所，必须设立。中心小学设校长一人或主事一人，导师若干人。社会活动部包括扩充教育、改良农业、增进健康，改善社会生活各种事业，设委员若干人，共同主持。经济稽核委员会为审查经济收支、公开财政的机关，由全校师生互选若干人组成。此外为特殊需要，可以组织临时委员会。就行使权力的机关来说，应以校务会议为最高机关，其下分设各部会议。[①]

从国民政府的角度讲，教育部并没有明文规定乡村师范学校内部的行政机构，但各省份在办理乡村师范的过程中，为了规范管理，制定了相关的法令。如1932年6月江苏省教育厅公布了《江苏省省立乡村师范学校组织暂行规程》，首次在法令上对乡村师范学校行政组织进行规定。按照该规程，乡村师范学校须有下列行政设置：①设校长一人，秉承教育厅厅长，统辖全校行政；②设教务主任一人，由校长兼任之，掌理全校课程，支配考核教员服务状况及学生成绩、注册、统计等事宜；③设训育主任一人，秉承校长，掌管全校学生指导、训练、监护、考核事宜，训育员若干人，辅助训育主任，分任训育事务；④设事务主任一人，秉承校长，掌理全校预算、决算、款项、校舍之支配、整理，以及校具购买等一切事宜；⑤训育主任、事务主任及训育员，均由专任教员兼任之，并由校长量其职务，减少其授课时间；⑥事务员若干人，处理文书、会计事务及保管图书、仪器，员额由校长酌定，呈报教育厅核准；⑦设附属小学主事一人，

① 古楳编著《乡村师范概要》，商务印书馆，1936，第94页。

秉承校长，处理小学行政；⑧设校务会议、教务会议、训育会议，体育委员会、经费稽核委员会。① 江苏省这一法令性规定和《师范学校规程》中的师范学校行政机构设置大致相同。

（二）各个乡村师范学校的组织系统

各个乡村师范学校的组织系统，可以反映学校之间存在的差异。不但各省、各县的乡村师范学校有不同之处，即使是同省市的学校，在组织机构上也不尽相同。有些乡村师范学校和简易乡村师范学校的组织机构设置与教育部规定的一致，有些乡村师范学校和简易乡村师范学校的组织机构则独具特色，见图4-3至图4-13。

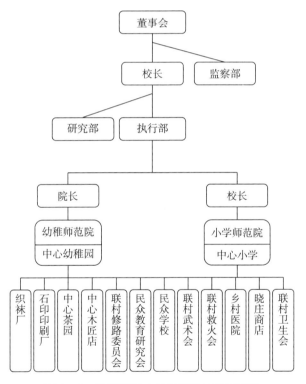

图4-3　晓庄试行乡村师范学校组织系统

资料来源：杨效春编《晓庄学校与中国乡村教育》，爱文书局，1928，第54页。

---

① 江苏省教育厅秘书室编印《江苏省现行教育法令汇编（中华民国二十一年十二月）》，1933，第40~41页。

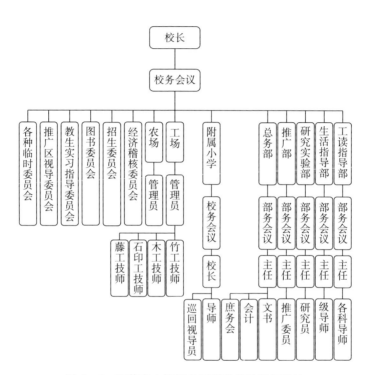

图4-4 江苏省立栖霞乡村师范学校组织系统

资料来源：古楳编著《乡村师范概要》，商务印书馆，1936，第83页。

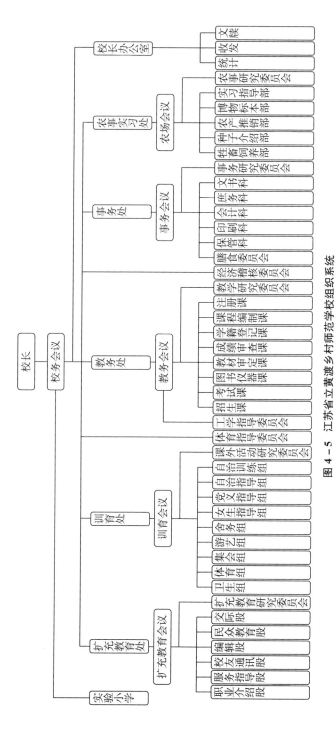

图 4－5　江苏省立黄渡乡村师范学校组织系统

资料来源：《江苏省立黄渡乡村师范学校概况》，《江苏教育》第1卷第7、8期合刊，1932年。

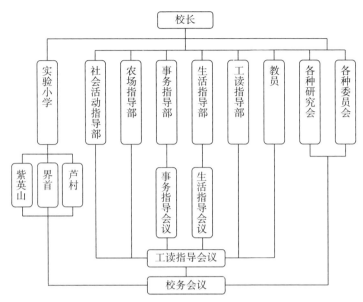

图 4 - 6　江苏省立界首乡村师范学校组织系统

资料来源：《江苏省立界首乡村师范学校概况》，《江苏教育》第 1 卷第 7、8 期合刊，1932 年。

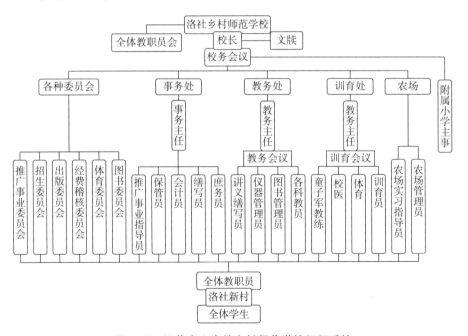

图 4 - 7　江苏省立洛社乡村师范学校组织系统

资料来源：《江苏省立洛社乡村师范学校概况》，《江苏教育》第 1 卷第 7、8 期合刊，1932 年。

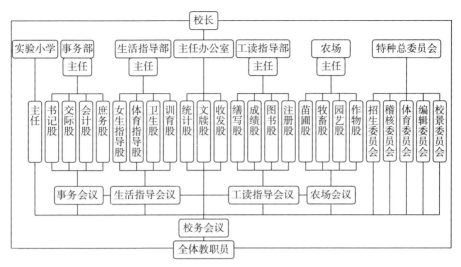

图 4 - 8　江苏省立灌云乡村师范学校组织系统

资料来源：《江苏省立灌云乡村师范学校概况》，《江苏教育》第 1 卷第 7、8 期合刊，1932 年。

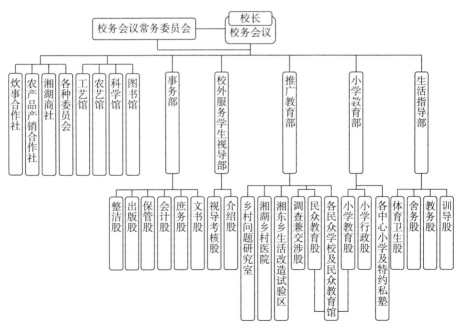

图 4 - 9　浙江省立湘湖乡村师范学校组织系统

资料来源：《浙江省立湘湖乡村师范学校章则　本校组织大纲　附组织系统表》，《湘湖生活》第 3 卷第 2 期，1936 年。这个组织系统图与《浙江省立乡村师范学校组织大纲》中的有所不同，见《湘湖生活》第 6 期，1929 年。

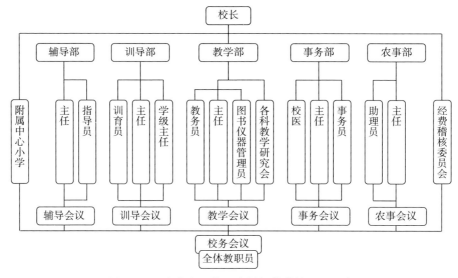

图 4-10　山东省立第四乡村师范学校组织系统

资料来源：山东省立第四乡村师范学校编辑委员会编印《一个乡师的试验——
山东省立第四乡村师范学校概况》，1933，学校组织系统图。

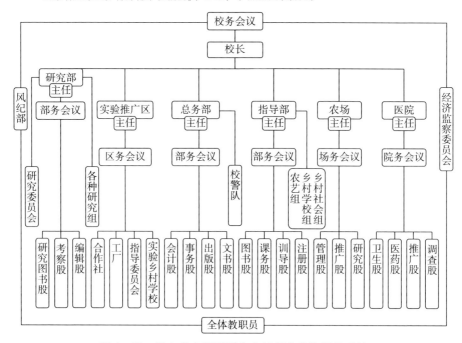

图 4-11　河南省立辉县百泉乡村师范学校组织系统

资料来源：河南省立辉县百泉乡村师范学校编印《河南省立辉县百泉乡村师范
学校概况》，1933。

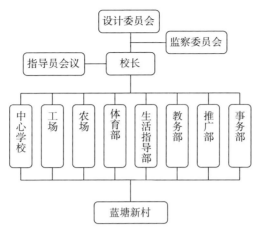

图 4 - 12 昆嘉青三县联立乡村师范学校组织系统

资料来源：陈良烈编《考察江浙乡村师范教育报告书 (附意见书)》，广东省教育厅，1929，第 114 页。

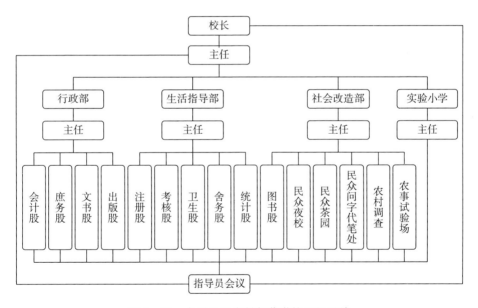

图 4 - 13 龙川县立乡村师范学校组织系统

资料来源：古楳编著《乡村师范概要》，商务印书馆，1936，第 92 页。

从图 4 - 3 到图 4 - 13 列举的各校组织系统来看，不但繁简不同，名称也不一样。教务部，有的称教务处，有的称教学部，有的称工读指导部；训育部，有的名为训育处，有的名为训导部，有的名为生活指导部；事务部，有的名为事务处，有的名为总务部。从当时的实际情况来看，虽然不容易判断到底如何命名才能名副其实，但从教育效率上看，古楳认为，一个学校的组织要满足学校的管理需求，必须做到以下四点：第一，行政组织要针对目标；第二，行政组织要能引起教职员、学生对于校务的兴趣和热心；第三，行政组织要使人人均有专责可负；第四，行政组织要力求简易。① 关于乡村师范学校的组织系统，张宗麟也提出了几个需要注意的问题。第一，各部必须设主任一人，在行政效率上，主任制比委员制强，因为主任可以专职，也就可以负全责。第二，与各部有关的事务以会议的形式来决定，若只与两部有关的事，由两部主任商酌进行。第三，各部间如有商洽不妥之事，由校长决定。在初行此制时，幼稚园部与小学部，小学部与师范部，事务部与幼稚园部、小学部，教导部与幼稚园部、小学部之间的摩擦极多。这方面的原因很多，最主要的是很多教师是从旧制度学校里来的，遇到新的制度就不能适应。这时候校长必须多方解释、多方指导、多方辅助，使全校师生对新的制度产生兴趣，随之接受新的制度。第四，各部必须有办事细则。校长可以先拟定几条原则，然后由各部主任分别起草办事细则，再由指导会议讨论、修改，最后由校长决定颁行。第五，在各部办事细则未颁行前，必须有各部办事草约，可以由校长召集各部主任草订，此种草约可以依照教育部所颁《师范学校法》中各条，再参酌新制度而草拟。第六，各部主任的职务与旧制度的各部主任的职务有许多不同之处。例如，旧制度的教导主任不问小学、幼稚园课程，在新制度中的教导主任，必须将全校课程做通盘打算，然后才能排课程表，并且排课程表时，必须以小学、幼稚园的活动为中心，不得只顾师范部的便利。又如，小学部主任从前是不问师范生的一切的，在新制度中需要把师范生当作直接受指导的学生，同时对于小学内部的事务等责任可以减少许多，因为这方面的许多工作由事务部去负责。第七，各部工作人员数目，不必有呆板的规定，倘若各部为着工作方便起见，还可以有分部。如各个小学中有某个小学规模很大，学生有四五百人，那么这个小学的教导事务方面工作，必须指定专人负责，不能再由该小学校长负责。②

---

① 古楳编著《乡村师范概要》，商务印书馆，1936，第93页。
② 张宗麟：《怎样办乡村师范》，中华书局，1939，第14~16页。

从上面所列各类各处乡村师范学校组织来看，虽然组织机构类别和名称各有不同，但各校在基本组织机构上却有相同的设置，特别是农场、推广部等机构的设置，不但能体现乡村师范学校与普通师范学校的区别，而且反映出乡村师范学校联系乡村社会的意愿。

二 乡村师范学校的经费

本节主要从开办经费和运行经费的来源、管理、支出三个方面，对乡村师范学校的经费问题进行探讨。

（一）经费的来源

1932 年 12 月 17 日教育部颁布《师范学校规程》，其中第十七条到第十九条明确规定了乡村师范学校的经费来源。第十七条规定"省市立师范学校之开办经常临时各费，由各省市款支给之，县立或联立师范学校经费，由县或联立各县县款支给之"。第十八条规定"县立师范学校，如确因地方贫瘠及成绩优良，得受省款补助"。第十九条规定"省款补助县立师范学校之标准，由省教育厅规定，呈报教育部备案。"①加上"民国时期实行的是国办高等教育、省办中等教育的原则"，② 所以乡村师范学校皆由省、市、县政府部门负责办理，办学经费的主要来源是各省、市、县教育行政部门的财政支出。

虽然规定比较具体，但是受各级政府财政状况的限制，乡村师范学校经常入不敷出。为了正常运转，实际上会通过多种方式筹措经费，主要有政府机构提供、其他机构提供、学生缴纳、农田收入、学校募捐等。

另外，乡村师范产生之初，政府限制较少，所以学校类型较多。不同类型的学校筹措经费的渠道也很不相同，经费的来源多种多样。公立乡村师范学校由政府出资，私立乡村师范学校则多由私人、团体出资或社会捐

---

① 李友芝等编《中国近现代师范教育史资料》第 2 册，1983，第 329 页。
② 张燕：《抗战前国民政府对乡村师范的办理及历史评析》，硕士学位论文，华中师范大学，2007，第 21 页。

助，教会立乡村师范学校则由主办教会自行出资，等等。

1. 政府拨款

省、县教育行政部门的财政拨款是大部分乡村师范学校办学的主要经费。政府机构的拨款主要有相应各级政府的直接拨款和各级教育行政部门的拨款。

省立乡村师范学校的经费，一般由省教育厅直接拨付。下面一些材料可以反映当时省立乡村师范学校经费的情况。张宗麟参观江苏省立黄渡乡村师范学校时指出，"黄渡有省教育经费，学校一切费用不必由学校自身生产维持"。① 江苏省立界首乡村师范学校"既无基金，又无不动产，经常费完全仰给于省款"。② 山东省立第五（平原）乡村师范学校"由教育厅直接领导，经费省厅拨发"。③ 山东省立第二（莱阳）乡村师范学校1930年"以地方随粮带征大洋42209.027元及宣政院、马山埠、三官庙观70余间的旧料约值万元，共计大洋5万元作为校舍建筑用费"，学校建成之后，学校运行"经费全由省拨给，是年（1933年）全年经费为11808元"。④安徽省督学吴亮夫视察安徽省立第一乡村师范学校后报告称："该校本年度经常费岁入预算二万九千六百九十九元五角，临时费一万二千一百元。均由本厅（安徽省教育厅）按月发给。"⑤ 由于省立乡村师范学校的经费由省拨付，所以经费比较充足，能够保障学校的办学需求。

县立乡村师范学校的经费一般由县教育局拨付，从下面的材料可以略见一斑。河南省潢川县规定，"本县筹立乡村师范学校，尚为试验时期，其经费除开办、修理、购置、杂支、特支各费外，常年经费暂定为每月四百五十三元，全年经费共计五千四百三十六元，俟开办后，斟酌情形，以

① 张宗麟：《中国新兴教育参观记》，邱秋爽等编《教育参考资料选辑》第7集下册，教育编译馆，1934，第15页。
② 《江苏省立界首乡村师范学校概况》，《江苏教育》第1卷第7、8期合刊，1932年。
③ 王朝玺：《山东省立平原第五乡师始末》，山东省政协文史资料委员会编《山东文史集粹·教育卷》，山东人民出版社，1993，第174页。
④ 孙好伟：《山东省立第二乡村师范学校》，山东省政协文史资料委员会编《山东文史集粹·教育卷》，山东人民出版社，1993，第164~165页。
⑤ 吴亮夫：《（二）视察省立第一乡村师范学校报告》，《安徽教育行政周刊》第4卷第29期，1931年。

定增减，届时再行呈报"。① 1929 年 2 月，四川省政府给邛崃县的训令中关于经费问题的表述如下："一、该校（邛崃县立简易乡村师范学校）经费过少，推进困难，应于廿八年度增加预算，至少须达到省立中等学校经费支出标准百分之六十之最低额。二、该督学前往视察时该校上课已届六周，而财委会仅发款数十元，现状尚难以维持，何足以言整顿！应由该县府严饬该会以后务须按月拨款，不得再事拖延，致妨教育。"② 陕西蒲城县立乡村师范学校的经费由本县杂税二成及斗捐附加项下"全数拨给，如不敷时由教育局筹给"。③ 如果县拨经费存在不足，且该县立乡村师范学校办理成效显著，省教育厅也会适当给予一定的补贴。湖南省的简易乡村师范学校原多为各县独立设置，经费人力均感不足，后该省府决定自 1935 年起，所有"简易乡村师范学校，均以旧府属各县或四县以上联合设立为原则，以便集中财力与人力，使办理内容充实。其经费除由各县担负外，由省府每班每年度辅助一千三百元。成绩优异者，并得给予一千元至二千元之奖励"，④ 并制定《湖南省联立学校设置及省款补助奖励办法》以保障学校经费的足额拨付。

关于经费分摊的情况有两种。第一种是按照学校招生的来源地分摊，如山东省立第七乡村师范学校（办学地点在山东文登县，因此也称为文登乡村师范）刚开始兴建时，从牟平、荣成、文登三县招生，所需款项由三县均摊，"牟平仅出 2000 元，荣成出 3000 元，文登县因有王远丰（文登县立初级中学校长）的多方奔走，并得到孙子玉先生（文登县督学）的大力支持，竟独出 3 万巨款"。⑤ 湖北省第三区区立简易乡村师范学校经费"由第三区所属六县摊派，按月缴解专员公署转发，年支一万零八十元"。⑥

---

① 潢川县教育局：《潢川县筹办乡村师范学校计划书》，《河南教育》第 2 卷第 9 期，1929 年。

② 四川省政府训令（教第 05831 号）：《令邛崃县政府暨县立简易乡村师范学校改进师范教育》，《新教育旬刊》第 1 卷第 11 期，1939 年。

③ 李博：《蒲城县立乡村师范学校调查表》，《陕西教育周刊》第 2 卷第 37、38、39、40 期合刊，1929 年。

④ 朱经农：《湖南教育概况》，《教育杂志》第 26 卷第 7 号，1936 年。

⑤ 于云亭：《我和文登乡师》，山东省政协文史资料委员会编《山东文史集粹·教育卷》，山东人民出版社，1993，第 178～179 页。

⑥ 王介菴：《视察第三区各县教育报告：甲·第三区区立简易乡村师范学校》，《湖北教育月刊》第 2 卷第 2、3 期合刊，1931 年。

第二种是几个县联合办校的经费，一般由联合各方平均分摊。昆山、嘉定、青浦三县联合建立昆嘉青三县乡村师范学校，费用由昆山、嘉定、青浦三县的教育局分摊。朱晟旸在《参观江苏乡村师范的报告》中曾记载昆嘉青三县乡村师范学校"开办费三万元，平均每县一万，将半数用在建筑上"。① 李振云、李道祥在考察江浙乡村教育的报告中也提到1928年"该校常年经费，共一万七千八百九十六元，由昆嘉青三县平均分担"。②

2. 其他机构拨款

其他机构拨款主要是指与教育有关的社会社团和大学的资助。这其中以晓庄试验乡村师范学校最为突出。例如，1927年，晓庄试验乡村师范学校的经费收入预算中包括"（中华教育）改进社拨基金会乡村教育研究费八千元（以后办有成绩，尚可增加），（中华教育）改进社拨基金会图书费九百元（以后办有成绩，尚可增加），第四中山大学区行政院辅助费一千元"。③ 因为晓庄试验乡村师范学校是中华教育改进社设立的，理应由基金会拨付大部分的办学经费。

3. 学生缴纳

《师范学校规程》中有几条规定："第八十五条：师范学校学生一律免收学费，各省市应斟酌情形免收学生膳费之全部或一部。免向学生征收之膳费，应核实收支，专案呈报。第八十六条：师范学校学生入学时，得征收保证金五元至十元，毕业时应予发还，无故退学或被开除学籍者，概不发还。上项保证金由学校专款存储，不得挪用。其不发还之保证金，作添购图书之用，并应专案呈报主管教育行政机关备案。第八十七条：师范学校不得征收图书及体育等任何费用。其学生用书、制服、及一切工艺材料费，由学生自备，或由学校发给。或由学校或所在地教育行政机关组织学生消费合作社，廉价发售，如由学校代办时，应按实价向学生征收。……第

---

① 朱晟旸：《参观江苏乡村师范的报告——（一）昆嘉青三县乡村师范（在离安亭火车站一里多的蓝塘）及安亭小学（在安亭镇上）》，《国立浙江大学教育周刊》第46期，1929年。

② 李振云、李道祥：《考查江浙教育报告——昆嘉青三县乡村师范学校》，《河南教育月刊》第1卷第8期，1931年。

③ 《试验乡村师范学校概况》，《中华教育界》第17卷第3期，1928年。朱晟旸在《参观江苏乡村师范的报告——（六）南京试验乡村师范学校及三个中心小学（在南京晓庄）》一文中对晓庄乡村师范学校的经费来源也有相同的记载（见《国立浙江大学教育周刊》第46期，1929年）。

八十九条：师范学校学生无故退学或被开除学籍者，应追缴其学费。如免膳费者，并追缴其膳费。"① 以上条款规定乡村师范学校不但要免收学费、图书费、体育费等，而且要减免学生的膳食费。但部分学校会向学生收取一些捐、费，作为办学经费的补充，收取的费用主要用于图书讲义、制服、膳食等方面。江苏省立吴江乡村师范学校就曾让"学生缴纳图书馆捐每学期一元，以补公费之不足"。② 江苏省立洛社乡村师范学校，学生每学期缴体育费1元、医药费1元、图书费1元、讲义费1～2元、实验材料费1～2元、杂费1元、贴膳8元、课业用品费7元。③ 潢川县教育局规定，乡村师范学校的学生除学费免纳外，其余膳费、杂费、书籍费概行自备。④ 福建省立福州乡村师范学校的学生学宿费免缴，但膳食费"由学生自理，每月须预缴六元（有余发还）。图书、医药、体育、讲义、电灯等杂费每学期三元。赔偿准备费三元（于学期结束时扣还）。制服费约五元"。⑤ 南京晓庄学校经费来源中，包括"学生纳费四千三百元"，但没有说明学生缴纳的费用具体用在哪些方面。⑥

4. 农场收入

重视农业教育是乡村师范学校的特色，各个学校积极建设农场。一方面是为了学生实习和试验的方便，如涪陵县乡村师范学校就认为农场"本诸教授农业科学之企图，与其学校教学做合一的原则，故定其宗旨为：（一）在供给全校员生之研究及实习；（二）在普及农业科学于涪陵县农民以增加农业生产"。⑦ 另一方面是可以用农场的收益补贴学校的运行经费和学生经费。陶行知在晓庄试验乡村师范学校回答客人的提问时就讲："学生种田，照佃户租田公允办法，每年赚钱多少，……统归本人所有，账目

---

① 李友芝等编《中国近现代师范教育史资料》第 2 册，1983，第 339 页。
② 《江苏省立吴江乡村师范学校概况》，《江苏教育》第 1 卷第 7、8 期合刊，1932 年。
③ 《江苏省立洛社乡村师范学校概况》，《江苏教育》第 1 卷第 7、8 期合刊，1932 年。学校规定，讲义费、实验教材费、杂费在学期结束之后，有余发还，不足补缴。膳费每月由省津贴五元之外，不足归学生自理，至学期结束时，有余发还，不足补缴。课业用品费由学生自理，公布的数目为大约数，但入学时仍由学校代收，须如数缴足。
④ 潢川县教育局：《潢川县筹办乡村师范学校计划书》，《河南教育》第 2 卷第 9 期，1929 年。
⑤ 《福建省立福州乡村师范学校暂行简章》，《福建教育厅周刊》第 18 期，1929 年。
⑥ 《试验乡村师范学校概况》，《中华教育界》第 17 卷第 3 期，1928 年。
⑦ 《涪陵县乡村师范学校农场组织大纲》，《涪陵县政周刊》第 15 期，1931 年。

完全公开。"① 浙江省立湘湖乡村师范学校全校农田共计丘地 1060 亩，开垦成田者共 237 亩，由校耕种者 112 亩，特约农家耕种者 125 亩：租种者 45 亩，承垦者 80 亩。湘湖乡村师范学校农田的租种、承垦和农田收入情况如下："（甲）租种之情形。租额分甲乙丙丁四等，甲等每亩五斗，乙等四斗，丙等三斗，丁等二斗。如岁无凶歉，年可得租米十四石七斗，如遇凶歉，到田面议。租田时须纳保证金每亩一元，如租而不种，则没收保证金，到期缴清租米，则连同长年八厘之息金，一同付还。租约皆一年一订。（乙）承垦之情形。垦荒期皆订三年，如先期一年收回自种，则每亩须贴银五元，满三年即可无偿收回，现有荒田，约在二十四年春收回者二十七亩，在二十五年春收回者五十三亩。（丙）农田收入情形。该校接收新划丘地，自廿二年起。廿二年共收得黄谷一万四千三百二十斤，内工学班得谷一万另廿四斤。做米三十五石八斗，每石七元，共计二百五十元零六角，每人均分得五元。其余津贴肥料，耕田工资，及杂种开支。"② 长宁县立乡村师范学校"自本年（1933 年）粮税附加一元八角，恢复后，年可收入大洋五千余元，尚足敷用"。③ 其他乡村师范学校也大都通过农田收入补贴学校运行经费的不足。

5. 募捐

募捐也是乡师筹措经费的一种手段。山西上党乡村师范学校"为扩建乡师校舍，（校长）史纪言组织同学下乡募捐，广泛宣传乡师教育宗旨，得到各界支持，得捐资 1000 余元，修建了校舍，盖起一座 600 平方米的大礼堂"。④ 晓庄试验乡村师范学校教授杨效春在接待首都教育局参观人员时也表示"本校经费很为缺乏，去年曾受中华教育改进社的津贴，现在丝毫不受公家的补助，完全由陶先生（陶行知）筹募"。⑤

---

① 陶行知：《试验乡村师范学校答客问》，《中国教育改造》，东方出版社，1996 年，第 91 ~ 92 页。

② 钱希乃：《省立湘湖乡村师范学校视察报告节要》，《浙江教育行政周刊》第 5 卷第 43 期，1934 年。

③ 国民革命军第二十一军司令部训令：《训令长宁县县长李树人为据督察员呈报该县乡村师范学校教育情形一案》，《政务月刊》第 2 卷第 1 期，1934 年。

④ 范广明、张延龄：《上党乡村师范校长史纪言》，《山西文史资料》编辑部编印《山西文史资料全编》第 10 卷第 109 ~ 120 辑，2000，第 144 页。

⑤ 孔葆民：《首都教育参观报告 晓庄试验乡村师范》，《青浦教育》第 2 期，1928 年。

除了以上列举的筹措经费办法之外，为了应付紧急时期学校经费匮乏问题，金海观在湘湖乡村师范学校实行"薪廉金"的办法。早在压湖山办学时期，教职工的住宿条件比较差，一般都是七八平方米的小房间，不要说家属来探访无处安身，就是教师本人也感到太逼仄、狭隘。金海观多次向上级反映，希望建造一点简陋的教工宿舍，解决教工的住宿问题，但是没有获得批准。因此，教职工曾酝酿自己集资兴建宿舍，有了"薪廉金"的刍议。湘湖乡村师范学校迁到松阳后，为了解决经费困难问题，金海观又重新提出设立薪廉金。他说如果将来时局突变，省款中断，可暂用薪廉金维持，事业决不解体，湘师的战时办学要同抗战共始终，决不中途停课。这表明了不论如何困难都要把学校坚持下去的决心。金海观在《抗战期间三件重要提案说明》中提到"本校素贮有薪廉金，但自建筑导师宿舍后，即不名一文，而学校积余之可用者，实仅2792.55元，一遇巨变，公私双方均感困难。往事昭然，不必缕述。兹拟先事筹划在导师月俸项下，按成扣贮，仍名薪廉金。要点如下：（一）自一月份起按导师薪额，扣贮若干成为薪廉金。（二）导师实薪最低20元，最高40元，薪额超过40元者均移作薪廉金，不足40元者按照百分率扣算，百分率另定，不足20元者不扣。（三）薪廉金之使用保管办法另定。（鄙意凡导师公共用项及意外事件，如疾病，医药等均可在薪廉金内支给津贴，又除无故离校及因过失由学校辞退者外，其余中途离校导师得视归程远近酌送川资。）（四）学校于必要时，得移用薪廉金之一部。（五）俟战事结束后，薪廉金之节余部分，按照原纳金额之多寡退还各导师，中途离校之导师，其薪廉金亦须于战事结束后，方得退还，均不计息"。[1]

金海观把这个牵动全体教职工生活的大问题提交校务会议讨论，得到大家的支持和拥护，议案获得通过。湘湖乡村师范学校制定的《教职员积贮薪廉金办法》具体内容如下：

一、湘湖师范学校教职员为谋在抗战期间，自力维持学校起见，特订定本办法积贮薪廉金。

---

[1] 金海观：《抗战期间三件重要提案说明》，《金海观全集》编委会编《金海观全集》（上），方志出版社，2003，第273～274页。

二、薪廉金按教职员薪额以累进率扣贮，其标准如下表：

薪额	50	45	40	35	30	25	20
实薪	40	37		31	28	24	20
扣贮	10	8	6	4	2	1	0
附	（一）50 元以上者均支 40 元。（二）20 元以下（者）均不扣。						

三、每月发薪水时，由会计按照上表标准将应扣之薪廉金扣下同时掣发收据。

四、由全体教职员用记名投票选举五人为薪廉金保管员。

五、薪廉金之动用，限于维持师生校工伙食继续学校生命，不得作为他种开支。动用时须经全体保管委员会允准签字。

六、保管委员于每月终了时，须将收支实数造成月报表缮发全体教职员。

七、俟战事结束后，薪廉金之剩余部分按照原纳金额之比例，凭据退还教职员本人，中途离校之教职员，其薪廉金亦须于战事结束后，方得凭据退还，均不计息。

八、教职员如遇意外，其薪廉金第七条办法，交由其法定继承人收受。

九、退还薪廉金时，如原教职员因故不能收受或不愿收受时，得由教职员多数之同意，拨作为本校发展事业之用。

十、本办法经校务会议通过后施行，修正时同。①

---

① 《教职员积贮薪廉金办法》，《金海观全集》编委会编《金海观全集》（下），方志出版社，2003，第1460～1461页，原文缺薪额为40元者的实薪数目，根据表格内容判断，应为34元。蒋明炬《金海观传》里有一段文字，可以作为此判断的依据：薪廉金的标准为"20元以下的不扣，25元扣1元，满30元扣2元，30元以上至50元，每增5元扣2元，50元以上一律发40元。不计利息"（蒋明炬：《金海观传》，黄山书社，1995，第78页）。办法原载《湘湖通讯》1938年第9期，1938年3月28日湘师第74次校务会议通过。同月30日发一月份薪金时开始执行。《湘湖通讯》号外之二（1938年4月25日）所载《重要校闻》也曾介绍："如遇省款告断，浙局难以维持时，团体决不解散，拟暂向赣东或闽北再迁，即以此项贮金作师生校工伙食及延续学校生命之用。"到1939年2月，贮金总额已达5973元。1939年3月27日第94次校务会议修订标准，规定月薪为65元以上者，扣贮15元，实发50元；月薪为60元者，扣贮13元，实发47元；月薪为55元者，扣贮11元，实发44元；月薪为50元者，扣贮9元，实发41元；月薪为45元者，扣贮7元，实发38元；月薪为40元者，扣贮5元，实发35元；月薪为35元者，扣贮3元，（转下页注）

从 1938 年开始湖湘乡村师范学校实行 "薪廉金" 制度，金海观带头执行。他的月薪应为 160 元，仅支 40 元，其余的均扣贮为薪廉金。至 1939 年 7 月，薪廉金积储已超万元，开始按办法依次发还，抗战胜利后全部还清。这一时期政府发的经费很少，而且经常拖欠，薪廉金的设置，像水库蓄水一样，对战时不止一次的 "干旱" 起了调剂作用，使学校得以平安渡过难关，其意义不仅是经济的调剂，尤其体现了湘湖乡村师范学校上下齐心、坚持办学的崇高精神。

（二）经费的管理

按照《师范学校法》和《师范学校规程》的规定，师范学校在学校行政机构上需设置经费稽核委员会。"经费稽核委员会，由专任教员公推三人至五人组织之，委员轮流充当主席，负审核收支账目及单据之责、每月开会一次。"[①] 乡村师范学校作为师范学校体制的一部分，当同于普通师范，暂时没有设立经费稽核委员会的，经费稽核工作由政府行政会议负责，联合办学的乡村师范学校的经费则由联合行政会议负责审核。昆山县教育局在指令中显示昆山、嘉定、青浦三县联合建立的昆嘉青三县乡村师范学校校长 "呈请召开三县行政会议审核本校推广部临时费用"。[②] 但是步入正轨之后，师范学校都会设立经费稽核委员会或经济稽核委员会，如昆嘉青三县乡村师范学校在 1932 年就呈请成立经济稽核委员会。

有的学校还明确了经费稽核委员会的职责。《浙江省立湘湖乡村师范学校章则》之《经费稽核委员会章程》第六条规定该委员会之职权如下："（1）稽核校内一切收支账目单据及财产目录；（2）稽核每月收支对照表，

（接上页注①）实发 32 元；月薪为 30 元者，扣贮 1 元，实发 29 元；月薪为 25 元或 25 元以下者不扣薪廉金 ［《职教员薪廉金修订标准（附表）》，《湘湖通讯》第 10 期，1939 年］。1939 年 7 月 3 日第 72 次校务会议常务委员会决定，"薪廉金积贮数以一万元为度，超过一万元时，得将超贮数依序发还"。9 月开始执行。同年 11 月 12 日第 100 次校务会议再次修订办法，将每月扣贮改为每年 3 月、6 月、9 月、12 月四个月份扣贮。

① 李友芝等编《中国近现代师范教育史资料》第 2 册，1983，第 342 页。

② 昆山县教育局：《昆山县教育局指令第二三三五号　令昆嘉青三县共立乡村师范学校校长张（呈一件为呈请召开三县行政会议审核本校推广部临时费预算由）》，《昆山教育》第 2 期，1933 年。

计算书，及决算书；（3）纠正本校经费之收支不当事项；（4）商榷本校之会计方法事项。"① 四川省政府在给屏山县立简易乡村师范学校的训令中也提到"该校经费稽核委员会，应由专任教员公推五人组织之，开会时学生得派代表列席，每月收支账目，具应交会审核，核后并应列表公布"。②

从江苏省立灌云乡村师范学校经费使用的手续及稽核规定中，可以看出学校的经费管理比较规范。"该校设会计员、事务员各一人，一司记账，一司出纳，逐日有收支报告表，交事务主任核阅。月终造具支出计算书、收支对照表、单据黏存簿，交由经济稽核委员会稽核后，呈报教育厅。"③

（三）经费的支出

经费支出分为开办之初的开办费和开办之后的运作费。开办费主要包括：校舍建筑费，图书、仪器、标本、化学药品及其他校具等购置费，购置农场、农具及牲畜的费用。福建教育厅规定，"各县选办某种师范须先筹划的款，每级每年除津贴膳费外，至少须有二千元开办费，另拟计划呈厅核准"。④ 许多学校对于开办费的使用都有记录，如广东省立第一师范学校开办费约9000元；第一，建设校舍约4000元；第二，购置田园费约3000元；第三，购置图书约500元；第四，购置仪器标品费约300元；第五，购置农具约200元；第六，购置牲畜约100元；第七，购化学药品约100元；第八，购校具约800元。⑤ 安徽省立乡村师范学校在1929年接受视察时，"书籍仪器标本，正在购置中，有已到者，为数甚少；但亦可见

---

① 《浙江省立湘湖乡村师范学校章则　经费稽核委员会章程》，《湘湖生活》第3卷第2期，1936年。

② 四川省政府训令：《府令屏山县立简易乡村师范学校改进教育》，《新教育旬刊》第1卷第15期，1939年。

③ 《江苏省立灌云乡村师范学校概况》，《江苏教育》第1卷第7、8期合刊，1932年。

④ 《福建省县立乡村师范实施办法草案》，《教育周刊》第119、120期合刊，1932年。福建教育厅根据各县的需要，规定了不同种类的乡村师范学校：甲种乡村师范学校（招收初中毕业生，二年半毕业）、乙种乡村师范学校（招收高小毕业生，四年毕业）、乡村师范养成所（招收初中肄业或高小毕业生，年在十八岁以上者，二年毕业）、甲种乡村师范讲习所（招收不合格教员，具有初中毕业程度或初中毕业者，一年半毕业）、乙种乡村师范讲习所（利用假期招收不合格教员，具有初中毕业程度或初中毕业者，学满规定学分，经实习及格者给予修业证书）。无论选择哪一种类型，都需要筹措基本的开办和运行经费。

⑤ 《粤教厅筹设乡村师范学校》，《湖南教育》第4期，1929年。

一斑"。关于农场购置方面，安徽省立乡村师范学校"初无农场，农事实习颇感困难。校东有民田数十亩，该（校）校长正交涉价买。据观与学校仅隔一土沟，真'天衣无缝'。现闻业已购妥，殊觉适宜"。① 江苏省立吴江师范学校农场"四十余亩……近更租借场旁寺院余地，扩充至六十余亩"。② 安徽省立第一乡村师范学校"新建房屋，计有农场草屋九间，费洋五百余元。新购农场三十六亩，山三段，约费洋四千元"。③ 湘湖乡村师范学校开办时的经费预算包括开办费和常年费两类。开办费一万元，包括校舍改造 3000 元、校舍添筑 3000 元、器具购置 1000 元、仪器图画 1000 元、杂用 1000 元、附属小学 1000 元。④

　　开办之后的运作费主要包括常规性支出和临时性支出。乡村师范学校常规性支出，主要包括日常购置费、办公及后勤支出、薪金支出、奖助学金支出、文具及印刷邮电支出、附属小学及推广部支出、参观旅行费、杂费。《师范学校规程》对师范学校各项支出的比例做了详细的规定："第二十条：师范学校经常费之支配，除学生膳食外，俸给至多不得超过百分之七十；设备费至少应占百分之二十，办公费至多不得超过百分之十；其预算款式另定之。第二十一条：师范学校经费之开支，应力求撙节核实，并须将全部收支情形，由经费稽核委员会为公开及慎密之审核；其审核办法，由省市教育行政机关订定，呈报教育部核准施行。"⑤

　　各地乡村师范学校基本上都能按照教育部的这个规定执行。河南省立百泉乡村师范学校 1933 年的经常费为：俸薪 26544 元、工饷 3240 元、办公费 7560 元、试验费 20910 元，总计 58254 元。⑥ 支出比例基本上符合教育部的规定。江苏省立灌云乡村师范学校 1931 年全年拨经常费银 29405元。用于薪工者 13490 元，用于文具者 506.9 元，用于邮电者 168.3 元，用于购置者 692.7 元，用于消耗者 1107.1 元，用于修缮者 160 元，用于杂

① 陈东原：《视察省立乡村师范学校报告》，《安徽教育行政周刊》第 3 卷第 3 期，1930 年。
② 《江苏省立吴江乡村师范学校概况》，《江苏教育》第 1 卷第 7、8 期合刊，1932 年。
③ 吴亮夫：《（二）视察省立第一乡村师范学校报告》，《安徽教育行政周刊》第 4 卷第 29 期，1931 年。
④ 孔雪雄：《筹办浙江省乡村师范意见书》，《国立第三中山大学教育周刊》第 22 期，1928 年。
⑤ 李友芝等编《中国近现代师范教育史资料》第 2 册，1983，第 329~330 页。
⑥ 河南省立辉县百泉乡村师范学校编印《河南省立辉县百泉乡村师范学校概况》，1933。

支者 96 元，用于特别费者 569 元，用于学生膳食者 6525 元，用于特别事业费者 890 元，又发给小学经费 5200 元。①

江苏省立洛社乡村师范学校 1931 年全年经费连带附小在内，核定数为 34906 元，各项开支与《师范学校规程》里的规定大致吻合（见表 4-1）。

表 4-1　1931 年江苏省立洛社乡村师范学校经费分配

项目	百分比（%）
薪工	52.3
办公费	10.5
杂费	5.5
特别事业费	2.9
学生膳食	2

资料来源：《江苏省立洛社乡村师范学校概况》，《江苏教育》第 1 卷第 7、8 期合刊，1932 年。

受众多因素影响，各个学校的开支比例还存在差距。例如江苏省立黄渡乡村师范学校的经费除省拨经常费外，不收学生膳费，只农场有少许收入。该校 1927 年度省拨经常费为 13824 元，1928 年度为 22522.95 元，1929 年度为 22532.4 元，1930 年度为 22807 元，1931 年度为 29706 元（见表 4-2）。② 从数目上看，每年都有增加，但因需要添置的设备很多，经费的缺口还是比较大的。由于省拨经费经常不能及时到位，黄渡乡村师范学校的经费经常由上海中学借垫。

表 4-2　1931 年江苏省立黄渡乡村师范学校本部经费预算简单

收入				支出			
	类别	预算数（元）	百分比（%）		类别	预算数（元）	百分比（%）
经常门	经常费	20266	63.12	经常门	薪工	6362	19.82
					修金	9504	29.60
					办公费	384	1.19
					购置	1560	4.86

---

①　《江苏省立灌云乡村师范学校概况》，《江苏教育》第 1 卷第 7、8 期合刊，1932 年。
②　《江苏省立黄渡乡村师范学校概况》，《江苏教育》第 1 卷第 7、8 期合刊，1932 年。

收入				支出			
类别		预算数（元）	百分比（%）	类别		预算数（元）	百分比（%）
经常门				经常门	消耗及杂费	2156	6.72
					农场消耗	300	1.93
	特别事业费	740	2.30		特别事业费	740	2.30
	学生膳费	8700	27.10		学生膳费	8700	27.10
临时门	农场收入	600	1.87	临时门	农场扩充费	600	1.87
	学生纳费	1800	5.61		学生消费	1800	5.61
	合计	32106	100		合计	32106	100

注：这个附表显示，黄渡乡村师范学校的薪工占支出的比例与《师范学校规程》中的规定差距较大，一定程度上反映出当时乡村师范学校经费的困窘及教师工资不高的情况。

资料来源：《江苏省立黄渡乡村师范学校概况》，《江苏教育》第1卷第7、8期合刊，1932年。

乡村师范学校的经费支出中，还有附属小学和临时支出等。附属小学为师范教育试验及实习之地，所有乡村师范学校都不可不设，其费用需要从乡村师范学校的经常费中支出。江苏省立界首乡村师范学校1931年的"经常费每月二千九百一十元，其中本部占二千四百七十六元，实小占四百三十四元"。① 江西省立赣县乡村师范学校1934年的经常费为28514元，拨付附小的经费是500元；1935年的经费是35429元，拨付附小的经费是1656元；1936年的经费是35471元，拨付附小的经费是2652元；1937年的经费是37991元，拨付附小的经费是4188元。② 故此，附属实验小学的开支也是经费支出中的一个重要部分。临时支出为偶然性临时事件的支出，名目众多。江苏省立吴江乡村师范学校在1929年"领到临时费三千元，建筑新教室三座"。③ 江西省立赣县乡村师范学校1933年的临时费为3000元，1934年的临时费为3790元，1935年的临时费为566元，1936年的临时费为10600元，④ 临时费的支出波动还是比较大的。

综上所述，由于各乡村师范学校的经费开支较多，经费基本上都比较

① 《江苏省立界首乡村师范学校概况》，《江苏教育》第1卷第7、8期合刊，1932年。
② 江西省立赣县乡村师范学校编印《江西省立赣县乡村师范学校概况表》，1937。
③ 《江苏省立吴江乡村师范学校概况》，《江苏教育》第1卷第7、8期合刊，1932年。
④ 江西省立赣县乡村师范学校编印《江西省立赣县乡村师范学校概况表》，1937。

拮据。其他因素对于经费的影响则主要是财政状况和社会因素。以江苏省立吴江乡村师范学校为例，该校的经常费"即使按月发放，尚虞不给，近因水灾、兵灾影响，经常费积欠达四月以上，维持似颇不易"，而 1931 年的临时费"（增）添（学）级设备费四千元，仅领到半数"。[①] 民国时期，这样的情况应该不少见，吴江乡村师范学校不是个例。

三 乡村师范学校的校舍

（一）校舍的构成

校舍是办理乡村师范学校的硬件，1932 年 6 月教育部颁布的《修正师范学校规程》中的第五条对师范学校的校舍构成有基本的要求："师范学校应具备下列各种重要场所。一、普通课室；二、特别课室（物理、化学、生物、图画、音乐等教学用）；三、工场（应先设置木工、金工场）、农场、合作社或家事实习室（视所设劳作科种类及学校环境酌量设置）；四、运动场（如属可能应有体育馆）；五、图书馆；六、仪器、药品、标本、图表室；七、体育器械室；八、自习室；九、会堂；十、学生成绩陈列室；十一、课外活动作业室；十二、办公室（职员同室办公，并不得占用校内优秀屋宇）；十三、学生寝室；十四、教职员寝室（如属可能，应备教职员住宅）；十五、膳堂；十六、浴室；十七、储藏室；十八、校园；十九、其他。"[②]

乡村师范学校的校舍构成通常都有诸如教室、图书馆、办公室、大会堂、食堂、宿舍、运动场、实验研究室、浴室等一般性建筑。由于各地经济条件的差异，各乡村师范学校的校舍构成有很大的不同。江苏省立吴江乡村师范学校的校舍构成包括"办公室、教室、大会堂、科学馆、艺术院、图书馆、成绩室、会议室、教职员寝室、学生自习室、寝室、饭堂、浴室、调养室，及其他一切活动之室，与夫庭园布置，运动场地，无不应有

---

① 《江苏省立吴江乡村师范学校概况》，《江苏教育》第 1 卷第 7、8 期合刊，1932 年。
② 中国第二历史档案馆编《中华民国档案史资料汇编》第五辑第一编教育（一），江苏古籍出版社，1994，第 446～447 页。

尽有"。① 晓庄试验乡村师范学校"一切建筑都是茅草屋。除宿舍外，……有图书馆、科学馆、教室、娱乐室、操室、温室、陈列所、医院、动物园"。② 湖北省立乡村师范学校的校舍有"学生寝室、厨房、盥洗室、浴室、教职员住室、普通住室、总理（孙中山）纪念堂、校政厅、图书室、成绩室、农具室、储藏室等"。③ 昆嘉青三县联立乡村师范学校"全校面积四十余亩。校舍有工读室、指导室、图书馆、木工室、农具室及学生所住之间（有十二所）等二十余所。网、篮、足球等场及自然研究室等亦应有尽有"。④

乡村师范学校校舍的构成与一般学校不同的是有众多与农业相关的设施，如湖北省立乡村师范学校和昆嘉青三县联立乡村师范学校的"农具室"。另外所有的乡村师范学校在附属小学、幼稚园及义务教育实验区之外，还办有实验农场、工场、饲养场等。湖北省立乡村师范学校就"设立消费合作社，信用合作社，以完成对学生社会科学的切实指导"。⑤

（二）校舍的来源

乡村师范学校的校舍来源主要有以下几种：一是借用或租用旧有建筑，较为常见的是把地方旧有庙宇转化为校舍；二是对旧有学校建筑进行修缮之后将其作为校舍；三是新建学校，全部新建的不多，一般都是改造与新建相结合。

关于借用主要是指庙宇。如1928年12月江西省视学缪正、张芳葆、余家庆、褚昌言、李锡年、周克刚、刘照璧、万文生等人在《省立乡村师范学校视察报告》中称，"该校校舍，系借用乡间庙宇二幢，及租赁民房一所。屋宇狭隘，光线不足，既不合式，又不敷用。"⑥ 河北省在给广宗县的指令中有："呈悉该县孔庙现既驻扎公安队，亟应饬令另觅地点迅速迁

---

① 《江苏省立吴江乡村师范学校概况》，《江苏教育》第1卷第7、8期合刊，1932年。
② 陶行知：《试验乡村师范学校答客问》，《中国教育改造》，东方出版社，1996，第92页。
③ 何峰：《湖北省立乡村师范学校》，《武汉文史资料》2004年第10期。
④ 李振云、李道祥：《考查江浙教育报告——昆嘉青三县乡村师范学校》，《河南教育月刊》第1卷第8期，1931年。
⑤ 何峰：《湖北省立乡村师范学校》，《武汉文史资料》2004年第10期。
⑥ 《省立乡村师范学校视察报告》，《江西教育公报》第3卷第4期，1929年。

移，至议筹修理孔庙，令乡村师范学校迁入。"①

关于租用的情况，山东省督学彭汝霖在《视察省立第七乡村师范学校报告》中称，山东省立第七乡村师范学校"租毕姓住宅作办公室，教职员住室，学生餐厅等"。② 1940 年新四军在黄桥决战后挺进南通、如皋、海门、启东地区，成立了抗日民主政府，当地一些热心教育的人士在抗日民主根据地兴办学校，苏北试验乡村师范学校应运而生。学校初办之时，除了自建校舍之外，"还租赁了桥南周家的几间平房，作为教师和寄宿生的宿舍"。③

湖北省立乡村师范学校自 1928 年秋天"创办伊始，苦无相当校舍，遂租用大东门外西人教会前协和师范为校舍，订约一年，期满再议"。租用房屋经常会遇到对方不愿续约的情况，湖北省立乡村师范学校因湖北省教育经费支绌，致使 1929～1930 年两年未能建筑新校，仍与西人商洽，继续租用，但是"虽再三续订租约，而条件则苛刻宜甚……西人声明，嗣后决不续租。本校以迭年租用校舍，致诸凡设施，动辄掣肘，师生间俱形成不安定之现象，度愁闷之生活，寄人宇下"，④ 办学受到影响，经与省教育厅多次申请，方才开始筹建新校。

把旧有设施进行修葺、整理后改为乡村师范学校的校舍，或把其他学校直接转化为乡村师范学校也是比较常见的方式。安徽省立第一乡村师范学校"现有校舍计楼房四幢，平房七屋，悉系创办前省立第七师范学校时建筑。房屋虽嫌不敷，而悉颇合用"。⑤ 江苏省立吴江乡村师范学校"完全借用吴江县学宫。按该县学宫，规模宏大，建筑整齐，可用之屋，约有百余间"。⑥ 云南麻栗坡特别区乡村师范学校"就原有初级师范学校设立"。⑦

---

① 《指令广宗县政府呈报本县孔庙现在招标修葺俟竣工后拟令乡村师范学校迁入其原驻之公安队即行迁出由（二十三年十月）》，《河北民政刊要》第 35 期，1934 年。

② 彭汝霖：《视察省立第七乡村师范学校报告》，《山东教育行政周报》第 276 期，1934 年。

③ 陆文蔚：《回忆苏北试验乡村师范学校》，南通县人民政府编史修志办公室、政协南通县委员会文史工作组编印《南通史话》第 1 辑，1983，第 49～50 页。

④ 湖北省立第一乡村师范学校编印《湖北省立第一乡村师范学校校舍落成纪念特刊》，1934。

⑤ 吴亮夫：《（二）视察省立第一乡村师范学校报告》，《安徽教育行政周刊》第 4 卷第 29 期，1931 年。

⑥ 《江苏省立吴江乡村师范学校概况》，《江苏教育》第 1 卷第 7、8 期合刊，1932 年。

⑦ 《麻栗坡特别区乡村师范学校简章》，《云南教育周刊》第 2 卷第 6 期，1932 年。

1931 年 3 月，山东省教育厅征得平原县政府同意，决定在平原县设立一所简易乡村师范学校。"乡师设在城东南隅景颜书院（现龙门路北侧）县立中学旧址，县立中学迁至西门内路北。随即对校舍进行了修葺、整理，又购置了教学设备，聘任了教职员工，经过几个月的筹备，于同年 9 月招生开学，新校定名为'山东省立第五简易乡村师范学校'"。①

关于其他学校直接转化为乡村师范学校的情况。安徽省教育厅在给下属的二十二县的训令中说道："自二十年度起，各县立中学应逐渐改称为职业学校，或乡村师范学校。其办法，即自二十年度起，停招普通中学生，改招职业或乡师学生，以后逐年改招，俟原有普通中学生，全数毕业，即为纯粹之职业学校或乡村师范学校。"②

关于新建校舍的情况。湖北省立第一乡村师范学校在原来租赁校舍无法续约的情况下，"一再呈请教厅，就宝积庵原建教室一栋，准予添建学生寝室、厨房、纪念堂、浴室、食堂等屋，俾生活安定，而免借栖之苦；复请划分农场二百五十余亩，俾树植耕耘，亦有实验之地"。③ 在湖北省教育厅的支持下，1934 年湖北省立第一乡村师范学校新校区建成，学校专门编辑《湖北省立第一乡村师范学校校舍落成纪念特刊》，记述建校过程的艰难及师生搬到新校舍之后的激动心情。山东督学彭汝霖在《视察省立第七乡村师范学校报告》中称"（该校）建大楼一座，平房三排，历四月完成"。④ 安徽省立第一乡村师范学校在 1931 年"新建房屋，计有农场草屋九间"。⑤ 昆嘉青三县联立乡村师范学校更是彻底，"该校之建筑，均系新造"。⑥ 由于政府的大力支持，像昆嘉青三县联立乡村师范学校这样新建的学校为数不少。

---

① 周晓静、张立胜：《从平原乡师到平原师范》，《春秋》2013 年第 3 期。
② 安徽省教育厅训令第 861 号：《令知各县立中学应逐渐改组为职业学校或乡村师范学校》，《安徽教育行政周刊》第 4 卷第 16 期，1931 年。
③ 湖北省立第一乡村师范学校编印《湖北省立第一乡村师范学校校舍落成纪念特刊》，1934。
④ 彭汝霖：《视察省立第七乡村师范学校报告》，《山东教育行政周报》第 276 期，1934 年。
⑤ 吴亮夫：《（二）视察省立第一乡村师范学校报告》，《安徽教育行政周刊》第 4 卷第 29 期，1931 年。
⑥ 李振云、李道祥：《考查江浙教育报告——昆嘉青三县乡村师范学校》，《河南教育月刊》第 1 卷第 8 期，1931 年。

（三）校舍的位置、分布

乡村师范学校的校舍一般坐落在县城外靠近农村的地方，这是由乡村师范学校的生源和学校性质决定的。乡村师范学校是面向农村、为农村服务的，学生又以农村子弟为主，校舍选在靠近农村的地方，既便于学校组织学生了解农村，又利于学校开展实习课程。王向辰在《一个新型的学校——湖南省立衡山乡村师范学校参观后的感想》一文中这样描述衡山乡村师范学校的环境："下了火车，走过几个山坡，便到了湘江过渡的码头。立在码头上斜对岸望去，一所古朴的房子，矗立江边，那便是乡师的校舍。校址在衡山实验县的北门外，靠近农村了。"① 山东省督学彭汝霖在《视察省立第七乡村师范学校报告》中谈道："校址所在地：距县城约里许，位于杨家疃前，文登山麓，接近农村，毗连阡陌，在此研究乡村教育，实属环境优良。"② 安徽省立第二乡村师范学校"位于山中，环境极佳，足供发展"。③

乡村师范学校虽然靠近农村，但也会考虑几个实际的问题。首先是交通便利与否的问题，一些学校在选址的时候确实考虑了这一点。安徽省立第一乡村师范学校"校舍距城不及二里，既远尘嚣，交通又极便利……诚乡村师范之良好校址也"。④ 江苏省立栖霞乡村师范学校，"地当京省要街，水陆交通均属便利"。⑤ 江苏省立洛社乡村师范学校"校址，即在洛社镇东北约里许柳浪桥附近，紧邻铁道，南距运河亦仅数百步，四周田畴广阔，村舍错落"。⑥

其次是校舍靠近农村而不是位于农村。这主要是因为受经济条件的限制，农村无法独立支撑起乡村师范学校的需求。"就是乡村师范的师资，

① 王向辰：《一个新型的学校——湖南省立衡山乡村师范学校参观后的感想》，《民间》第3卷第16期，1936年。

② 彭汝霖：《视察省立第七乡村师范学校报告》，《山东教育行政周报》第276期，1934年。

③ 安徽省教育厅训令第96号：《令知省立第二乡村师范学校改进教育》，《安徽教育行政周刊》第4卷第11期，1931年。

④ 吴亮夫：《（二）视察省立第一乡村师范学校报告》，《安徽教育行政周刊》第4卷第29期，1931年。

⑤ 《江苏省立栖霞乡村师范学校概况》，《江苏教育》第1卷第7、8期合刊，1932年。

⑥ 《江苏省立洛社乡村师范学校概况》，《江苏教育》第1卷第7、8期合刊，1932年。

除在城市附近之地以外，其他各地也不免感到不易物色了。"① 故而"校址多设于大镇集，生活不能完全接近乡村"。②

此外，虽然乡村师范学校选址位置比较明确，但迫于地理条件，校舍一般较为分散。江西省《省立乡村师范学校视察报告》中称："该校校舍分聚农里，穗云里，秧工里三处。"③ 朱晟旸在《参观江苏乡村师范的报告——（六）南京试验乡村师范学校及三个中心小学（在南京晓庄）》中称："校舍又是农村式的东一幢，西一所，也有在平地的，也有在山上的，并不连成一起。有本馆（较大的一所）农业馆、医院、病室，浙江馆（浙江人捐钱建的，内设小学指导部），画室、小学、幼稚园各分户。"④

由于种种原因，乡村师范学校的开办比较艰难，校舍条件较为艰苦，有的学校甚至在开学之初没有一间房子。正是因为有艰难的办学条件，才培养出了能够吃苦耐劳的学生，他们毕业之后投身到改造发展乡村教育、改造乡村社会的事业中去，为当时乡村社会的发展做出了积极的贡献。

四　乡村师范学校的课程

民国时期，乡村师范学校的类型比较多，⑤ 课程设置方面差异也比较大。即使教育部在 1935 年 3 月、5 月先后正式公布乡村师范和简易乡村师范课程标准后，各个省份的乡村师范学校执行的课程也还有差别。张宗麟

---

① 卢伯鸥：《兴复农村声中之乡村师范教育》，《政治评论》第 57 期，1933 年。
② 田瑾：《乡村教育与乡村师范》，《农学杂志》第 1 卷第 8 期，1924 年。
③ 缪正、张芳葆、余家庆：《省立乡村师范学校视察报告》，《江西教育公报》第 3 卷第 4 期，1929 年。
④ 朱晟旸：《参观江苏乡村师范的报告——（六）南京试验乡村师范学校及三个中心小学（在南京晓庄）》，《国立浙江大学教育周刊》第 46 期，1929 年。
⑤ 按照古楳在《乡村师范概要》（商务印书馆，1936）一书中的记载，民国时期的乡村师范学校，有招收高小毕业生而施以三年或四年训练的简易乡村师范学校、招收初中毕业生而施以一年训练的乡村师范特科和施以三年训练的乡村师范学校（按照教育部全国中等教育统计的说明，该类学校无论修业年限长短，均列入乡村师范）、招收高中毕业生而施以二年训练的乡村师范专修科和施以四年训练的乡村教育学系，绝大多数是小学毕业四年制的简易乡村师范学校、初中毕业三年制的乡村师范学校、高中毕业二年制的乡村师范专修科。

把民国时期乡村师范学校分为三类：乡村师范、简易乡村师范、乡村建设师范。他认为，这三种类型乡村师范学校的课程有两点明显的不同。第一，以科目分别与以活动分别的不同。教育部颁布的课程，自幼稚园到高级中学止，都是以科目进行区分的，所以乡村师范的课程也不例外。晓庄试行乡村师范学校所制定的课程是以活动区分的，在第一次教学做的纲要里已经有了雏形，第二次教学做的考核簿，十分明确是以活动为主确定课程。第二，课程注意点的不同。山东乡建师范是以乡村建设为出发点的，在课程里处处显示出以乡村建设为本的意味。晓庄学校主张用教育的力量推动农民做主人翁，并主张教师应该跟着儿童学习，所以特别关注农民运动及尊重儿童兴趣方面的内容。教育部所定课程是为了养成一般乡村教师，在两种课程标准的首页都注明"设在乡村之（简易）师范学校及（简易）乡村师范学校适用"一语，全部科目及时数与普通师范学校及普通简易师范学校相差亦不多。[①]

（一） 编制乡村师范课程的原则

乡村师范学校作为师范学校要开设一般师范学校的课程，但是当时的专家比较一致地认为根据乡村师范的培养目标及毕业生的服务方向，设置与农村生活、生产相关的课程是其不同寻常的特色。

张兆林认为应当先行分析乡村小学教师的职业能力要求，根据分析的结果来编制乡村师范的课程。他把乡村小学教师应有的本领分为七组：第一组为应对社会的本领，共 21 项；第二组为应对儿童的本领，共 14 项；第三组为干农事的本领，共 20 项；第四组为关于科学的本领，共 20 项；第五组为医药卫生的本领，共 18 项；第六组为关于有艺术价值的本领，共 26 项；第七组为办理杂务的本领，共 18 项。[②] 程本海在撰写《乡村师范经验谈》一书时，把张兆林的《乡村小学教师应有的本领》作为附录收入，并划定了每一类课程在总课程中的比例。第一类"改造社会"，占全部课程时值的 20%；第二类"教育儿童"，占全部课程时值的 30%；第三类

---

① 张宗麟：《怎样办乡村师范》，中华书局，1939，第 43 页。

② 张兆林：《乡村小学教师应有的本领：对于厘订乡村师范课程标准的一个具体的建议》，《中华教育界》第 19 卷第 1 期，1931 年。

"干农事"，占全部课程时值的 10%；第四类"科学的常识常能"，占全部课程时值的 13%；第五类"医药卫生"的本领，占全部课程时值的 7.5%；第六类"艺术"，占全部课程时值的 7.5%；第七类"杂务"，占全部课程时值的 10%。[①] 这一课程编制结合乡村社会的实际，紧紧围绕乡村小学教师的职业能力，更具有针对性。

关于乡村师范课程的编制原则，沈子善列举了 12 个方面："A. 农村师范学校之课程组织，应与普通师范学校不同。但其不同的程度，则以乡村学校之特殊的需要及乡村生活状况为标准。B. 农村师范学校之课程及各种活动，应根据乡村实况而尽量求其乡村化，但不可过于狭隘致丧失文雅的训练。C. 农村师范课程之教材，应根据乡村儿童及成人生活上之问题。D. 教材应注意实际，其涉及理论者宜少谈（此条虽属普泛，然以其对于农村师范特别重要，故仍述之）。E. 课程不可视为牢固不变之物，因教育为一种科学，亦为一种艺术，而须时加改革，课程亦复如是（此条对于中学、小学课程编制上固甚重要，而对于农村师范学校之课程编制，在今日尤觉其不可一日忘却，因农村师范之课程正开始尝试，改革变易，为当然不可免之事）。F. 农村师范课程之教材，应以'农'为中心。G. 关于课程编制之心理学与教育学的原则，应确切规定之。H. 教材的组织，须顾及乡村学校之教育效率。I. 农村师范课程之教材，不可带着太浓厚的本地色彩，尤不可不谋课程之推广。J. 农村师范学校教生实习，应注重单级教学法、设计教学法及普通教学法。K. 实习时间愈多愈好，而实习时间除教学外，亦应从事于调查。L. '实习教学'学程，应有一定之组织。"[②] 这个编制原则充分考虑到了乡村学校和乡村社会的实际，同时还考虑到教材的推广问题。

李楚材认为，乡村师范的教材编制，"要根据乡村社会的实际情形为出发点，要根据师范生的实际需要为目的"。[③] 古楳提出六条编制乡村师范课程的原则，同样强调是要适应乡村社会的特殊需要，同时提出要注意可

---

① 程本海：《乡村师范经验谈》，中华书局，1939，第 28～40 页。收入该书时，作者对分类表述与原作者有所不同，书中所列几项百分比之和为 98%。

② 沈子善：《农村师范之特殊职能及课程》，《中华教育界》第 15 卷第 6 期，1925 年。

③ 李楚材：《乡村师范课程编制的尝试：宝山师范四年级课程编制举例（附表）》，《教育杂志》第 21 卷第 11 号，1929 年。

行性的问题。"（一）乡村师范的课程，应与普通师范的课程不同，其程度以适应乡村特殊需要为准（避免过于狭隘）。（二）乡村师范的课程，应含有实行的可能性（理论须能指导行动）。（三）乡村师范的课程，应以'农事'（包括农业和农村）为中心。（四）乡村师范的课程，应从乡村人民生活问题上去取材（切近的和变动的）。（五）乡村师范课程的组织，应注重教育的效率（注意学习的心理，各科的联络，实习的分配，乡村小学教材的沟通）。（六）乡村师范课程的组织，应注意统整性（不宜过于支离涣散）。"①

在具体实施过程中，各个学校也明确提出编制乡村师范学校课程的原则。例如，山东省立第四乡村师范学校制定课程标准所依据的原则便有七点。第一，依学校宗旨及地方上的需要确定课目的种类。第二，依学生在学的期限，及其将来任务中所需之基础知识，以确定各学科的数量。第三，依学生学识的基础及其学习上的程序，以确定各学科在四年内的教授先后顺序。第四，观察现时农村的需要，及学生到农村中应用的工具，以确定各学科选择教材的内容。第五，使各科取得联系，取材避免重复。第六，各学科注重与小学教材相沟通。第七，各学科选用活动教材。②

（二）乡村师范课程的培养目标

乡村师范学校每科课程目标，都特别提出针对乡村实际情况的要求，以培养出真正符合乡村需要的乡村教师。乡村师范学校的办理者还为乡村师范各科课程制定了不同于城市学校的详尽的教育目标。黄质夫《栖霞乡师课程概要》对于各科目标的设计，就特别强调了乡村师范学校服务于乡村教育及乡村社会发展的内容。

例如，在三民主义公民课程目标里，提出"使知经济原理，法制常识和国际的关系，以养成乡村社会适应之领袖"；在教育课程目标里，提出"养成终身服务乡村教育的决心和兴趣""养成乡村小学教师应有的态度、习惯和精神"；在国文课程目标里，提出"培养学生优良情感，增进田园

---

① 古楳编著《乡村师范概要》，商务印书馆，1936，第103页。
② 山东省立第四乡村师范学校编辑委员会编印《一个乡师的试验——山东省立第四乡村师范学校概况》，1933，课程栏，第1~2页。

乐趣""训练学生创作儿童文学及乡村适用文学之技能"；在农业课程目标里，提出"使学生明了农事上新知识及新方法之大要，有指导农民和教授小学生农事之能力""使学生躬自耕作，养成勤劳习惯与重视劳动之精神，培养实行民生主义之基础""使学生对于农村社会组织，有清晰之了解，及其改进之方针""使学生有欣赏自然景物之观念，以增进其村居之乐趣""使学生洞悉农业之重要，与农民在国家经济上之地位"；在历史课程目标里，提出"注重中国各时代之农政及农业进化史"；在地理课程目标里，提出"注重个地方农产品的分布，及农村生活的概况"；在理科课程目标里，提出"使学生对于坊间自然教科书，有选择教材与搜集教材之能力，以为将来服务乡村指导乡民之准备"；在图画课程目标里，提出"注意图案画，俾能应用于乡村美术上的设计"；在手工课程目标里，提出"培养工艺的制作技能，俾能改进乡村生活""造就完善乡村小学实用手工的教师"；在音乐课程目标里，提出"教以有革命精神和描写农工生活的歌曲，俾将来传布民间，激发民众情感和爱国思想"。①

　　黄质夫设计的课程标准，在于强调乡村师范学校的所有课程都应该围绕乡村生活的实际去开展教学。而上海中学乡村师范部农学教员兼江阴县立乡村师范学校校长陈名选发表的《草拟四年制乡村师范农业课程纲要》一文，是对乡村师范学校特设课程培养目标的一个思考。作者认为，办理乡村师范的目标，在养成优良乡村小学教师及具有改良农业、改进乡村社会能力的人才。由此可见农业课程在乡村师范课程中的重要性。以下为其草拟的四年制乡村师范农业课程纲要：

Ⅰ　目的：

1. 使学生得普通实用必需之农业智识。

2. 使学生具有改良农业，改进乡村社会之能力。

3. 使学生有教授小学农业课程之能力。

Ⅱ　内容：

1. 第一学年第一学期每周二小时。

---

① 黄质夫：《栖霞乡师课程概要》，见杨秀明、安永新选编《黄质夫教育文选》，贵州教育出版社，2001，第13～17页。

A 讲授方面 普通农学：内容为土壤之由来，岩石分解之原因，土壤之成分，土壤之性质，土壤之种类及其特性，土壤之改良法，土中之养分，肥料之三要素，直接肥料如人粪尿、厩肥、堆肥、绿肥、草木灰、油籽、骨粉、骨灰、智利硝石、过磷酸石灰。间接肥料如石灰之施用，肥料之配合，施肥之准备，肥料试验等。

B 实习方面 普通农事实习：如开沟，筑路，耕锄整地，作畦，灌溉，施肥，除草，中耕，制造堆肥，土壤分析实验，毛细管引力实验，各种肥料试验等。

2. 第一学年第二学期每周二小时。

A 讲授方面 作物栽培学：内容先讲泛论，如栽培之起源，作物之定义，作物之分类，作物之选种，作物之繁殖，播种预备，播种，作物之管理，作物之收获，栽培与地力等。

B 实习方面 选种实习（水选，盐水选，风选，肉眼选），发芽试验播种疏密深浅试验，种子大小比较试验，防病练习（温汤浸种，冷水温汤浸种，硫酸铜浸种，炭酸铜粉喷种），移植试验，温床建造等。

3. 第二学年第一学期每周二小时。

A 讲授方面 主要作物之栽培，内容为水稻、小麦、棉、大豆、玉蜀黍、粟等。

B 实习方面 各种农作物栽培实习，由个人分担管理。

4. 第二学年第二学期每周二小时。

A 讲授方面 普通园艺：内容为园艺之意义，园艺作物之种类及品种之选择，园艺作物之各种繁殖法，园艺作物之一般管理，桃、李、樱桃、梅、葡萄、萝葡、马铃薯、葱头、甘蓝、菠菜、白菜、胡瓜、菜豆等之栽培法，一二年草类，宿根草类、球根草类、花木类，花卉之栽培，庭园之布置等。

B 实习方面 花卉蔬菜之栽培管理，学校园校景之布置，果树之压条扦插接木之练习，设计学校园、果树园等。

5. 第三学年第一学期每周四小时。

A 讲授方面 栽桑养蚕法：内容为桑之种类，桑树品种选择上之重要。桑树繁殖法：苗木之优劣鉴定，桑树栽植法，桑树剪定法，桑树之培养，桑树之病虫及霜害，夏秋蚕用桑树栽培法。蚕种、蚕室、蚕具、扫蚁，蚕室内之气象之饲料之调制、给桑法、除沙、扩座、分箔、眠起之管理、上簇法、收茧、制种、夏秋蚕饲育法等。

B 实习方面　养蚕设计，蚕种保护，制造蚕网，桑园设计，桑树整枝，果树冬季整枝，驱除虫害，收采花卉种子，棉稻等试验统计，小麦各种试验等。

6. 第三学年第二学期每周四小时。

A 讲授方面　森林养畜大意：内容为森林之效用，森林之种类，森林之组织，苗圃之建设，树苗之考察，天然造林法，人工造林法，森林抚育法，森林作业法，森林之保护，杉之造林法，松柏造林法，栎之造林法，竹林造林法。家畜之繁殖，家畜之饲养，家畜之饲料，放牧与舍饲，畜舍与卫生，牛、绵羊、山羊、鸡豚之饲养，及蜜蜂之饲养等。

B 实习方面　养蚕实习（自催青至收茧）、森林苗圃建设，栽植林木，饲养管理豚鸡等家畜。

7. 第四学年第一学期每周三小时。

A 讲授方面　作物育种法：内容为生物之变异，生殖，遗传，交配，选择，及主要作物之育种法，如棉、小麦、水稻等。

B 实习方面　计算变异，联系选种（混合单本），育种区种植法，人工交配法之练习等。

8. 第四学年第二学期每周三小时。

A 讲授方面　乡村社会问题，小学农业教学法。

B 实习方面　乡村调查，乡村现状讨论，练习办理民众学校，民众演讲，民众识字运动，民众卫生宣传，提倡并指导组织合作事业，运动团体等；小学农业教学法，则派赴实小实习之。

（注）各学期实习时间，均在课外，除农事普通栽培，每学期均应栽培练习以养成农事工作习惯外；其余应与教室教材联络而实习之。

Ⅲ　教学概况：

1. 本学程分教室教授，实验及农场实习，惟农场实习在课余时行之。

2. 教室讲授之材料，与实验和农场之材料相辅而行。

3. 实验及农场实习，均需有记录，而栽培主要作物及育蚕时，另用专簿记载，至相当时交出批改之。

4. 每学期有小考二次，大考一次。考试需交教室讲授之摘记簿检阅而改正之。

5. 将农村调查所得，研究其缺点及改良之方法。

6. 为增进研究农业之兴味起见，组织农业研究会，研究农业问题。

Ⅳ　修业最低限度标准：

1. 有主要作物栽培改良，及饲养家畜之能力。

2. 能布置小学校之学校园。

3. 有改造农村社会之能力。

4. 能充乡村小学之农业教师。[①]

专家们的意见，在后来教育部颁布的《乡村师范学校课程标准》以及《简易乡村师范学校课程标准》里得到了比较充分的体现。

（三）教育部乡村师范学校和简易乡村师范学校课程标准的颁布与实施

1930 年，国民政府教育部开始着手制定乡村师范课程标准，直到 1935 年才正式公布。在这之前，部分省份为了加强对乡村师范学校的管理，对本省的乡村师范学校的课程进行了具体规定，例如河南省公布的县立乡村师范学校暂行科目学分表，不但明确了各科的时数（小时），而且明确了学分数（见表 4-3）。至于各个省份的乡村师范学校，执行的课程标准并不统一。

---

① 陈名选：《草拟四年制乡村师范农业课程纲要》，《农林新报》第 221 期，1930 年。

表 4-3　河南各县县立乡村师范学校暂行科目学分

| 科目 | | 第一学年 | | | | 第二学年 | | | | 第三学年 | | | | 各科学分数 |
| | | 第一学期 | | 第二学期 | | 第一学期 | | 第二学期 | | 第一学期 | | 第二学期 | | |
		时数	学分	时数	学分	时数	学分	时数	学分	时数	学分	时数	学分	
公民		2	2	2	2	2	2	2	2	1	1	1	1	10
国语		4	4	4	4	4	4	4	4	4	4	4	4	24
数学		4	4	4	4	4	4	4	4	4	4	4	4	24
史地		3	3	3	3	3	3	3	3	3	3	3	3	18
自然	植物	3	3											3
	动物			3	3									3
	生理			1	1	1	1							2
	矿物					2	2							2
	物理							2	2	1	1			3
	化学							1	1	2	2			3
	科学概论											3	3	3
教育	教育概论	2	2	2	2									4
	论理	2	2	2	2									4
	心理					2	2	2	2					4
	小学行政									3	3			3
	教学法					3	3	3	3					6
	社会教育									3	3			3
	乡村教育问题											1	1	1
	教材研究											2	2	2
农业	农学通论	3	3	3	3									6
	作物					3	3							3
	肥料							3	3					3
	畜牧及造林									3	3			3
	农产制造											2	2	2
美工		4	2	4	2	2	1	2	1	2	1	2	1	8
体育		2	1	2	1	2	1	2	1	2	1	2	1	6
音乐		3	1.5	3	1.5	2	1	2	1	2	1	2	1	7

续表

科目	第一学年				第二学年				第三学年				各科学分数
	第一学期		第二学期		第一学期		第二学期		第一学期		第二学期		
	时数	学分	时数	学分	时数	学分	时数	学分	时数	学分	时数	学分	
地方自治					3	3	3	3					6
乡村社会及问题研究	3	3	3	3									6
合作事业									3	3	3	3	6
实习					4	2	4	2	6	3	6	3	10
总计	35	30.5	36	31.5	37	32	37	32	39	33	35	29	188

注：1. 本课程以基本学科、社会学科、农业学科、教育学科四种并重，但是女子师范得免除农业学科，改习家事、养蚕及幼稚教育法三科。家事每周二小时，三年修习完毕；养蚕每周二小时，第二学年修习完毕；幼稚教育法每周二小时，第三学年修习完毕。

2. 各科教材，以适应乡村生活为中心。

3. 各科教学应注重学生动作及经验，以养成应用能力为标准。力避普泛不切实际之理论。基本学科教学时应注意为师范毕业生准备教学材料，公民、历史、地理三科，更应充分容纳党义教材，教学法及教材研究教学须使师范生对于儿童学习材料有充分之认识。公民及社会学科教学应注意造成家庭优良分子及乡村社会改造之中心领导并力求教训合一。

4. 各学科修习学分，须遵照一定顺序不得自行变更。如环境特别需要变通时，得呈请核准后施行。

资料来源：《河南各县县立乡村师范学校暂行科目学分表》，《河南教育月刊》第3卷第10期，1933年。

1935年3月，教育部颁布了《乡村师范学校课程标准》，对乡村师范的课程及学时做出规定，其中高中师范科程度的修正师范学校课程及学时如下：公民第一、二学年每周各2小时；体育第一、二学年各2小时，第三学年上学期2小时；军事训练第一学年3小时；军事看护女生习，第一学年3小时；家事女生习，第二学年3小时；卫生第二学年1小时；国文第一、二学年各5小时，第三学年3小时；算学第一、二学年各3小时；地理第一学年3小时；历史第二学年4小时；生物第一学年上学期3小时，第一学年下学期4小时；化学第二学年3小时；物理第三学年上学期6小时；论理学第一学年上学期2小时；劳作（工艺）第一、二、三学年各2小时；美术第一、二学年及第三学年上学期各2小时；音乐（同上）；农业及实习第一、二学年各4小时，第三学年3小时；农业经济与合作第三学年上学期3小时；水利概要（同上）；教育概论第一学年上学期3小时，下学期 4 小时；教育心理第二学年 3 小时；小学教材及教学法第二、三学年各 3 小时；小学行政第三学年下学期 4 小时；教育测验及统计第三学年上学期 4 小时；乡村教育第三学年下学期 3 小时；实习第三学年上学期 3 小时，下学期 18 小时（见表 4 - 4）。①

表 4 - 4　修正师范学校教学科目及各学期每周教学与自习时数
（设在乡村之师范学校及乡村师范学校适用）

单位：小时

科目	第一学年		第二学年		第三学年	
	第一学期	第二学期	第一学期	第二学期	第一学期	第二学期
公民	2	2	2	2		
体育	2	2	2	2	2	
军事训练	3	3				
（军事看护）	(3)	(3)				
（家事）			(3)	(3)		
卫生			1	1		
国文	5	5	5	5	3	3
算学	3	3	3	3		
地理	3	3				
历史			4	4		
生物	3	4				
化学			3	3		
物理					6	
论理学	2					
劳作（工艺）	2	2	2	2	2	2
美术	2	2	2	2	2	
音乐	2	2	2	2	2	
农业及实习	4	4	4	4	3	3
农村经济与合作					3	
水利概要					3	
教育概论	3	4				

①　张沪编《张宗麟乡村教育论集》，湖南教育出版社，1987，第 497 ~ 498 页。

续表

科目	第一学年		第二学年		第三学年	
	第一学期	第二学期	第一学期	第二学期	第一学期	第二学期
教育心理			3	3		
小学教材及教学法			3	3	3	3
小学行政						4
教育测验及统计					4	
乡村教育						3
实习					3	18
每周教学总时数	36	36	36	36	36	36
每周课外运动及在校自习总时数	24	24	24	24	24	24

注：军事训练施于男生，军事看护及家事施于女生。

资料来源：教育部师范学校课程标准编订委员会编《乡村师范学校课程标准》，商务印书馆，1935。

1935 年 5 月，教育部颁布《简易乡村师范学校课程标准》，对小学毕业四年制简易乡村师范的课程及学时加以规定：公民第一、二、三、四学年每周各 2 小时；体育第一、二、三学年及第四学年上学期各 2 小时；卫生第一学年 2 小时，第二、三学年各 1 小时；国文第一、二、三学年各 6 小时，第四学年上学期 4 小时、下学期 3 小时；算学第一学年 4 小时，第二学年 3 小时，第三学年 2 小时，第四学年上学期 2 小时；地理第一、二学年各 3 小时；历史（同上）；植物第一学年 2 小时；动物（同上）；化学第二学年 3 小时；物理第三学年 3 小时；劳作（工艺）第一、二、三学年各 2 小时，第四学年上学期 1 小时；美术（同上）；音乐（同上）；农业及实习第一、二、三学年及第四学年上学期各 5 小时，第四学年下学期 3 小时；水利概要第三学年上学期 2 小时；农业经济及合作第四学年上学期 4 小时；教育概论第二学年 3 小时；教育心理第三学年 3 小时；小学教材及教学法第三学年 3 小时，第四学年上学期 4 小时；教育测验及统计第四学年下学期 3 小时；乡村教育第四学年上学期 3 小时；小学行政（同上）；实习第四学年上学期 3 小时，下学期 24 小时（见表 4 - 5）。[①]

---

① 张沪编《张宗麟乡村教育论集》，湖南教育出版社，1987，第 497 ~ 498 页。

表4－5 简易师范学校教学科目及各学期每周教学与自习时数
（设在乡村之简易师范学校及简易乡村师范学校适用）

单位：小时

科目	第一学年		第二学年		第三学年		第四学年	
	第一学期	第二学期	第一学期	第二学期	第一学期	第二学期	第一学期	第二学期
公民	2	2	2	2	2	2	2	2
体育	2	2	2	2	2	2	2	
卫生	2	2	1	1	1	1		
国文	6	6	6	6	6	6	4	3
算学	4	4	3	3	2	2	2	
地理	3	3	3	3				
历史	3	3	3	3				
植物	2	2						
动物	2	2						
化学			3	3				
物理					3	3		
劳作（工艺）	2	2	2	2	2	2	1	
美术	2	2	2	2	2	2	1	
音乐	2	2	2	2	2	2	1	
农业及实习	5	5	5	5	5	5	5	3
水利概要					2			
农村经济及合作							4	
教育概论			3	3				
教育心理					3	3		
小学教材及教学法					3	3	4	
教育测验及统计								3
乡村教育							3	
小学行政							3	
实习							3	24
每周教学总时数	37	37	37	37	35	33	35	35

165

续表

科目	第一学年		第二学年		第三学年		第四学年	
	第一学期	第二学期	第一学期	第二学期	第一学期	第二学期	第一学期	第二学期
每周课外运动及在校自习总时数	17	17	17	17	19	21	19	21

注：1. 公民科内容包括乡村自治及乡村问题。

2. 实习包括参观、试习、试教三项，每项实习前后，须具预备、报告、讨论三种手续。每三小时实习，约须占半日时间。

3. 简易师范学校学生，每日上课自习及课外运动总时数，规定为九小时。每星期以五十四小时计算。

4. 每日除上课时间外，以一小时为早操和课外运动时间，余为自习时间。

5. 在校自习及课外运动时间，均须有教员督促指导。

6. 在校自习，无论住校学生或通学生，均须一律参加。

资料来源：教育部师范课程标准编订委员会编《简易乡村师范学校课程标准》，中华书局，1935。

各乡村师范学校具体情况不同，课程设置上也不一样，个别乡村师范学校的课程结构比较特殊。如河南省立百泉乡村师范学校的课程，采用分组训练的编制方法，分为公共必修科目、乡村学校组必修科目、乡村社会组必修科目、农艺组必修科目（见表4－6至表4－9），比较独特。

表4－6 河南省立百泉乡村师范学校课程：公共必修科目

单位：小时

科目		学期						合计
		1	2	3	4	5	6	
国文国语		3	3	3	3			12
应用数学		2	2	2				6
自然科学		3	3	3	3			12
社会	乡村社会学及社会问题	2	2					14
	史地	3	3					
	农村经济		2	2				
教育	教育概论	3						27
	论理学		2					
	教育心理		3					
	教学法	3	3					

科目		学期						合计
		1	2	3	4	5	6	
教育	乡村教育	3						27
	健康教育			3				
	地方教育行政				2			
	小学行政		2					
	测验统计				3			
艺术	工美	1	1	1	1			8
	音乐	1	1	1	1			
健康	体育	1	1	1	1	1		15
	国术			1	1	1		
	军事训练	2	2	1	1	1		
农业通论		2	2					4
共计		29	28	22	16	3		98

资料来源：河南省立辉县百泉乡村师范学校编印《河南省立辉县百泉乡村师范学校概况》，1933，第 17 页。

表 4-7 河南省立百泉乡村师范学校课程：乡村学校组必修科目

单位：小时

科目		学期						合计
		1	2	3	4	5	6	
教育史					3			3
比较教育					2			2
教育实际问题						4	4	8
幼稚教育	幼稚教育					2		10
	儿童研究			2				
	家庭教育					2		
	幼稚园课程研究						4	
小学教育	小学教材研究			2	2			4

续表

科目		学期						合计
		1	2	3	4	5	6	
民众教育	成人心理			1				14
	民众教育	2	2					
	农民文艺					2		
	社会教育事业设施法				2	1		
	成人学校教材研究					4		
教育实习		3	4	7	9	16	26	65
共计		5	6	12	18	31	34	106

资料来源：河南省立辉县百泉乡村师范学校编印《河南省立辉县百泉乡村师范学校概况》，1933，第18页。

表4-8 河南省立百泉乡村师范学校课程：乡村社会组必修科目

单位：小时

科目	学期						合计
	1	2	3	4	5	6	
社会调查及统计	2	2					4
社会科学研究法	2	2					4
农村自卫	2	2					4
乡村自治			3	3			6
乡村社会研究			2	2	2	2	8
乡村经济研究			3	3	3	3	12
文化史				2	2		4
人文地理				2	2		4
社会运动史				3			3
合作研究					4	4	8
新闻学					3	3	6
法律大意					3		3
政治学概论					3		3
实习			2	3	11	22	38
共计	6	6	10	18	31	34	107

资料来源：河南省立辉县百泉乡村师范学校编印《河南省立辉县百泉乡村师范学校概况》，1933，第19页。

表4-9　河南省立百泉乡村师范学校课程：农艺组必修科目

单位：小时

科目	学期						合计
	1	2	3	4	5	6	
土壤学	2	2					4
作物学	3	3					6
肥料学			3	3			6
园艺学			3	3			6
养蜂学			2	2			4
病虫害				2	2		4
特用作物				3	3		6
养鸡学					2	2	4
养蚕学					2	2	4
农业制造					2	2	4
森林大意					2	2	4
农田水利					2	2	4
育种学					2	2	4
家畜					2	2	4
农场管理					2	2	4
实习			4	5	10	18	37
共计	5	5	12	18	31	34	105

资料来源：河南省立辉县百泉乡村师范学校编印《河南省立辉县百泉乡村师范学校概况》，1933，第20页。

　　下面以江苏、浙江、江西、山东、福建等省的简易乡村师范学校课程为例继续分析不同乡村师范学校课程设置的差异，并与部颁简易乡村师范学校的课程标准进行对比（见表4-10）。

表4-10　四年制简易乡村师范课程及学分的分配

科目	江苏省立栖霞乡师	江苏省立黄渡乡师	江苏省立洛社乡师	江苏省立灌云乡师	江苏省立吴江乡师	浙江省立湘湖乡师	浙江省立锦堂乡师	江西省立南昌乡师	山东省立第四乡师	福建省立乡师	昆嘉青共立乡师	部颁简易乡村师范	苏省乡师联合会	鲁省乡师校长会议
公民及党义（分）	13	16	13	16	14	16	16	16	8	9	11	16	6	16

续表

科目	江苏省立栖霞乡师	江苏省立黄渡乡师	江苏省立洛社乡师	江苏省立灌云乡师	江苏省立吴江乡师	浙江省立湘湖乡师	浙江省立锦堂乡师	江西省立南昌乡师	山东省立第四乡师	福建省立乡师	昆嘉青共立乡师	部颁简易乡村师范	苏省乡师联合会	鲁省乡师校长会议
国语国文（分）	40	50	51	46	43	50	38	46	50	41	68	43	50	50
社会（史地）（分）	28	32	23	28	30	22	24	32	18	19	24	24	24	20
自然（分）	23	22	20	22	24	22	22	32	18	17	25	20	19	22
数学（分）	26	26	25	24	30	29	22	28	22	29	28	20	21	24
工艺（分）	17	16	13	6	—	7	6	8	7	11	7	6.5	—	8
家事（分）	2	—	—	—	—	—	—	—	—	—	—	—	—	—
美术（分）	7	—	—	—	—	7	6	8	7	11	13	6.5	—	—
图画（分）	—	8	—	6	—	—	—	—	—	—	—	—	—	7
音乐（分）	7	8	11	6	9	7	6	8	7	11	7	6.5	8	7
体育及童军（分）	9	4	19	8	—	13	9	8	4	11	4	7	15	12
军事训练（分）	—	4	—	—	—	—	—	8	7	—	4	—	—	—
论理学（分）	2	—	—	—	2	2	—	—	—	—	—	—	—	—
教育（分）	33	24	19	24	29	42	34	27	30	26	24	31	23	17
农业（分）	25	16	19	21	21	20	19	22	12	27	35	38	21	20
农产制造（分）	—	16	—	—	—	—	—	—	—	—	—	—	—	—

续表

科目	江苏省立栖霞乡师	江苏省立黄渡乡师	江苏省立洛社乡师	江苏省立灌云乡师	江苏省立吴江乡师	浙江省立湘湖乡师	浙江省立锦堂乡师	江西省立南昌乡师	山东省立第四乡师	福建省立乡师	昆嘉青共立乡师	部颁简易乡村师范	苏省乡师联合会	鲁省乡师校长会议
医药卫生（分）	4	16	8	6	—	4	6	4	—	7	6	8	—	6
人生哲学（分）	—	—	—	3	—	—	—	—	—	—	—	—	—	—
实习（分）	—	—	—	14	—	—	45	—	—	—	—	27	—	21
艺术（分）	—	—	—	—	12	—	—	—	—	—	—	—	13	—
英文或日文（分）	—	—	—	—	—	—	4	2	—	—	2	—	—	—
水利概要（分）	—	—	—	—	—	—	—	—	—	—	—	2	—	—
农村经济及合作（分）	—	—	—	—	—	—	—	—	—	—	—	4	—	4
学分总计（分）	226	258	221	230	212	241	259	248	190	219	258	258.5	200	238
对部颁学分比数（%）	87	100	86	89	82	93	100	96	74	85	100	100	77	90

资料来源：古楳编著《乡村师范概要》，商务印书馆，1936，第110~111页。

　　乡村师范学校学生的标准是具有"农夫的身手，科学的头脑，艺术的兴趣，改造社会的精神"，自然重视与农事、农村与农民相关的课程设置，表4-11是不同乡村师范学校农事课程的设置情况统计表。

表4-11　四年制简易乡村师范农事课程及学分的分配

科目	栖霞乡师	洛社乡师	灌云乡师	吴江乡师	湘湖乡师	锦堂乡师	南昌乡师	山东乡师	福建乡师	共立乡师	部颁乡师	乡师联合会	乡师校长会议
农业概论（分）	1	—	—	4	—	2	—	—	2	3	—	6	—

续表

科目	栖霞乡师	洛社乡师	灌云乡师	吴江乡师	湘湖乡师	锦堂乡师	南昌乡师	山东乡师	福建乡师	共立乡师	部颁乡师	乡师联合会	乡师校长会议
作物学（分）	4	—	—	4	—	4	—	—	2	6	—	4	—
棉稻麦栽培法（分）	1	—	—	—	—	—	—	—	—	—	—	—	—
蔬菜园艺（分）	2	—	—	—	—	—	—	—	—	—	—	—	—
花卉园艺（分）	1	—	—	—	—	—	—	—	—	—	—	—	—
果树园艺（分）	1	—	—	—	—	—	—	—	—	—	—	—	—
畜产饲养（分）	1	—	—	1	—	4	—	—	3	3	—	1	—
养蚕及养蜂（分）	1	—	—	4	—	—	—	—	—	—	—	2	—
造林园艺（分）	1	—	—	—	—	—	—	—	—	—	—	—	—
土壤学（分）	1	—	—	—	—	1	—	—	1	—	—	—	—
肥料学（分）	1	—	—	—	—	2	—	—	1	—	—	—	—
气象学（分）	1	—	—	—	—	—	—	—	—	—	—	—	—
农政学（分）	2	—	—	—	—	—	—	—	—	—	—	—	—
林学大意（分）	1	—	—	—	—	2	—	—	1	—	—	1	—
病虫害学（分）	1	—	—	—	—	—	—	—	—	3	—	—	—
农业制造（分）	2	—	—	2	—	—	—	—	—	3	—	1	—
农业改良（分）	1	—	—	—	—	—	—	—	1	—	—	—	—

科目	栖霞乡师	洛社乡师	灌云乡师	吴江乡师	湘湖乡师	锦堂乡师	南昌乡师	山东乡师	福建乡师	共立乡师	部颁乡师	乡师联合会	乡师校长会议
农业经济（分）	1	—	—	3	—	—	—	2	—	—	—	—	4
乡村社会学（分）	2	2	—	2	—	—	—	2	4	4	—	—	4
乡村社会问题（分）	2	—	—	—	—	—	—	—	—	—	—	2	—
农业（分）	—	19	21	—	20	—	22	12	—	—	38	—	16
园艺（分）	—	—	—	4	—	4	2	—	2	3	—	2	—
合作（分）	—	—	—	—	—	—	—	—	2	—	—	—	—
农村组织（分）	—	—	—	—	—	—	—	2	—	—	—	—	—
农村调查（分）	—	—	—	—	—	—	—	2	—	—	—	—	—
农村管理（分）	—	—	—	—	—	—	—	—	—	4	—	2	—
农具学（分）	—	—	—	—	—	—	—	—	1	—	—	—	—
水利概要（分）	—	—	—	—	—	—	—	—	—	—	2	—	—
农村经济及合作（分）	—	—	—	—	—	—	—	—	—	—	4	—	—
学分总计（分）	28	21	21	24	20	19	24	20	20	29	44	21	24
对总学分的百分比（％）	12.3	9.5	9.1	11.3	8.3	7.3	9.6	10.6	9.1	11.2	15.0	15.0	10.3

注：表4-10、表4-11所列的学分，均以上课一小时、预习一小时作为一学分计算。其中图画、手工、音乐、体操等，则作为半学分。如原课程表中只列时数的，均照此折算。

资料来源：古楳编著《乡村师范概要》，商务印书馆，1936，第112~113页。

从以上列举部颁课程、省定标准和各个学校实际开设的课程来看，乡村师范学校的课程，不论是科目设置，还是学分总数都有很大的不同。但以下两点内容，应该是共同的特点。

首先，对劳动课程的重视。1932 年 12 月 17 日南京国民政府公布的《师范学校规程》第三十八条对师范学校和简易师范学校的劳动实习课程等做了明确的规定："根据实施方针所规定劳动实习，师范学校学生除劳作科作业外，凡校内整理、清洁、消防，及学校附近之修路、造林、水利、卫生、识字运动等项，皆须分配担任。学校工人须减至最低限度。"[①] 各个乡村师范学校对学生参加劳动都非常重视。前面提到过，晓庄试验乡村师范学校的学生需要亲自做所有的事情。黄质夫主持的栖霞乡村师范学校"办有农场、林场和工场。农场有农事，主要种植水稻、小麦、杂粮、瓜豆、蔬菜；林场种植水果、桐油等农村经济作物；工场有木工、篾工、锻工、农具修理、纺织缝纫等。学校结合教学需要，经常组织学生参加劳动生产，通过生产实践，把学生培养成为博闻广见、多才多艺、能文能武的全面发展人才，以担负起建设新农村的重任"。[②]

对于部分学校不重视劳动的情况，政府部门会进行干预，如四川省政府就曾就不重视劳动给邛崃县立简易乡村师范学校发去训令："劳作一科，一二年级学生，既未注意工艺农艺，四年级学生亦无家事实习，均属非是，应速切实改正，以期造就良好师资。"[③]

其次，对设置与乡村生活、生产相关的特有课程的重视。1932 年 12 月 17 日南京国民政府公布《师范学校规程》，规定"乡村师范学校，应增设关于农村与农业科目"。[④] 1947 年 4 月 9 日南京国民政府教育部再次修正了 1935 年 6 月 22 日公布的《修正师范学校规程》，规定了四门乡村师范学校及简易乡村师范学校独有的课程：农业及实习、农村经济及合作、水利概要、乡村教育及实习。[⑤] 但是各学校在实际教学过程中，为了充分体现

---

① 李友芝等编《中国近现代师范教育史资料》第 2 册，1983，第 331 页。
② 龙正荣：《乡村师范教育先驱——黄质夫》，《文史天地》2003 年第 11 期。
③ 四川省政府训令（教第 05831 号）：《令邛崃县政府暨县立简易乡村师范学校改进师范教育》，《新教育旬刊》第 1 卷第 11 期，1939 年。
④ 李友芝等编《中国近现代师范教育史资料》第 2 册，1983，第 330 页。
⑤ 李友芝等编《中国近现代师范教育史资料》第 2 册，1983，第 586、602 页。

"乡村师范学校为改造乡村社会的中心"这一办学思想，设置的农村、农业课程比教育部的规定要多出很多。这一点前面列举的相关学校的资料已有充分的展示。再如山东省立第四乡村师范学校的课程体系分为基本学科、专业训练学科、辅导学科、技能学科，其中的辅助学科就是专门的农业特色课程，包括农业课和农村研究课。农业课包括农业概要、农场管理与实施，农村研究课包括农村组织、农村社会、农业经济、农村调查等。[①]

　　通过考察乡村师范学校的行政组织、经费、校舍、课程，可以看出，无论中央政府、各省份，还是社会层面，都强调了乡村师范学校的特殊之处。特别是课程设置方面，与普通师范相比，乡村师范更加注重与乡村社会关系密切的理论和实践课程，目的在于让学生充分认识乡村社会的特点，培养学生服务乡村的意识，使其掌握解决乡村实际问题的技能。所以从学科的角度讲，乡村师范学校的培养目标也许有不科学的地方，但是从服务乡村社会的角度讲，这些设计的价值和意义需要充分肯定。

---

　　① 山东省立第四乡村师范学校编辑委员会编印《一个乡师的试验：山东省立第四乡村师范学校概况》，1933。

第五章　乡村师范学校的管理（二）

乡村师范学校作为师范学校中的一种特殊类型，在管理上也不同于普通师范学校，在教师聘用、学生招收、学生培养、教学实习、就业趋向上都有特别之处。本章就乡村师范学校的教师、学生两个方面的管理问题进行论述。

一　乡村师范学校的教师

教师是教学的主导者，傅葆琛认为"乡村学校有没有成绩，全看乡村教师有没有本领。有本领的教师，能使没有办法的学校有办法，没有生气的学校有生气。没有本领的教师，虽处经费充足设备完善的学校，也做不出成绩来。所以师资是一切乡村教育问题的中心问题"。[①]

（一）乡村师范学校教师的任用资格

1935年教育部公布《修正师范学校规程》，规定师范学校的校长"须品格健全，才学优长，毕业于师范大学、大学教育学院、教育科系或其他院系而曾习教育学科二十学分，或高等师范学校"，而且必须符合下列资格中的一条："一、曾任国立大学教育学院教授或专任讲师一年以上者；二、曾任省及直辖市教育行政机关高级职务二年以上著有成绩者；三、曾任高级中学校长或初级中学校长三年以上著有成绩者。"有下列情形之一

[①]　傅葆琛：《对于中国乡村教育建设的一点意见》，邵秋爽等编《教育参考资料选辑》第7集上册，教育编译馆，1934，第3页。

者，不能被任命为师范学校的校长："一、违犯刑法证据确凿者；二、曾任公务员交代未清者；三、曾任校长或教育行政职务成绩平庸者；四、患精神病或身有痼疾不能任事者；五、行为不检或有不良嗜好者。"①

简易师范学校校长的标准有所降低，要求"须品格健全，才学优长，于初等教育具有研究"，而且必须符合下列规定资格中的一条："一、国内外师范大学、大学教育学院、教育科系毕业，或其他院系毕业而曾习教育学科二十学分，均经于毕业后从事教育职务二年以上著有成绩者。二、国内外大学本科或高等师范本科毕业后，从事教育职务三年以上著有成绩者。三、国内外高等师范专修科、专科学校或专门学校本科毕业后，从事教育职务四年以上著有成绩者。"② 教育部并没有单独规定乡村师范学校校长的资格，因此这个标准同样适用于乡村师范学校和简易乡村师范学校。

关于师范学校教员的资格问题，《修正师范学校规程》规定"师范学校教员须品格健全，其所任教科为其所专习之学科，并于初等教育具有研究"，而且必须符合下列规定资格中的一条："一、经师范学校教员考试或检定合格者；二、国内外师范大学或大学教育学院、教育科系毕业者；三、国内外大学本科、高等师范本科或专修科毕业后有一年以上之教学经验者；四、国内外专科学校或专门学校本科毕业后，有二年以上之教学经验者；五、有有价值之专门著述发表者；六、有精练技能者（专适用于劳作科教员）。"③ 有下列情形中的一条者，不能担任师范学校的教员："一、违犯刑法证据确凿者；二、成绩不良者；三、旷废职务者；四、怠于训育及校务者；五、患精神病或身有痼疾不能任事者；六、行为不检或有不良嗜好者。"④ 乡村师范学校教员的资格与乡村师范学校校长的资格一样，南京国

---

① 中国第二历史档案馆编《中华民国史档案资料汇编》第五辑第一编教育（一），江苏古籍出版社，1994，第454~455页。

② 中国第二历史档案馆编《中华民国史档案资料汇编》第五辑第一编教育（一），江苏古籍出版社，1994，第458页。

③ 中国第二历史档案馆编《中华民国史档案资料汇编》第五辑第一编教育（一），江苏古籍出版社，1994，第455页。《修正师范学校规程》中规定的简易师范学校的教员资格，与师范学校的教员资格不同的地方是第四条："与高级中学程度相当学校毕业，曾任中等学校教员有三年以上之教学经验，于所任教科确有研究成绩者。"（见上引书第458页）

④ 中国第二历史档案馆编《中华民国史档案资料汇编》第五辑第一编教育（二），江苏古籍出版社，1994，第455页。

民政府教育部并没有明文规定，但是在 1935 年的《修正师范学校规程》里乡村师范与普通师范具有同等地位，所以乡村师范学校的教员也需要同等的资格。

虽然教育部有上述规定，但是很多专家认为，乡村师范学校的校长和教员毕业于哪个学校并不重要，重要的是其是否热爱乡村教育。张宗麟认为，选择乡村师范学校的教师，需要考虑以下几个方面的素养：①有志于干乡村事业；②有经验，有能力，有专门技能；③身体强健，能劳动，能吃苦；④头脑清晰，能在劳力上劳心，更能用科学方法推求事情的真理；⑤做事有条理，不躁不迁，能把艺术的原则应用到一切工作上去。① 由于乡村的特殊环境，城市里的人对下乡游玩的兴趣比较大，但是如果住上两三天，便有可能产生厌倦的情绪，所以不是有志于干乡村工作的人，是不可能久住的。更何况，在乡村还要与农民接近、与土豪斗争。所以无论是好的乡村小学教师，还是好的专门技术人员，最重要的还是需要有下乡的志愿，肯做乡村运动，愿做乡村运动。这是一件有信仰的工作，需要有献身的精神才能胜任。

按照《师范学校法》的规定，乡村师范学校的校长录用批准权限如下。省立师范学校校长，由教育厅提出合格人员，经省政府委员会议研究通过后任用；直属于行政院的市立师范学校校长，由市教育行政机关选荐合格人员，呈请市政府核准任用；县市立师范学校校长，由县市政府推荐合格人员，呈请教育厅核准任用。乡村师范学校的校长除了在本校教课外，不得兼任他职。师范学校校长的任用，均应由省市教育行政机关按期汇总成册，呈请教育部备案。《师范学校法》规定，乡村师范学校的教员由校长聘任，应为专任，但有特别情形者，学校可以聘请兼任教员，其人数不得超过教员总数的四分之一。师范学校职员也由校长任用。二者均应呈请主管教育行政机关备案。② 关于乡村师范学校各科教员的人数、每周授课时数等问题，教育部也有比较明确的规定。

（二）各乡村师范学校教师的学历构成

虽然教育部在《修正师范学校规程》中对师范学校的校长和教员的资

---

① 张宗麟：《怎样办乡村师范》，中华书局，1939，第 62~64 页。
② 李友芝等编《中国近现代师范教育史资料》第 2 册，1983，第 325~326 页。

格做了详细的规定，但各个乡村师范学校基于对教员多样化的需求，在执行的过程中会根据学校的实际情况和具体需要来选择。例如，1927 年首创乡村师范的晓庄试验乡村师范学校，教职员中既有陶行知、赵叔愚、陈鹤琴、黄齐生、秉志和丁柱中等留学生，也有在国内接受高等教育的张宗麟、乔启明、杨效春、邵德馨、潘一尘、姚文采、许士琪、徐世璧、陈志潜和江问渔等人，还有未接受过学校教育的陆静山（未上大学，自学成才，与陶行知结识后，积极学习其教育思想）、韩凌森（自幼练习拳术）和于振声（自幼习武，查拳大师）等人。其中曾在大学任教的有 10 人，在中小学任教的有 8 人。另外，为了培养具有"农夫的身手"的乡村教师，学校还聘请了附近村庄具有捕鱼、种地和打柴等生活技能的农民。①虽然这些指导员教育背景、任教经验和人生阅历不同，但他们都是能培养"改造乡村社会的乡村教师"的人。

　　表 5－1 是 1933 年河南省立百泉乡村师范学校教职员的统计数据，可以据此管窥全国各乡村师范学校教师的学历构成的大致情况。

表 5－1　1933 年河南省立百泉乡村师范学校教职员统计

姓名	籍贯	履历	职务
李崇武	汝南	河南中山大学毕业，曾充省立第八中学教务主任、省立第四中学校长、省立民众师范院院长	校长
李瑞安	沈丘	河南中山大学毕业，曾充省立第一师范及民众师范院教员、教育厅编辑	生活指导部主任兼教育指导员
仝菊圃	江苏睢宁	曾充栖霞乡师扩充部主任，省立徐州民教馆教导部主任，睢宁师范、丰县师范校长，江苏教育厅地方教育考察员，河南教育厅小学指导员	研究部主任兼教育指导员
李少宗	汝南	河南农专毕业，曾充汝南棉场场长、工厂厂长、省立民众师范院总务主任	总务部主任
尚振声	罗山	留学欧美预备学校毕业，中央军事政治学校毕业，曾任六中教员、民众师范院训育主任	实验区主任
聂霞仙	博爱	河南公立农业专门学校农本科毕业，日本九州帝国大学大学院农学部研究	农场主任兼农业指导员

---

① 李海伟、周才方：《晓庄试验乡村师范师资队伍的历史考察及结构分析》，《南京晓庄学院学报》2016 年第 1 期。

续表

姓名	籍贯	履历	职务
张爱棠	上蔡	河北大学医学士，曾充河南省立民众师范院卫生教育部主任	医院主任兼卫生指导员
李承祥	四川重庆	上海吴淞中国公学大学部政治经济系毕业，曾充石柱县教育局局长兼县立乡村师范校长	普通科主任兼社会科学指导员
吴克刚	安徽寿县	中国公学毕业，巴黎大学研究院，曾充福建黎明高级中学校校长	社会组主任兼社会科学指导员
方楚瑞	淮阳	河南大学理学士，曾充省立第十中学及第五中学数理教员	数理指导员
孙庆基	江苏铜山	国立中央大学理学院地理系毕业，曾充铜山师范训育主任兼史地教员、萧县师范校长	史地指导员
安云章	江苏无锡	国立清华大学文学士，曾充清华大学中国文学系助教	国文指导员
黄子彦	江苏无锡	日本东京帝国大学理学部化学、植物学两科毕业，历充北平各国立大学教授	生物指导员
唐君薇	湖南衡阳	国立北平大学农学士，曾充安徽省立第三农校农场主任、湖南省立高级农科学校教授	农业指导员
王幼晨	陈留	上海美术专门学校毕业，曾充十四中学、黎明中学教员，民众师范院艺术教育部主任	艺术指导员
梁俊章	孟津	上海艺术专科师范毕业，曾充省立五师、四师、八中、一中教员	音乐指导员
刘立亭	郑县	上海东亚体育专门学校毕业，曾充省立三师、河大附中体育主任	体育指导员
赵海洲	辉县	河南国书馆毕业	国术指导员
介锡祉	汲县	省立五师毕业，曾充省立三小教务主任，汲县、浚县教育局局长	教育指导员兼实验区小学校长
夏德琴	正阳	南京晓庄师范毕业，曾充南京和平学院园长、河南省立实验民校研究部主任、南阳乡师校长	教育指导员兼实验区小学校长
梁锡三	陈留	河南中山大学文学士	教育指导员兼实验区小学校长
陈树茱	云南泸西	国立北平师范大学教育学系毕业，曾充北平春明女子中学教员、北平各中小学教员	教育指导员兼实验区小学校长
徐宏业	南阳	河南大学教育系毕业，曾充山东省立第一乡村师范教育教员、河南各中校教育教员	教育指导员兼实验区小学校长
孟端吾	项城	河南大学教育系毕业，曾任七中事务主任、鹿邑县立师范教务主任兼教育教员	教育指导员兼实验区小学校长

资料来源：河南省立辉县百泉乡村师范学校编《河南省立辉县百泉乡村师范学校概况》，1933，"本校概况"栏，第9～15页。

综合表 5－1 及其他乡村师范学校的资料，根据学历划分，乡村师范学校教师主要由以下几部分构成：第一，留学归国人员；第二，大学毕业生；第三，高师毕业生；第四，省立师范学校毕业生；第五，乡村师范学校毕业生；第六，前清文人；第七，中学毕业生；第八，其他。[①] 以下对前六类人员进行详细介绍。

留学归国人员　河南省立百泉乡村师范学校有 3 名教员有留洋经历，在学校教师队伍中占比不是很高。但是从其他乡村师范学校的情况来看，乡村师范教育的创办者大多是留学归国人员，可称为"乡村师范教育家"。他们坚持"师范乃群学之基"和"教育救国"的主张，希望通过教育开启民智，达到改造社会的目的。晓庄试验乡村师范学校校长陶行知留学美国哥伦比亚大学师范学院，担任晓庄学校教员的陈鹤琴与陶行知同去留学。莱阳乡师的教务主任王忠一（王哲）是苏联留学生，诸城县立简易乡村师范学校校长王景炎留学日本明治大学政治经济学部，曾任安徽黄麓乡师校长的许锦帆是留日学生，浙江青田县私立简易乡村师范学校校长陈瑛曾留学奥地利，等等。这些持有教育救国信念的留学归国人员，利用自己的留学生身份积极宣传乡村师范教育思想，并积极推动创办更多的乡村师范教育机构，在乡村师范教育运动中扮演着思想领导者和乡村师范教育实践家的重要角色。

大学毕业生和高师毕业生　当时有很多大学毕业生到乡村师范学校任教，这些高学历的乡村师范教师是培养高质量乡村教师的师资保障。从表 5－1 可以看出，河南省立百泉乡村师范学校一半以上的教员毕业于大学和高师。其他乡村师范学校的教员也主要是大学毕业生和高师毕业生。例如山东诸城县立简易乡村师范学校共有专任教员 8 名，有 4 名是大学毕业，而且毕业于北京大学、南开大学和燕京大学等名牌大学（见表 5－2）。虽然系县立简易乡村师范学校，其师资学历水平不低。浙江青田县私立简易乡村师范学校是留奥学生陈瑛和同村人留日学生陈梓芳共同创办，全校聘

---

① 需要说明的是，并不是所有的乡村师范学校的教师都由这几部分组成，省立、县立、私立乡村师范学校的教师构成情况差别比较大。关于乡村师范学校师资的学历结构部分的内容，参考的文献有牟秀娟《南京国民政府乡村师范教育运动述论（1927 年～1937 年）》，硕士学位论文，山东师范大学，2008；曹彦杰《师范为何下乡：民国时期乡村师范教育的兴起》，博士学位论文，华东师范大学，2018。

任教职员共 10 人，其中 7 名专任教员中，大学毕业 4 人、国外留学生 1 人、高等师范毕业生和专科学校毕业生各 1 人。虽然是私立师范，但 7 名乡村师范教员学历均在大学专科以上，保障了乡村师范较高的教育质量。[①]

表 5 - 2　1933 年山东诸城县立简易乡村师范学校教职员简历统计

姓名	别号	籍贯	职务	学历
王景炎	明甫	诸城	校长兼公民教员	日本明治大学政治经济学部毕业
苏晦如	蕴辉	天津	教导主任兼数理教员	南开大学毕业
吴俄愚		河南固始	劳作教员兼附小主任	燕京大学毕业
臧瑗望	亦蓬	诸城	国文教员	中国大学文预科毕业
秦振环	十洲	泗水	农学、生物教员	山东公立农业专门学校毕业
臧星运	阶平	诸城	卫生、音乐、国画教员	山东省立一师毕业
吕点春	圣与	招远	史地教员	北大毕业
冀慰怀		益都	国文、教育教员	广东民大肄业
郭锡麟	海周	诸城	童子军教练员	山东省中国童子军教练员训练班毕业
管克	克敏	诸城	军事教练员	华侨救国军干部教导团毕业
李鄂	竹亭	高密	校医	浙江公立医药专门学校毕业
祝晓亭		诸城	事务	诸城县立师范讲习所毕业
孟忻	忻甫	诸城	书记	诸城县立初级中学毕业
钟荣章		诸城	附小教员	诸城乡村师范毕业
刘湘文		诸城	附小教员	诸城乡村师范毕业

资料来源：诸城县教育志编纂办公室编印《诸城县教育志（1840~1985）》，1986，第 275 页。

省立师范学校毕业生　师范毕业生是乡村师范教育的重要力量。河南省立百泉乡村师范学校的教员中有相当一部分毕业于师范学校。山西省蒲城县立乡村师范共有 6 名教员，就有 4 名是师范毕业生，其中有 2 名毕业于省立第一师范，2 名毕业于省立第二师范，约占该校教员总数的 67%（见表 5 - 3）。师范毕业生相对于非师范毕业生和低学历教师来讲，更具有专业水平和师范教育的改革精神，是推动乡村师范教育发展的重要力量。

[①]　曹彦杰：《师范为何下乡：民国时期乡村师范教育的兴起》，博士学位论文，华东师范大学，2018。

表 5－3　陕西省蒲城县立乡村师范教员一览

姓名	别号	籍贯	履历	担任学科	每周时数（小时）	月薪数目（元）	到校年月	备考
曹念先	子克	蒲城	省立第二师范毕业，历充高小级任教员，省立女子第一中学校长、教员	国语	7		1929年3月	暂不支薪
王云鹤	韵清	同上	国立西北大学预科毕业，曾任本县教育局局长、永丰高小校长	心理学、公民、生理卫生学、三民主义、教育学	8	20	1928年7月	教授之外兼任训育事宜
冯春发	化堂	同上	省立第一师范毕业，曾代理某校校长	自然科学、手工、图画、音乐	7	20	1928年8月	兼任管理事宜
罗登汉	超轩	同上	省立第一师范毕业，曾任本县第一高小校长、教员，现充中山图书馆主任	历史、地理	6	8	1929年3月	
刘铠	慎三	同上	省立第二师范毕业，曾任县财政局长，现充本县一高校长	算术	4	5	1929年3月	
杨建中	毅丞	同上	陕西讲武堂毕业	体操	2	3	1929年3月	

资料来源：《蒲城县乡村师范教员一览表》，《陕西教育周刊》第2卷第43期，1929年。

乡村师范学校毕业生　担任河南省立百泉乡村师范学校教育指导员兼实验区小学校长的夏德琴就是晓庄试验乡村师范学校的毕业生。浙江湘湖乡村师范成立时，陶行知先后派晓庄学校学生操震球、程本海、王琳、方与严等参与学校的领导和教学工作，湘湖师范因此被称为"浙江的晓庄"。梁漱溟创办的乡村建设研究院在山东筹建乡村师范时，请求陶行知派晓庄学校的毕业生支援，陶行知曾派潘一尘、杨效春和张宗麟等去邹平办理邹平乡村师范学校，进行了卓有成效的乡村师范教育改革。乡村师范（尤其是晓庄学校）的优秀毕业生成为创办乡村师范学校的主力军，并逐步形成了乡村师范教育家群体，推动了20世纪20～30年代乡村师范教育运动的开展。

前清文人 前清文人虽然逐步被师范学校毕业生取代，但其中一些进步人士也是乡村师范教育的重要推动力量。如安徽省立二师校长胡晋接，他虽是传统知识分子，但在变革时代能够顺应历史潮流，积极学习新思想、新文化，推动师范教育与社会的发展。胡晋接持有村落主义思想和村民教育思想，认为村落是国家的基础，而村民教育又是村落的基础。他组织成立全徽教育协进社，积极发挥师范学校教育在区域乡村教育发展中的作用，促进了徽州地区乡村教育的发展。

对于全国乡村师范学校教职员的学历情况，因为缺乏总的数据，无法进行总体分析。但是根据1937年全国中等师范学校教员的统计数据，可以看出，这些教员中受过师范大学训练的仅有6.53%，受过高等师范学校训练的仅有14.11%，由此能够推断，从全国范围来看，乡村师范学校教师的学历背景还是存在一些问题的。1937年全国部分省市师范学校教员的详细情况如表5-4所示。

表5-4 1937年全国部分省市中等师范教员资格统计

单位：%

省市	留学	师大	大学	高师	专门	其他
江苏	3.51	2.08	29.60	7.84	27.52	29.44
浙江	2.95	2.21	22.88	12.55	29.52	29.88
安徽	5.56	9.26	42.59	12.96	20.37	9.26
江西	4.71	4.19	32.46	13.09	34.07	11.52
湖北	1.96	5.88	19.61	42.16	26.47	3.91
湖南	1.80	4.29	16.03	22.02	20.31	34.54
西康	0	0	10.53	31.58	12.05	36.84
青海	0	0	13.25	2.35	4.65	69.77
福建	1.19	7.81	34.24	11.77	26.14	12.42
广东	5.54	11.13	32.96	12.34	15.14	18.81
广西	0.69	0.69	20.83	7.64	20.83	49.31
贵州	8.66	2.36	12.60	25.10	6.30	44.88
云南	2.59	2.92	9.42	11.69	22.65	47.73

续表

省市	留学	师大	大学	高师	专门	其他
河南	0.81	7.00	20.08	19.40	14.79	37.86
河北	1.15	10.75	16.40	16.63	14.14	40.95
山东	1.75	11.58	26.67	6.14	15.96	37.90
山西	5.75	18.14	28.78	12.39	14.61	20.35
陕西	6.90	11.19	10.58（50.58）	12.64	5.75	12.64
察哈尔	0	9.64	25.30	10.81	10.48	32.73
绥远	4.88	34.15	26.83	9.76	7.32	17.07
宁夏	16.67	5.56	16.67	5.56	12.22	43.33
甘肃	0.63	3.90	16.88	7.10	7.97	63.64
新疆	0	0	11.11	0	11.11	77.78
上海	10.19	3.82	26.75	5.73	33.76	16.75
青岛	5.15	14.43	44.33	13.40	12.37	10.32
威海卫	20.00	0	40.00	20.00	20.00	0
总计	3.08	6.53	23.81	14.11	19.96	31.47

资料来源：韩德溥：《各省市师范教员资格分析》，《教与学》第 3 卷第 1 期，1937 年。该该统计表还发表在《中国红十字会月刊》（第 27 期，1937 年）、《公教学校》（第 3 卷第 22 期，1937年）上，三份材料的数据有很大的不同，应该是输入有误。本处采用发表比较早的韩德溥文章中的数据，除陕西省大学毕业的数据差别太大，在表格里显示了《中国红十字会月刊》（第 27 期，1937 年）上的数据外，其他均无改动。

　　由于缺乏全国乡村师范教育教师学历结构的资料，笔者仅以河北省和山东省 1930 年度省立师范和乡村师范的教师学历状况进行数据分析统计，发现同为省级师范，乡村师范比省立师范的教师学历层次低，留学国外和师大、普通大学毕业的教师人数少（见表 5－5、表 5－6）。这种师资学历分布状况反映了两省乡村师范学校师资的数量和层次，由此我们可以推断，全国乡村师范学校的师资状况也大抵如此。

　　　表 5－5　1930 年度河北省省立师范与乡村师范教师学历对比

单位：人

学校类别	外国大学学士	留学外国	师大毕业	大学毕业	高师毕业	专门学校毕业	师范毕业	中学毕业
省立师范	1	9	77	66	81	31	0	0

学校类别	外国大学学士	留学外国	师大毕业	大学毕业	高师毕业	专门学校毕业	师范毕业	中学毕业
乡村师范	0	0	15	21	16	16	237	25
合计	1	9	92	87	97	47	237	25

资料来源：教育部中国教育年鉴编审委员会编《第一次中国教育年鉴》，开明书店，1934，丙编第一，第349页。

表 5 - 6   1930 年度山东省师范与乡村师范教师学历对比

单位：人

学历	省立师范	省立乡师	县立乡师	合计
国外留学	5	2	0	7
师大毕业	35	0	0	35
高师毕业	34	5	1	40
大学毕业	59	23	3	90
专门学校毕业	22	12	0	54
师范毕业	15	8	0	23
中学毕业	16	3	0	19
其他	37	10	1	68
合计	223	63	5	336

资料来源：教育部中国教育年鉴编审委员会编《第一次中国教育年鉴》，开明书店，1934，丙编第一，第357页。

乡村师范学校虽然也是各学历层次教师均有，但明显不足以与省立普通师范相比，更为重要的是，远未达到国家的要求。即便如此，在当时文盲占百分之八九十、教育还没普及的情况下，应该说乡村师范的师资水平还是不错的。如江苏省立吴江乡村师范学校"专任教员，均系国内大学，或高级师范毕业。任职时间，多自五年至十余年者"。[1] 又如王朝玺记述的山东省立第五（平原）乡村师范的教师，"其中大学本科毕业者 9 名，占56%；专科毕业者 5 名，占 31%；其他 2 名，占 13%，而多数教员毕业于全国名牌大学"。[2]

---

[1] 《江苏省立吴江乡村师范学校概况》，《江苏教育》第 1 卷第 7、8 期合刊，1932 年。

[2] 山东省政协文史资料委员会编《山东文史集粹·教育卷》，山东人民出版社，1993，第175 页。

（三）乡村师范学校教师的数量要求

民国政府除了对乡村师范学校教师的资格有要求，对其数量也是有要求的，目的是保障学校教学的正常进行和学生的教育质量，同时也考虑了政府财政所能负担的资金。民国政府最初规定"凡四学级之学校，应有教员十人以上，如学级增多，则每增一学级，平均应加一人半以上"。① 后来进一步规定"六学级以下之师范学校，其专任教员人数，平均每学级不得超过二人；七学级以上之师范学校，其专任教员人数，平均每两学级不得超过三人"。②

此外，为了有足够的教师来保障正常教学，还明确了专任和兼任教员人数以及讲授课时等。师范学校各科均应聘请专任教员，"专任教员每日在校时间至少七小时，专任教师不得在校外兼任任何职务"。如果"一学科之教学时数不足聘请专任教员时，得与性质相近之学科时数合并，聘请专任教员。但如事实上确有困难情形，得聘请兼任教员，但以限于音乐、图书、劳作等科为原则"。"师范学校之兼任教员人数，不得超过全体教员人数四分之一。"关于教学时数方面则规定："师范学校及特别师范科之专任教员，每周教学时数为二十至二十四小时。兼任主任及训育职务之专任教员，其教学时数得酌减，但不得少于规定最低限度三分之二，并不得另支俸给。""专任及兼任教员，均应轮值指导学生自习。"③

（四）乡村师范学校教师的素养

乡村师范学校的办理是否成功，与以校长为代表的行政人员的管理水平、工作态度和教员的教学能力密切相关。校长等行政人员是否认真投入，很大程度上影响着乡村师范学校的面貌和事业的发展。各学校的视察报告，可以反映绝大部分乡村师范学校的行政人员尽职尽责情况。李凤章在《河南省立乡村师范学校视察报告》中表述："校长李振云，精神振作，计划周详。指导主任李道祥，诚恳和蔼，努力负责。总务主任李景韩，处

---

① 李友芝等编《中国近现代师范教育史资料》第2册，1983，第239页。
② 李友芝等编《中国近现代师范教育史资料》第2册，1983，第340~341页。
③ 李友芝等编《中国近现代师范教育史资料》第2册，1983，第340~341页。

理事务，颇有经验。"① 江西省立贵溪乡村师范学校"校长刘赵璧，能力干练，办理该校，颇有计划，人亦诚恳务实。教导主任张文熙服务勤劳，从不请假，学生信仰颇佳，副教导主任李实甫供职尚称努力，惟未兼农科主任，不符规定。乡师主任兼农场主任钟震，系武昌师大博物系毕业，对于农业，非所专攻，不合中学规程第一百十一条之规定（其所任教科为其所专习之学科），惟教学尚属认真"。② 江苏省立吴江乡村师范学校校长"服务本省中学师范教育二十余年，即在该校服务，自开办迄今，已历九年。现在春秋五十余，而办事精神，仍不厌不倦，虽遇困难，绝不因之灰心，可谓难能矣"。③

前面已经谈过，民国时期人们对于乡村师范的教师的期望值很高。大部分人都认为，乡村教师要能够适应乡村生活环境，不仅要教书育人，还要有改造农村的技能，有责任教农村孩子改造农村生活。从张兆林根据从事乡村教育的经验以及和朋友讨论的结果提出的乡村小学教师应有的本领，我们可以反观对乡村师范学校教师的要求。张兆林认为乡村小学教师应有对付社会、对付儿童、干农事、科学、医药卫生、有艺术价值、办理杂务等七个方面的本领：

第一组　对付社会的本领

1. 会开茶饭店。

2. 会办民众学校。

3. 会医小病，懂得卫生医药常识（此条细目另详）。

4. 会做账房先生，懂得当地的应酬习俗。

5. 会算钱粮，会（算）账，（算）利息等，并且会量地，算地价，过户等。

6. 会看当票，发票，钱粮票，捐票，契据，公文，以及俗体字。

7. 会写对联，婚帖，会单，契据，信件等。

8. 会说笑话，说武书，通俗讲演等。

---

①　李凤章：《河南省立乡村师范学校视察报告》，《河南教育月刊》第3卷第7、8期合刊，1933年。

②　《省督学视察省立贵溪乡村师范学校报告总评》，《江西教育旬刊》第10卷第1期，1934年。

③　《江苏省立吴江乡村师范学校概况》，《江苏教育》第1卷第7、8期合刊，1932年。

9. 会做和事老，遇不得已时，能写公文状子。

10. 会编贴壁报。

11. 会几套武术，并能联合民众，办自卫团。

12. 会变戏法，通俗戏，口技，双簧等。

13. 会指导组织合作社。

14. 会布置学校变为民众的公园。

15. 会主持民众集会。

16. 明了世界大势。

17. 明了本国现状。

18. 熟悉本地社会经济现状。

19. 熟悉本地故事与大事。

20. 懂得当地礼节。

21. 有当地职业的常识，并能相机介绍改良的方法。

第二组　对付儿童的本领

1. 会和儿童做朋友。

2. 会用国语对儿童讲故事，报告时事。

3. 会听懂儿童的话。

4. 会回答儿童的问话，还能引出儿童更深切的问题。

5. 会指导儿童阅读各种材料。

6. 会主持学校纪念周，指导儿童一切的集会。

7. 会指导儿童发表意见，如写文，说话，画图，做工艺品等。

8. 会发现儿童不良习惯，设法改善。

9. 会做儿童的领袖，做劳动工作如扫地，整理房屋等。

10. 熟悉当地儿歌的一部分。

11. 会做当地儿童游戏的一部分。

12. 懂得六岁以上的儿童心理。

13. 懂得几种教育实验的方法，有几种教育实验的基本技能，如测验、统计图表等。

14. 会看最近风行的教育书报，并且懂得新教育的原理和方法。

第三组　干农事的本领

1. 会锄地（倘能耕地更佳，因耕地不但是技术问题，还有体力关系）。

2. 会浇水，加粪。

3. 会除菜地，豆地的草。

4. 会庠水，开沟，做畦。

5. 会整理农具，如上锄头把子，粪桶柄，镰刀柄，打草绳等。

6. 会做苗圃（菜秧圃与果木苗圃）。

7. 会种蔬菜（以当地的菜蔬为准）。

8. 会修剪果木竹林（以当地的草木为准，如北方没有竹，南方难种苹果等）。

9. 会种普通花卉，篱边灌木。

10. 会养蚕。

11. 会养蜂。

12. 会养鸡，鸭，鸽子等。

13. 会养羊，猪，牛等。

14. 会砍柴，掘笋，采野果等。

15. 会养鱼（缸鱼，和池鱼。在海边还应该会拾贝类等）。

16. 懂得土壤性质。

17. 会看农业书报。

18. 结交农业研究机关，和当地老农。

19. 熟悉当地风候与农产品。

20. 知道当地重要农谚。

第四组　关于科学的本领

1. 会采集当地著名的植物做成标本。

2. 会捕捉当地著名的昆虫，做成标本，如捉蛇，做蝴蝶标本等。

3. 会打猎。

4. 会做鸟兽标本。

5. 会做简单的解剖，做成标本。

6. 认识当地最普通的虫害，明了它的生活史。

7. 认识当地的候鸟，明了它的生活现状。

8. 会用做简单的标本的药品，用具，知道它的来源，并会修理或制造。

9. 认识当地的矿物，明了本地的地址。

10. 会测量气候与雨量，明了气候变化与节期的意义。

11. 认识最普通的星座。

12. 明了日常食物的成分，如米，麦，蔬菜，盐等。

13. 明了日常食料的制造，如酱油，豆油，茶，盐等。

14. 明了日常用品的化学作用。

15. 明了日常用品的物理作用。

16. 明了浅近的机器。

17. 会修理日常用的机械用品，如钟表等件。

18. 会利用最普通的电机，如无线电收音机等。

19. 会利用科学方法做幻术。

20. 能阅读初浅的科学书报。

第五组　医药卫生的本领

1. 明了人体的构造。

2. 有卫生习惯，如注意吐痰，喷嚏，食物用具等。

3. 会检查体格。

4. 会种牛痘。

5. 会医沙眼，疥疮，秃头疮。

6. 会医疟疾，伤风，便闭（秘），肠寄生虫病。

7. 会包扎伤口，止血。

8. 会治小疮，热疖。

9. 知道最常用药物的性质与用法。如金鸡纳霜，阿司匹林，草麻油，碘酒，硼酸膏，硼酸水，枸橼酸，铜软膏等。

10. 会施用急救法，如闭气，火灼，水淹，中暑等。

11. 知道公共卫生的要点。

12. 明了儿童发育状态。

13. 明了食物的营养成分，衣，住的卫生要点。

14. 熟练童子军的教练方法。

15. 会几套中国拳术。

16. 会几种健身操，或球类。

17. 会游泳，爬山，上树。

18. 会阅读浅近医药书。

第六组　关于有艺术价值的本领

1. 会唱和谐的歌曲——注重儿童的。

2. 会奏演一二种乐器，而且会开留声机。

3. 会欣赏世界名曲，懂得音韵节奏。

4. 会做普通的舞蹈。

5. 会简单的写生画。

6. 会临简单的画。

7. 会欣赏名画，领略画的意义。

8. 会装饰一间房屋，布置一个会场。

9. 会用纸，麦秆，豆，野果，红叶等做装饰品，或日用品。

10. 会修理桌椅门窗等。

11. 会扫地，抹桌，擦窗子等整洁工作。

12. 会做袜底，或做衣服，或用绒线做衣服帽子。

13. 会装订书籍，画应用图表。

14. 会油漆门窗用具，并且会粉饰墙壁。

15. 会设计壁画，如壁上图案，壁上挂画等事。

16. 会布置小花园，利用天然物点缀园景。

17. 会写一体或二体的字，写得不讨厌。

18. 会做简单的印刷工作。

19. 会烧小锅饭小锅粥。

20. 会烧菜，烧得合味。

21. 会做点心，做得合味。

22. 会整理厨房用具。

23. 会整洁自己的身体，用具，毫无名士派的习气，但是也没有浪子的纨绔。

24. 会训练一般儿童知道整洁自己身体与用具。

25. 会欣赏有艺术意味的作品，如文艺，雕刻，照相，刺绣，瓷器，电影等。

26. 会指导或表演戏剧，并且能欣赏别人的表演。

第七组　办理杂务的本领

1. 会新式簿记。

2. 会造预算，决算并且会做经费报告书。

3. 会购置日常用器，并熟悉市情。

4. 会保管学校用品。

5. 会登记物件，并且能办极清楚的移交。

6. 会监督校工，训练新来工人。

7. 会购买图书，管理图书。

8. 会寄发信件。

9. 会编辑报告书或其他刊物。

10. 会招待参观客人和指导员等。

11. 会做儿童成绩报告书。

12. 会主持展览会，庆祝会，恳亲会等。

13. 会拟全面计划，每月计划。

14. 会主持研究会，讨论会。

15. 会联络邻校共同兴办事业。

16. 会学校应用公文。

17. 知道最近教育法令。

18. 会与教育行政人员磋商校事。[①]

　　虽然人们对乡村师范学校教师有着难以实现的期望，但这样的舆论环境，无形中会对乡村师范的教师产生积极的影响。尽管很难对他们的表现做出全面的评价，但我们从当时的教育视察报告中摘录部分内容，从教学能力的角度也能看出乡村师范教师的教学水平。江西省立贵溪乡村师范学校 1933 年由省立第十四中学改为乡村师范学校，著名的象山书院即在该校内。1934 年 4 月，江西省督学堡琳对该校进行了督导，对专任教员的讲课分别做出评价："熊凤斌课（教）初中二年级算学，教法熟练，态度从容，

[①]　张兆林：《乡村小学教师应有的本领——对于厘订乡村师范课程标准的一个具体的建议》，《中华教育界》第 19 卷第 1 期，1931 年。民国时期，很多学者赋予乡村教师很多教学之外的职责，显然这只是一种理想化的想法，让乡村教师承担这么多的任务，其实是不可能实现的。

言语清晰，易于领悟。欧阳樊课乡师一年级教育概论，讲解多发挥，取材亦尚丰富。杨绳武课春一年级国文，讲授详尽，惟精神较差，语言无力。张继帧课二年级英文，读音准确，惟授法稍欠讲求。钟震课乡师一年级园艺，实物教学，颇饶兴趣。李实甫课初一党义，讲述课义尚详，惜无甚发挥。刘赵璧课乡师班心理学，自编补充教材，挂图教学，提示扼要。张文熙课二年级化学，剖解分析，颇称详尽。谢皓庚课春（初？）一音乐，讲授乐理，尚无不合，惟歌唱音调，稍欠正确。熊大同课乡师班体育，动作活泼，精神奕奕可佳。"[1] 督学虽然指出了一些教学上的不足，但主要是肯定。在其他学校的视察报告中，我们也能发现很多类似的评论。

（五）乡村师范学校教师的待遇

1932 年颁布的《师范学校规程》对师范学校的教师待遇有明确的规定。第 115 条规定"师范学校教员俸给等级表、年功加俸办法，由各主管教育行政机关规定，径呈或转呈教育部核准施行。前项教员俸给等级表之最低级应参照地方情形以确能维持适当生活为标准"。第 116 条规定"师范学校校长视专任教员进三级至五级支俸，由主管教育行政机关定之"。第 117 条规定"师范学校教职员养老金及恤金办法，照国民政府公布之学校职教员养老金及恤金条例办理"。[2]

教育部规定乡村师范学校的待遇由各地教育主管部门制定标准，由于各地政治、经济、文化方面的差异很大，教师待遇的差别也很大。如 1930 年山东省立第二（莱阳）乡村师范校长兼教务月薪 140 元，职员则有的 30 元，有的 40 元。工友薪金最低，每月仅付 8 元至 10 元，全年经费由省拨给。山东省立第五（平原）乡村师范"学校的教职员工均由校长聘任，待遇比较丰厚。校长和学校中层领导成员月薪 120 元至 150 元大洋，教员和职员月薪 80 元至 120 元大洋"。[3] 有的乡村师范学校教员的薪金按时计酬，每小时酬金 1.2 元，一般教员每月可得 100 元左右；校长和职员为固定薪金。可见乡村师范教师因所处的地域不同、学校不同，待遇差别很大。

---

① 《省督学视察省立贵溪乡村师范学校报告总评》，《江西教育旬刊》第 10 卷第 1 期，1934 年。
② 李友芝等编《中国近现代师范教育史资料》第 2 册，1983，第 344 页。
③ 山东省政协文史资料委员会编《山东文史集粹·教育卷》，山东人民出版社，1993，第 174 页。

乡村师范学校教师的待遇并不是很高，这是由乡师经费不足、农村条件艰苦所决定的。按照规定和实际情况，每所乡师几乎 70% 的经费都用于教师的薪俸，但也远远不够。而且乡村师范学校教师的工资经常受到各种因素的影响。例如江西省立乡村师范学校师范部教职员总数为 24 人，职员兼教员者 9 人，教员 8 人，职员 7 人。教职员待遇照预算标准，原与完全中学相同，1932 年因该校课程标准上课时数超出预算规定每周 36 小时的限度，教薪不敷支配，于是校长、各主任及专任教员每月各减支薪水 10 余元。此时月薪最高者 148 元，最低者 15 元，月薪平均数 85.2 元。又聘请附近村庄农商学各界公正人士共 14 人为校外指导员，协助学校进行一切推广工作，概不支薪。①

二　乡村师范学校的学生

乡村师范学校由于办学宗旨和培养目标的特殊性，在学生招生、管理、培养、实习方面也有一些特殊的规定。

（一）乡村师范学校学生的入学条件与选拔

乡村师范学校学生的入学资格虽然教育部有规定，但是乡村师范学校种类很多，程度不一，实际上很难统一起来。古楳曾经指出，乡村师范学校有以下几种：第一，养成乡村初级小学和幼稚园师资的乡村师范学校；第二，养成乡村完全小学师资的乡村师范学校；第三，养成乡村初级中学或乡村师范师资的乡村师范专修科；第四，养成乡村师范或乡村师范专修科师资的乡村教育系；第五，养成乡村教育辅导人员或乡村民众教育师资的训练班。② 张宗麟认为乡村师范是一个总名称，其中包括许多因为入学资格、修业年限、办学目的等方面的不同而出现的不同称呼。第一，乡村师范。当时称为乡村师范的学校，招收初级中学毕业生，在学时期为三年，相当于高中师范科。但乡村师范可以附设特科，在学时期二年或一

---

① 江西省立乡村师范学校编印《江西省立乡村师范学校校务报告》，1932，第 2 ~ 3 页。

② 古楳编著《乡村师范概要》，商务印书馆，1936，第 80 ~ 81 页。

年，学生入学资格或仍为初中毕业或为高中三年级学生。第二，简易乡村师范。学生入学资格是完全小学毕业，在学时期是四年。但也有只训练二年或三年的，程度相当于旧制师范学校。第三，乡村建设师范。此为山东省的单行法。山东自 1936 年起计划把全省师范学校改为乡村建设师范学校，以试验乡村建设的理论。但因环境关系，到 1937 年也只有三处——济南、济宁、邹平，且尚未确定办学办法。此外，各省还有师资训练班、义务教育师资训练班、短期小学师资训练班等，大都附设在中学或师范学校内，但也有短期的训练班，为三个月、六个月等，由教育厅或教育局直接主办。又有许多优良的教育机关，招收练习生、艺友等，来训练几个月或一年的，例如定县的平民教育，上海俞塘的民众教育馆、山海工学团。[①]

至于乡村师范学校的学生应该具备哪些方面的素养，当时的论述较多，看法也有差别，不过对基本条件的观点还是比较一致的。张宗麟认为乡村师范的学生需要具备以下素养。第一，有志于从事乡村运动。乡村教师是乡村运动中工作人员的一种。乡村运动无论是否对整个世界或整个民族产生影响，都是社会改革运动中不可缺少的一种工作，这是不可否认的事实。青年人有志于此，就可以树立更远大的目标，可以有更远大的眼光，经历一切困苦也都认为是理所当然的，不至于因贪慕虚荣或物质享受而中途改变。第二，有强健的身体。一个青年只要不是完全残废，有了坚定的志向以后，在工作中锻炼身体，不但能使身体强健，而且能够做到任重耐久、静思猛进。第三，稍有文字等基本能力。乡村学生在校年限不长，如果没有一定的文字功夫，入校以后再从头做起，是不太可能的。所以文字方面能够阅读普通文字，能够写出自己的话，于学业进行上，可以有很大便利。除文字以外，还要会其他常识、算术等，能够达到小学毕业程度会更为方便。[②]

基于对学生素养的要求，各乡村师范学校在招收学生时都会发布招生章程，对入学条件进行限制和规定。例如，1930 年江苏栖霞乡村师范学校的招生简则规定，投考一年级生须具备下列各项资格："1. 新制六年小学毕业或旧制高等小学毕业者。2. 年龄在十五岁以上者。3. 身体强壮、思想

---

① 张宗麟：《怎样办乡村师范》，中华书局，1939，第 4～5 页。
② 张宗麟：《怎样办乡村师范》，中华书局，1939，第 68～69 页。

稳健、行为端正、能耐劳苦者。4. 有乡居兴趣而愿终身从事教育事业者。"①又如，1934 年浙江湘湖乡村师范学校的招生简章规定："（一）投考简易师范科一年级之新生，须具备下列各项资格：（甲）年龄在十四岁以上，二十岁以下；（乙）生长农家；（丙）体格强健，无心肺等暗疾；（丁）完全小学毕业；（戊）有劳作兴趣者。（二）投考师范科一年级之新生，须具备下列各种资格：（甲）年龄在十八岁以上二十四岁以下；（乙）初级中等学校毕业；（丙）余同前。"② 此外还有各科测试，智力测验、口试、劳作、体格检查等，差不多是各校共同的规定。综合考察各个乡村师范学校的招生简章，乡村师范学校学生的入学条件大致包括以下几个方面。

首先，表现在对已有学历的要求上。按照 1922 年国民政府颁布的《学校系统改革令》，即通称的"六三三学制"，中等师范学校学历要求为高小毕业，中等后期师范学校学历要求为初中毕业。③ 但由于乡村师范学校常常于本部内又增设简易师范科和插班科，因此对学历的要求较为多样。所以国民政府在 1928 年 5 月颁布的《整顿师范教育制度案》中，对乡村师范学校的入学条件做了合理修改："乡村师范学校，收受初中毕业生，或相当程度学校肄业生之有教学经验，且对于乡村教育具改革之志愿者。此项学生修业年限，得暂定为一年以上。如收受高小毕业生，则其入学时之年龄，应在十六岁以上，修业年限至少两年。"④ 各学校实际上也大体按此执行。湘湖乡师要求报考正常师范科一年级须是初中毕业，简易师范科须是高小毕业。⑤ 而江西省立乡村师范学校则是按学历分类：初中毕业为甲类；曾任小学教师回炉重造的为乙类；高小毕业为丙类。⑥ 福州乡师将全校分为特科和本科，特科为初中毕业者报考，本科为高小毕业者报考，并增加了同等学力亦可报考的灵活办法。⑦ 晓庄学校是改革式乡村师范学校，招收学生类型更加多种多样："一、初级中等学校第三年学生之

---

① 黄质夫：《栖霞乡师招生简则》，见杨秀明、安永新选编《黄质夫教育文选》，贵州教育出版社，2001，第 18 页。
② 《浙江省立湘湖乡村师范学校第九届招生》，《锄声》第 1 卷第 3 期，1934 年。
③ 李友芝等编《中国近现代师范教育史资料》第 2 册，1983，第 267 页。
④ 李友芝等编《中国近现代师范教育史资料》第 2 册，1983，第 655 页。
⑤ 《浙江省立湘湖乡村师范学校第九届招生》，《锄声》第 1 卷第 3 期，1934 年。
⑥ 《省立乡村师范学校视察报告》，《江西教育公报》第 3 卷第 4 期，1929 年。
⑦ 《福建省立福州乡村师范学校暂行简章》，《福建教育厅周刊》第 18 期，1929 年。

有农事经验者；二、高级中等学校第三年学生之有农事经验者；三、大学第三年学生之有农事经验者；四、在职之教育行政人员及教职员之具有上列各项相等程度者。"① 栖霞乡村师范学校在《栖霞乡师招生简则》中规定，学生投考资格是新制六年小学毕业或旧制高等小学毕业。②

其次，表现在对体格和农事经验的要求上。张宗麟曾为乡村师范学校制定五步招生法，第一步是进行常规报名手续（交证书和相片），第二步就是体格检查，而且在最后核算成绩时，先判断体格是否合格，若不满足要求，则其他成绩不再核算。③ 福州乡村师范学校入学资格的第一条就规定"身体强健"，入学考试第一项就是体格检查。④ 晓庄学校招收的四类学生均需"有农事经验"。⑤ 湘湖乡村师范学校在体格检查中对报考者身体条件还规定了具体数值：报考简易师范科者年龄需在 14～20 岁，体重 36 公斤以上，身高 1.4 米以上；报考师范科者年龄需在 18～24 岁，体重 46 公斤以上，身高 1.5 米以上。⑥

最后，表现在乡村师范的学校入学测试上。福州乡村师范学校入学前要进行三分钟演说、智力测验、常识测验、国语测验、作文一篇、农场操作三小时等相关考查。⑦ 湘湖乡村师范学校按年级将考试科目划分得极为细致。除了每个年级必考的农业、操作和口试外，简易师范一年级考查公民、国语、自然、社会、算术，简易师范二年级考查公民、国语、生物、本国史地上册和算术，简易师范三年级考查党义、国语、物理和生物、本国史地全册、算术与代数及教育概论，正常师范一年级考查党义、国语、生物、物理、化学、中外史地、几何代数、图画和音乐，正常师范二年级考查公民、国语、生物、物理、本国史地、高中代数、教育概论、教育心

---

① 《中华教育改进社设立试验乡村师范学校第一院简章草案》，华中师范大学教育科学研究所编《陶行知全集》第 1 卷，湖南教育出版社，1984，第 658 页。

② 黄质夫：《栖霞乡师招生简则》，见杨秀明、安永新选编《黄质夫教育文选》，贵州教育出版社，2001，第 18 页。

③ 张沪编《张宗麟乡村教育论集》，湖南教育出版社，1987，第 513～514 页。

④ 《福建省立福州乡村师范学校暂行简章》，《福建教育厅周刊》第 18 期，1929 年。

⑤ 《中华教育改进社设立试验乡村师范学校第一院简章草案》，华中师范大学教育科学研究所编《陶行知全集》第 1 卷，湖南教育出版社，1984，第 658 页。

⑥ 《浙江省立湘湖乡村师范学校章则：招生简章》，《湘湖生活》第 3 卷第 2 期，1935 年。

⑦ 《福建省立福州乡村师范学校暂行简章》，《福建教育厅周刊》第 18 期，1929 年。

理、图画和音乐。①

虽然各乡村师范学校招生时做了比较理想化的规定，但是投考乡师的学生，并非都有志于乡村教育事业。按照林仲达的说法，"许多青年来投考乡村师范的动机，都是被经济的条件所决定的（大约指在校受公费待遇，出校任城市教师薪俸较优），不一定是真正有志于乡教运动的。因此，一离学校，就难免有向城里跑的倾向"。② 因此尽管当时乡村师范学校对选拔学生提出了严格的要求，但是难以达到预期的目标。即便如此，当时从事乡村师范教育的人们仍然认为，教育的训练可以改变人们的行动。乡村师范学校录取学生之后，通过训练和教育，可以改变学生们的心志。下面从三个方面考察当时乡村师范学校录取学生的有关情况。

第一个方面，报考人数和录取人数的比较。乡村师范学校选拔学生是否严格，可从报考人数和录取人数的比较而知其大概。古楳曾经调查过江苏省立吴江乡师、栖霞乡师和山东省立第四乡师的情况，其历年报考人数、录取人数及录取比例见表5-7。

表5-7　省立乡村师范投考人数与录取人数的比较

		1929 年	1930 年	1931 年	1932 年	1933 年	1934 年	1935 年
投考人数（人）		278	1024	1149	946	1148	1485	925
投考者资格（人）	高小毕业	250	923	1036	889	1093	1434	925
	其他	28	101	113	57	55	51	0
投考者资格（%）	高小毕业	90	90	90	94	95	97	100
	其他	10	10	10	6	5	3	0
录取人数（人）	正取人数	40	118	120	137	124	136	90
	备取人数	5	28	25	25	20	15	20
	合计	45	146	145	162	144	151	110
录取者占投考者比例（%）		16.2	14.3	12.6	17.1	12.5	10.2	11.9

资料来源：古楳编著《乡村师范概要》，商务印书馆，1936，第159页。

从表5-7的数据可以看出，报考乡村师范学校的学生中，每100人最多录取17人，最少录取10人，单纯从录取比例上讲，应该是比较严格的。

---

① 《浙江省立湘湖乡村师范学校第九届招生》，《锄声》第1卷第3期，1934年。
② 林仲达：《乡村教育能改造中国乡村社会吗?》，《中华教育界》第23卷第9期，1936年。

当时高小毕业生占投考乡村师范学校人数的90%以上，且有逐年增加的趋势。

第二个方面，录取新生的年龄。新生的年龄是关系到培养目标、课程设置和培养质量的重要问题。南京国民政府教育部公布的《师范学校规程》和《修正师范学校规程》都规定，乡村师范学校学生入学的年龄"为十五足岁至二十二足岁"。① 各乡村师范学校的招生简章一般都明确限定新生的最大年龄和最小年龄。但从最早在乡村设立师范的江苏师范学校的学生年龄来看，最小年龄13岁，最大年龄27岁，二者之间相差14岁，而大多数学生年龄集中分布在17~24岁。② 同类学校年龄参差不齐的生源状况，反映出乡村师范教育兴办之初对学生的入学年龄并无明确规定。

随着乡村师范的发展和制度化，乡村师范学校对于学生的学历和入学年龄也逐步有了明确的规定。例如1930年栖霞乡师的招生简章规定："投考一年级生，须具备下列各项资格：1. 新制六年小学毕业，或旧制高等小学毕业者。2. 年龄在十五岁以上者。"③ 1934年湘湖乡村师范学校的招生简章规定："投考简易乡村师范一年级之新生……年龄在十四岁以上，二十岁以下；……投考师范科一年级之新生……年龄在十八岁以上二十四岁以下。"④ 虽然乡村师范学校招生简章对于学生的年龄有比较明确和严格的规定，但实际上各学校所招学生的年龄普遍比招生简章规定的偏大，特别是省立简易乡村师范学校录取新生的年龄更是如此（见表5-8）。

表5-8　省立简易乡村师范录取新生的年龄状况

	1929年	1930年	1931年	1932年	1933年	1934年
最大	22.0岁	21.5岁	21.0岁	20.5岁	20.0岁	19.5岁
最小	14.0岁	14.5岁	15.0岁	15.0岁	14.0岁	13.5岁
中数	17.0岁	17.0岁	16.5岁	16.5岁	16.5岁	15.5岁

资料来源：古楳编著《乡村师范概要》，商务印书馆，1936，第161页。

① 李友芝等编《中国近现代师范教育史资料》第2册，1983，第327、583页。
② 古楳：《乡村教师应负之使命及今后农村师范应注意之点》，《中华教育界》第16卷第10期，1927年。
③ 黄质夫：《栖霞乡师招生简则》，见杨秀明、安永新选编《黄质夫教育文选》，贵州教育出版社，2001，第18页。
④ 《浙江省立湘湖乡村师范学校第九届招生》，《锄声》第1卷第3期，1934年。

　　据表 5－8 所列，省立简易乡村师范录取新生的年龄，最大的为 22 岁，最小的为 13.5 岁（北方较大），中数最大的为 17 岁，最小的为 15.5 岁，而且总体呈现逐年减小的趋势。

　　由此可见，省立简易乡村师范学校入学要求的学历一般是新制六年小学毕业，年龄最低 14 岁或 15 岁，最大在 20 岁以下。乡村师范一般要求新制初中毕业，最低年龄要求 15 岁至 18 岁不等，最大不超过 24 岁，有的学校并无明确规定，这说明乡村师范在入学年龄上的要求还是比较宽松的。县立乡村师范学校入学年龄普遍比省立乡师要大一岁，大龄情况较多，有的甚至规定 30 岁以下即可，年龄较大者大概多是为适应新教育而来学习的塾师和前清秀才。从学历与年龄匹配来看，新学制小学毕业年龄应该是 13 岁，初中毕业年龄应该是 16 岁，但从招生的实际年龄来看乡村师范的新生年龄普遍要超过学制年龄。出现这种与招生简章相悖的情况，大概是因为政策制定者初始没有考虑到现实的复杂情况。一方面，当时学制新旧交替，且乡村社会生源存在复杂性。例如，山东第三乡村师范学校的学生，旧制高小毕业后，有的当过初小教师，有的在社会上干过各种各样的工作，年龄一般都在 20 岁以上。[①] 另一方面，乡村师范要培养服务乡村教育并改造乡村社会的人，也许考虑到将来责任的重大而倾向于招收年龄偏大的学生。

　　第三个方面，录取新生的智力。乡村工作是很繁杂而困难的，乡村师范所训练的人才，既然准备从事这种繁杂而困难的工作，除了学校切实加以训练外，自然希望招生时能够录取智力较高的人来接受训练。不过照前面列举的情况来看，录取比例最高只占投考人数的 17%，想特别注重学生的智力水平，恐怕也不大可能。《河南教育月刊》刊登的《二十一年度河南省立乡村师范学校招考新生之各项成绩统计》[②] 一文，可以在一定程度上反映报考乡村师范学校学生的智力水平（见表 5－9 至表 5－14）。

---

① 孙笑生等：《山东省立临沂简易乡村师范学校概况》，政协山东省临沂县文史资料研究委员会编印《临沂文史资料》第 2 辑，1982，第 42 页。

② 《二十一年度河南省立乡村师范学校招考新生之各项成绩统计》，《河南教育月刊》第 3 卷第 1 期，1932 年。

表 5 – 9   1932 年度河南省立乡村师范学校招考新生作文之文体统计

文体	人数（人）	百分比（%）
文言	130	49
语体	91	32
混合体	51	18

资料来源：《二十一年度河南省立乡村师范学校招考新生之各项成绩统计》，《河南教育月刊》第 3 卷第 1 期，1932 年。统计人为张继用、李培华。

表 5 – 10   1932 年度河南省立乡村师范学校招考新生作文试验之作文字数统计

字数（字）	人数（人）
62	1
100 ~ 150	22
150 ~ 200	17
200 ~ 250	34
250 ~ 300	51
300 ~ 350	31
350 ~ 400	57
400 ~ 450	20
450 ~ 500	9
500 ~ 550	12
550 ~ 600	10
600 ~ 650	2
650 ~ 700	3
700 ~ 750	3
750 ~ 800	1
800 ~ 850	
850 ~ 900	1
1200	1

资料来源：《二十一年度河南省立乡村师范学校招考新生之各项成绩统计》，《河南教育月刊》第 3 卷第 1 期，1932 年。统计人为冯佩珍、程友溪。

关于作文考试的错字统计。[①] 此统计共涉及试卷 292 份，有错字者 181

---

① 关于作文试验之错字统计，统计人为史秉祥、高记章。因为此项内容比较多，而且非常琐碎，笔者将表格略去，只录附注文字。

份，占全卷数62%；无错字者111本，占全数38%。错字共计762个，分意错、形错、全错三种。所谓意错者，即该字音是而意非，例如厚薄之"厚"字，书为"后"字。所谓形错者，即该字音意均是而笔画非，例如高低之"低"字，书为"佂"。所谓全错者，即该字音意全非，例如国家兴亡之"亡"字，书为"仁"字。从这一项的统计数据来看，报考乡村师范学校考生的文字表达总体水平并不是太高。

关于社会科学成绩的统计。第一，党义试卷，共计四题，每题以10分为满分，据统计结果，每人每题计得平均分为4.82分。第二，历史试卷，共计三题，每题以10分为满分，据统计结果，每人每题计得平均分为2.67分。第三，地理试卷，共计三题，每题以10分为满分，据统计结果，每人每题计得平均分为4.1分。从平均分数可以看出，报考学生的社会科学知识比较匮乏。

表5-11 1932年度河南省立乡村师范学校招考新生社会科学成绩统计

分数段（分）	人数（人）	分数（分）
0~5	0	0
5~10	6	37.5
10~15	7	87.5
15~20	11	192.5
20~25	22	495.0
25~30	27	742.5
30~35	15	487.5
35~40	24	900.0
40~45	16	680.0
45~50	16	760.0
50~55	21	1102.0
55~60	11	632.5
60~65	7	437.5
65~70	5	337.5
70~75	7	507.5
75~80	1	77.5
80~85	0	0

分数段（分）	人数（人）	分数（分）
85～90	1	87.5
90～95		
95～100		
总计	197	7564.5

平均分数（分）：38.4

资料来源：《二十一年度河南省立乡村师范学校招考新生之各项成绩统计》，《河南教育月刊》第 3 卷第 1 期，1932 年。统计人为杨冠英、梁灿鼎、白汲秀、董国钧、李庆云、李如松。

关于数理科测验成绩方面，这里选择数学考试成绩进行分析（见表 5-12 至表 5-14）。

从表 5-12 可以看出，没有被录取的学生，有 53% 是在 20 分以下，而在 60 分以上的仅占 4.2%。被录取的学生，在 50 分以下的共占 50.1%，而在 60 分以上的只有 33.3%。按照中学课程标准的规定，初中数学包括算术、代数、几何、三角四部分。此次参加考试的学生，程度与初中毕业相当，而数学科目的测验又缺少几何、三角两种测验，所得成绩如此低，一定程度上反映出报考乡村师范学校学生的数学水平也是让人担忧的。

表 5-12　1932 年度河南省立乡村师范学校招考新生数学测验成绩比较

分数（分）	未取的		取的		总计	
	人数（人）	百分比（%）	人数（人）	百分比（%）	人数（人）	百分比（%）
0～1	22	13.6	0	0	22	11.1
1～5	22	13.6	0	0	22	11.1
6～10	15	9.3	0	0	15	7.5
11～15	18	11.0	0	0	18	9.0
16～20	9	5.5	0	0	9	4.5
21～25	19	11.7	4	11.1	23	11.5
26～30	9	5.5	0	0	9	4.5
31～35	16	9.8	7	19.7	23（原文为13）	11.5
36～40	10	6.1	2	5.5	12	6.0

分数 （分）	未取的		取的		总计	
	人数 （人）	百分比 （%）	人数 （人）	百分比 （%）	人数 （人）	百分比 （%）
41～45	6	3.7	3	8.3	9	4.5
46～50	1	0.6	2	5.5	3	1.5
51～55	4	2.4	4	11.1	8	4.0
56～60	5	3.1	2	5.5	7	3.5
61～65	2	1.2	4	11.1	6	3.0
66～70	1	0.6	2	5.5	3 （原文为1）	1.5 （原文为3.5）
71～75	1	0.6	3	8.3	4	2.0
76～80	1	0.6	0	0	1	0.5
81～85	2	1.2	2	5.6	4	2.0
86～90	0	0	1	2.8	1	0.5
合计	163	100	36	100	199	100

注：其中缺少21人的成绩，皆因犯规取消考试成绩。

资料来源：《二十一年度河南省立乡村师范学校招考新生之各项成绩统计》，《河南教育月刊》第3卷第1期，1932年。统计人为侯长贤、高永育、蒋镜英、刘钧。

依表5－13的统计，没有被录取的学生中，没做和做错的学生占比82.3%，可以看出参加考试的学生平时对于数学方面知识的掌握程度很差。

表5－13　1932年度河南省立乡村师范学校招考未录取新生数学测验成绩统计

题目		做对的		做错的		没做的		合计	
		人数 （人）	百分比 （%）	人数 （人）	百分比 （%）	人数 （人）	百分比 （%）	人数 （人）	百分比 （%）
第一题		35	19.0	110	59.8	39	21.2	184	100
第二题	a	62	33.7	79	42.9	43	23.9	184	100
	b	28	15.3	112	60.8	44	23.9	184	100
	c	44	23.9	104	56.5	36	19.6	184	100
第三题	a	23	12.6	112	60.8	49	26.6	184	100
	b	50	27.2	75	40.8	59	32.0	184	100
第四题		13	7.0	86	46.8	85	46.2	184	100

续表

题目	做对的		做错的		没做的		合计	
	人数（人）	百分比（%）	人数（人）	百分比（%）	人数（人）	百分比（%）	人数（人）	百分比（%）
第五题	5	2.7	18	10.0	161	87.3	184	100
总计	260	17.7	696	47.2	516	35.1		100
备考								

注：作者在此统计表下面有如下说明。没有录取的学生，没做的和做错的，在算术中，占81%。在代数中：（1）补充公式，没做和做错的，占75%；（2）分解因数，没做和做错的，占85%；（3）解联立方程，没做和做错的，占93%；（4）不能列二次方程式和解算者，占97%。

资料来源：《二十一年度河南省立乡村师范学校招考新生之各项成绩统计》，《河南教育月刊》第3卷第1期，1932年。统计人为侯长贤、高永育、蒋镜英、刘钧。

根据表 5－14 的统计，在正取和备取的考生中，做错的和没有做题的占比为 46.8%，比例偏高。

表 5－14　1932 年度河南省立乡村师范学校招考录取正取和备取新生数学测验成绩统计

题目		做对的		做错的		没做的		合计	
		人数（人）	百分比（%）	人数（人）	百分比（%）	人数（人）	百分比（%）	人数（人）	百分比（%）
第一题		24	66.6	11	30.6	1	2.8	36	100
第二题	a	31	86.2	3	8.3	2	5.6	36	100
	b	13	36.1	22	61.2	1	2.8	36	100
	c	26	72.2	8	22.2	2	5.6	36	100
第三题	a	11	30.6	14	38.9	11	30.6	36	100
	b	24	66.6	7	19.6	5	13.9	36	100
第四题		16	44.4	15	41.7	5	13.9	36	100
第五题		8	22.2	4	11.1	24	66.6	36	100
总计		153	53.2	84	29.3	51	17.5		100
备考									

注：作者在此统计表后面有如下说明。在正取和备取的考生中，不能列联立方程式者占55%，不能列二次方程式者占77%。

资料来源：《二十一年度河南省立乡村师范学校招考新生之各项成绩统计》，《河南教育月刊》第3卷第1期，1932年。统计人为侯长贤、高永育、蒋镜英、刘钧。

总体来看，虽然学生选拔过程中存在一定的问题，但乡村师范的入学条件和选拔与其培养目标比较一致，紧紧围绕改造农村这个大方向，注重对学生身体状况、农村生活经验、适应程度、投身农村改造热情的考查，甚至将这一点置于比知识、其他能力更为重要的地位。

（二）乡村师范学校招生的数量与学生来源

对于师范学校招生的数量，国民政府教育部 1932 年颁布的《师范学校规程》和 1935 年颁布的《修正师范学校规程》中都有相同而明确的规定："每年级学生以五十人为度，但至少须有二十五人。"[①] 在实践中，这项规定也得到了贯彻，但不排除有些学校根据实际灵活处理的情况。1931年安徽省第一乡村师范学校招收新生一个班 35 人，而第二乡村师范学校则招收两个班 77 人。[②] 浙江湘湖乡村师范学校招收"简易乡村师范班一年级五十名，乡村师范班一年级五十名，插班生无定额"。[③] 1929 年昆嘉青联立乡村师范学校招生的时候，"报名人数共二百九十人，录取新生本科、特科各五十名，（有）女生二十三名"。[④] 吴江乡村师范学校每年招收人数稳定在 45 人左右，分为正录和保送两种。[⑤] 福州乡村师范学校在第一届只招收了 30 人，以后又有增加。[⑥]

关于乡村师范学生的来源主要有两点值得探讨，其一是家庭出身，其二是地域分布。关于家庭出身，各乡师几乎都要求以农家子弟为佳，但实际上很难完全做到，但以农家出身的学生占主流没有争议。江苏省立栖霞乡村师范学校在学校概况介绍中就有统计：学生"家属业农者百分之七十以上，业商及其他职业者占百分之二十余"。[⑦] 江苏省立灌云乡村师范学校的学生"大都系徐海淮扬各县农民子弟"。[⑧] 江苏省立黄渡乡村师范学校的

---

① 李友芝等编《中国近现代师范教育史资料》第 2 册，1983，第 330、588 页。

② 《省立中学校及高中师范科暨乡村师范学校班数及学生人数统计表》，《安徽教育行政周刊》第 5 卷第 18 期，1932 年。

③ 《浙江省立湘湖乡村师范学校章则：招生简章》，《湘湖生活》第 3 卷第 2 期，1936 年。

④ 蓝：《一个新兴的乡村学校　昆嘉青三县乡村师范学校　蓝塘新村的创作》，《地方教育》第 1 期，1929 年。

⑤ 《江苏省立吴江乡村师范学校概况》，《江苏教育》第 1 卷第 7、8 期合刊，1932 年。

⑥ 《福建省立福州乡村师范学校暂行简章》，《福建教育厅周刊》第 18 期，1929 年。

⑦ 《江苏省立栖霞乡村师范学校概况》，《江苏教育》第 1 卷第 7、8 期合刊，1932 年。

⑧ 《江苏省立灌云乡村师范学校概况》，《江苏教育》第 1 卷第 7、8 期合刊，1932 年。

学生"以家庭职业言，则业农者占绝大多数"。① 其他省份的乡村师范学校的情况大致也是如此。从古楳对 1929～1934 年省立乡师录取新生的家庭出身情况的调查中也可以看出这一点（见表 5－15）。

表 5－15 1929～1934 年省立乡师录取新生家庭出身情况调查

单位：%

家庭职业	1929 年	1930 年	1931 年	1932 年	1933 年	1934 年
农	58	63	66	71	71	73
工	0	1	1	1	2	1
商	20	16	18	11	15	8
学	20	13	12	13	10	14
军政	0	1	0	2	1	1
其他	2	6	3	2	2	3
合计	100	100	100	100	100	100

资料来源：古楳编著《乡村师范概要》，商务印书馆，1936，第 160 页。

各个乡村师范学校学生的地域分布很大程度上取决于政府当初对乡师的设计。国民政府教育部《改进全国教育方案》要求乡村师范学校以每县设立一所为原则，贫困县得两县合设一所；随后的全国义务教育委员会决议又要求"次第在各县成立乡师，期于三年以内，达到每县至少有乡师一所"。② 这种标准实际上隐含了乡师以县为单位的招生原则。但实际中，由于各县乡师条件、交通、师资等差别，很难做到单纯地以县为准，但总体上仍遵循就近原则。江苏省三所省立乡村师范 1932 年的情况也能反映出这一点。江苏省立栖霞乡村师范学校，学生来自"三十余县"，"以本区旧道属较之，则占三分之一弱；以江南较之，则江南占二分之一强"。③ 江苏省立洛社乡村师范学校，因其位于"京沪沿线，且濒运河"，"水陆交通，极具便利"，所以"学生籍贯，分布殊广"。全校 131 名学生中，来自无锡本地的只有 25 人，来自宜兴 20 人，江阴 19 人，武进 17 人，泰兴 17 人，都不在少数。另有来自溧阳 10 人，靖江 7 人，如皋 4 人，金坛 3 人，丹阳、

① 《江苏省立黄渡乡村师范学校概况》，《江苏教育》第 1 卷第 7、8 期合刊，1932 年。
② 古楳编著《乡村师范概要》，商务印书馆，1936，第 6 页。
③ 《江苏省立栖霞乡村师范学校概况》，《江苏教育》第 1 卷第 7、8 期合刊，1932 年。

句容、常熟、盐城、南通、涟水、海门、宝应、东台各 1 人，可谓"分布殊广"。[1] 江苏省立吴江乡村师范学校招收的学生并不限于吴江地区，"凡旧苏常，沪海，淮扬，宁镇，各区均有之"。吴江地区自然最多，达 38 人；其余人数较多的有常熟 19 人，武进 18 人，吴县 16 人，宜兴 13 人，泰兴 10 人，金坛、丹阳各 8 人，靖江 7 人，江阴 6 人；另有如皋、句容各 5 人，启东 4 人，南通 3 人，江浦、阜宁、昆山各 2 人，崇明 1 人，甚至有浙江安吉 1 人。[2] 由此可见乡村师范学生的地域虽然遵循就近原则，但来源并不单一。

（三）乡村师范学校学生的考核与管理

1935 年教育部颁行的《修正师范学校规程》在师范学校学生的学业成绩考核方面有比较明确的规定。师范学校学生成绩考核包括学业、实习、操行及体育成绩四项。关于学生成绩考查的方式，《修正师范学校规程》规定了四种：日常考查、临时试验、学期考试、毕业会考或毕业考试。日常考查的方法有九种：口头问答、演习练习、实验实习、读书报告、作文、测验、调查采集报告、其他工作报告、劳动作业。各门科目依其性质酌情使用。临时试验由各科教员在教学时间内随时举行，每学期每科至少举行两次以上。学期考试于各科教学结束以后，考试一学期内所修课程。毕业考试于规定修业期满后，考试全部课程。参加毕业会考的学生，免除毕业考试。学生实习、操行或体育成绩不及格者，不能进级或毕业。每学期各科缺席时数达到该科教学总时数 1/3 以上的学生，不能参与该科的学期考试。无学期成绩的学科或成绩不及格的学科在三科以上的学生，或仅两科无学期成绩或不及格，但其科目为公民、国文、算学、理化、劳作及各种教育学科等科目中的任何两科的学生，均应留级一学期。连续留级以两次为限，如本校无相当学级，可发给转学证书，转入其他师范学校，插入相当班次。无学期成绩的学科或成绩不及格的学科仅有一科的学生，或虽有两科无学期成绩或不及格，但其科目不是公民、国文、算学、理化、劳作及各种教育学科的学生，令其于次学期仍随原学级附读，一面设法补

---

[1]　《江苏省立洛社乡村师范学校概况》，《江苏教育》第 1 卷第 7、8 期合刊，1932 年。
[2]　《江苏省立吴江乡村师范学校概况》，《江苏教育》第 1 卷第 7、8 期合刊，1932 年。

习无成绩或不及格科目，经补考及格后准予正式进级，如仍不及格，次学年仍留原年级肄业。但此项补考以两次为限，连续留级亦以两次为限，如仍不能进级，发给修业证书令其退学。毕业考试成绩内，不及格学科在三科以上或仅两科不及格，但其科目为公民、国文、算学、理化、劳作及各种教育学科中之任何两科的学生，均应令留级一学年（如学校有春季开始的班级，学生可以留级一学期）。但此项留级以两次为限，如仍不能毕业，发给修业证书令其退学。毕业考试成绩内，有一科不及格或虽有两科不及格，但其科目不是公民、国文、算学、理化、劳作及各种教育学科的学生，可以补考两次，如仍不能及格，令其退学。实习、操行及体育成绩考查办法另行制定。为了给各师范学校更多的自主权，规程规定，在主管教育行政机关规定计算方法外，各校可以采用其他方法对学生进行考核，但须呈教育部核准施行。[①]

关于学生入学、转学、修学、退学及毕业，《修正师范学校规程》也做出详细规定。关于入学问题，《修正师范学校规程》规定：师范学校及幼稚师范科入学资格为初级中学毕业，特别师范科入学资格为高级中学或高级职业学校毕业，入学考试必须为及格分数；师范学校、乡村师范学校、幼稚师范科及特别师范科入学考试，免试外国语。关于转学问题，《修正师范学校规程》规定：师范学校学生于学期或学年终了考试成绩及格，必须转学其他师范学校，或因为留级而本校无相当学级，可以请求学校发给转学证书；师范学校第二学期以上的学级，如有缺额，可以于学期或学年开始前接收插班生；插班生须有其他师范学校学期衔接的转学证书或成绩单，还需要经过编级考试；师范学校最后一年级不得招收插班生。关于休学问题，《修正师范学校规程》规定：师范学校学生因身体或家庭原因，可以请求休学一学期或一学年，休学期满的学生需要请求复学。关于退学问题，《修正师范学校规程》规定：经学校开除学籍的学生，不得发给转学证书及修业证书；师范学校学生因身体或家庭原因，经保证人证明确实有正当理由，并经调查属实者，可以请求学校准予退学。关于毕业事宜，《修正师范学校规程》规定：学生修业年限期满，毕业成绩及格或

经会考成绩及格者准予毕业，由学校给予毕业证书。[①]

　　除了教育部的规定之外，各省份也会对乡村师范学校学生的修养问题做出规定。例如安徽省教育厅制定的《乡村师范学生修养标准》，分为三个大的方面，共计 44 条，具体包括以下内容。第一，乡村师范学校的学生，要做好社会表率，需要注意涵养德性。注意的要点（公德与私德并重）如下。①确定三民主义的人生观。②对于学校一切规则，必定遵守。③须养成团体生活的习惯。④爱护公共物件。⑤要有博爱精神。⑥不妨害他人自由。⑦对于同学，应有规过劝善的义务及合作互助的精神。⑧待人接物，必和蔼可亲。⑨自己能做的事，自己去做。⑩课余须多做有益农村的工作。⑪做事要有责任心。⑫对于师长、同学及一切的人，皆有相当的礼节。⑬凡事得意不矜夸，失意不懊丧。⑭尚气节，重信义。⑮勤俭耐劳。⑯能为正义牺牲。第二，乡村师范学校的学生，负有改造乡村社会的使命，需要注重锻炼以增强体质。锻炼方法（明了生理，讲究卫生）如下。①要有善通生理的常识。②身体要保持适当的姿势。③作辍有定时，饮食有定量。④食后必刷牙，出汗必沐浴。⑤不吸烟饮酒及染其他有害健康的嗜好。⑥衣履须整洁称体。⑦寒暑出门必戴帽。⑧要剪去指甲，整容理发。⑨要养成早晨大便的习惯。⑩要练习抵抗敌人的武术及使用枪械。⑪要抱乐观态度，不作厌世之想。⑫随时驱除一切害虫。⑬要养成美感，使环境艺术化。第三，乡村师范学校的学生是要改造中国社会的，宜努力求得真实学问。求得的步骤（怎样取得智识，怎样应用智识，怎样发展智识）如下。①读书要用科学的方法。②对于学问，要虚心苦求。③要具有公民的常识。④明了世界大势。⑤要知道中国在世界上所处的地位。⑥要有判断是非、认识真理的能力。⑦要练习集合、结社的手续与方法。⑧要加入各种研究会。⑨要牺牲时间与精神，为民众服务。⑩要练习自治能力。⑪要有革命的精神，与恶环境斗争到底。⑫要养成读书的习惯，能够自己研究学问。⑬要能以（语）言、文（字）发表自己的意见。⑭要有调查、搜集、研究的兴趣。⑮要随地联络农民，共谋农村改造。[②]

---

① 中国第二历史档案馆编《中华民国档案资料汇编》第五辑第一编教育（一），江苏古籍出版社，1994，第 450~451 页。

② 《乡村师范学生修养标准》，《安徽教育行政周刊》第 2 卷第 35 期，1929 年。

在学生管理方面，各个学校在严格执行教育部和各所在省教育主管部门规定的前提下，也会根据学校的实际情况，制定更为具体、详尽而且可行的措施。下面以江苏省立洛社乡村师范学校的几项管理规定为例进行说明。

关于学业成绩的管理问题，洛社乡村师范学校依据教育部的精神和省教育厅关于中等学校学生成绩考查的标准制定了《学生学业成绩考查规程》。关于学生的成绩，《学生学业成绩考查规程》规定有平日积分、临时考试、学期考试三种计分方式。计算各科目平均分数时，平日积分、临时考试分数、学期考试分数，各占 1/3。平时积分由各学科教员自由选择以下考查方法：上课时的问答与练习、检查课外练习、检查笔记、检查作品、检查实习工作等。学业成绩的等次，以学业成绩分数为标准，依照下面的方法计算。①学业成绩分数在 80 分或 80 分以上者为甲等，但有四种或四种以上的科目成绩在 80 分以下者，则为乙等。②学业成绩分数在 70 分或 70 分以上 80 分以下者，则为丙等。③学业成绩分数在 60 分或 60 分以上 70 分以下者为丙等，但有下列情形之一者则为丁等：（甲）有四种或四种以上的科目成绩在 60 分以下者；（乙）不足 60 分之学分数占本学期修习学分总数 1/3 或 1/3 以上者。④学业成绩分数在 60 分以下者为丁等。《学生学业成绩考查规程》对留级、不能毕业、休学、退学等情况也做了具体规定。①

关于学生缺课和旷课问题，洛社乡村师范学校制定了《学生缺课及旷课办法》，加强对缺课和旷课的管理和处理。学生缺席已经准假者为缺课，未经准假者为旷课。迟到或早退三次，以缺课一次论。一学期中，学生缺课每一学程达四小时者，扣该学程学期总成绩分数一分。缺课时数满每学期授课时数三分之一者，不能参与学期试验，即令留级或直接让其休学。如继续留级或修学已经逾一年者，即令退学。一学期中缺课总数达 30 个小时者，除在各该生所习学程分别扣分外，同时扣学期总平均分数一分，以此类推。一学期中旷课一小时者，扣该学期总平均分数一分。如其旷课总数达十次者，即令其退学。②

---

① 《学生学业成绩考查规程》，《洛社乡师校刊》第 2 期，1933 年。
② 《学生缺课及旷课办法》，《洛社乡师校刊》第 2 期，1933 年。

　　关于学生请假问题，洛社乡村师范学校制定了《学生请假规约》，对学生的请假事宜进行管理。学生请假分下列两种。（甲）例假。星期日下午之 1 时至 5 时；纪念假日上午 8 时至 11 时，下午 1 时至 5 时。（乙）特假，包括事假和病假两种。学生请假手续分别如下。第一，例假日学生外出，须至训育处例假簿上签名。第二，特假如系事假，须由家长来函，经训育处核准。病假由校医证明，经训育处核准。事假期间，至多以两周为限。凡请假离校，须填写请假书，由训育处核准签字后，方得离校。未经准假而私自离校者，照惩奖规程办理。未经核准而擅自缺席或过核准期限而未申明续假者，均照旷课规程办理。①

　　关于学生的奖惩问题，洛社乡村师范学校制定了《学生惩奖规程》，详细列举了奖励和惩罚的各种情况。规程规定对于本校学生操行、学业、体育等成绩卓越者分别等差，予以相当的奖励；其不良者，予以相当的惩戒。关于学生奖励方面，奖励分团队、个人两种，奖励办法分下列四等。①摄影题名为一等。②奖状奖旗为二等。③奖书籍或学（习）用品为三等。④言语奖励为四等。凡学生团体所得之奖品，应置于团体所在之地，以资共同鼓励。奖励学生除在全校范围内公布外，还会通知其家长。关于学生惩戒方面，分为下列五种：训诫、警告、停学、命令退学、停止毕业。其应退学或停止毕业者，由训育会议提交校长召开全体教职员会议决定。凡学生受过训诫满三次者，以一次警告论。关于学生警告、停学、命令退学及停止毕业等惩戒，除书面通知其家长外，要在全校范围内公示。②

　　关于学生的考试和补考问题，洛社乡村师范学校制定了《考试及补考办法》，对考试和补考给予明确的规定。除学期考试外，其他考试日期概不提前通知。考试时，各级学生均须依照教务处编定之位置就座，不得凌乱。考试时不得谈话，或阅看他人试稿。考试时如有舞弊行为者，其成绩概以零分计。凡有下列情形之一而不犯留级或休学、退学规定者，可以参加一次补考。①学期成绩不及格，而在 50 分以上者。②因病或因重大事故，经请假核准而未参加学期考试或临时考试者。补考分数一律以九折计

① 《学生请假规约》，《洛社乡师校刊》第 5 期，1933 年。
② 《学生惩奖规程》，《洛社乡师校刊》第 5 期，1933 年。

算，其为临时考试者，由各科教员办理。其为学期考试者，归教务处办理。[①]

可以看出，各个学校的具体规定大部分与教育部的《修正师范学校规程》是一致的，但也会根据各自学校的特殊情况，做出一些符合自己学校实际情况的规定，以便更有效地加强对学生的管理。

关于乡村师范学校学生的管理，还有一个非常重要的规定就是毕业生的服务问题。教育部公布的《修正师范学校规程》规定师范学校毕业生服务年限一律为三年。师范学校每届毕业生，应由省市县教育行政机关分配于各地方充任小学或相当学校教员。师范学校及特别师范科毕业生充任小学教员；幼稚师范科毕业生充任幼稚园及初级小学教员。师范学校毕业生在规定服务期内，不得升学或从事教育以外之职务；但服务满一年、成绩优良、志愿升入师范学院或简师毕业生志愿升入师范学校者，得于呈请省、市教育行政机关核准后投考升学。[②]

(四) 乡村师范学校学生的培养

1. 培养的阶段划分

乡村师范学校的学生培养一般分为若干阶段，每一阶段有一个训练目标。例如，山东省立第四乡村师范学校的训练步骤分为三个时期。第一个步骤是为做而学时期。第一学年，尽力使新生对学校渐次熟悉，并渐次爱护，由勉强而养成自然。此步骤，可称为幼稚时期——被动时期。第二个步骤是且做且学时期，第二、三学年通过因势利导，一面使其自动，一面加以控制，冀得纳入正轨阔步迈进。此步骤，可称为青春时期——半自动时期。第三个步骤是由做而学时期。第四学年的学生经过三载的陶冶，"意识行动与学校精神，浑然一体，无可分析"。在此时期，任其自由活动，由做中自学，待其疑难不决，只稍加提示。这一步骤，可称为壮行时期——自动时期。[③] 江苏省立栖霞乡村师范学校的训导进度如下。在第一

---

① 《考试及补考办法》，《洛社乡师校刊》第 2 期，1933 年。

② 中国第二历史档案馆编《中华民国档案资料汇编》第五辑第一编教育（一），江苏古籍出版社，1994，第 452 页。这个问题在第二章中有专门论述，不再列举各个学校毕业生的具体去向。

③ 山东省立第四乡村师范学校编辑委员会编印《一个乡师的试验——山东省立第四乡村师范学校概况》，1933，训导概况，第 11~12 页。

年级，一切均"勉而行之"。第二年级则一切渐趋自然，不勉强，能"安而行之"。到第三年级，一切优良习惯已经养成，并能"乐而行之"。最后到第四年级，已"具有自治之充分能力，群治之相当能力"，足以应付毕业后的服务，"有为人师表之气度与涵养"了。① 浙江省立湘湖乡村师范学校的训导也分为三个阶段。第一阶段注重基本训练，学生寓居本部，主办学生自治会，对各种学科做普遍的研究。第二阶段注重民众教育的训练，学生仍寓居本部，负责协办推广教育，除研究各学科外，对于民众教育各种问题，须做详尽的研究。第三阶段注重儿童教育的训练，学生寓居各中心小学，负责协办小学教育，对于儿童教育各种问题，须做详尽的研究。② 河南省立百泉乡村师范学校也是执行分段培养的方式："1. 一年级之训练——侧重思想，劳作及公众服务之训练，盖以一年级学生，为初度来自各地之新生，其思想志趣，必极复杂，故首宜注意其思想之指导，并用劳作及公众服务以磨练其身心。本校认为此段训练，关系最为重要，盖欲以此而立所谓理想基础也。2. 二年级之训练——侧重服务能力态度及精神之训练，它如研究方法，自修习惯亦注意在此时间予以养成。良以本校二年级学生开始实习教育实际工作（到实区各乡校实习），亦即为开始与乡村社会接触，其平日在本部所养成之学习态度，自必与乡民不相接近，故宜趁此时机，训练其服务态度与精神？然复以此时学生一方既在实习，而他方亦仍须继续读书，若不善自修，必不暇读书或竟不肯读书，则将服务社会，亦必有感于知识之缺乏，故于此时并注意其自修能力与习惯之养成。3. 三年级之训练——侧重学生遇事能作设计及发现问题，研究问题，解决问题能力之训练——因三年级学生行将毕业离校，深入社会工作，故在此期间，注意上项之训练，以增进其应付环境及服务社会而独当一面之能力。"③

2. 培养的方式

乡村师范训练学生，一般都要打破教学训育和课外活动的界限，采取生活教育的方式，师生共生活、共甘苦，在劳力上劳心。这样做的目的如

---

① 栖霞乡师：《我们的主张与实施》，《江苏教育》第 2 卷第 12 期，1933 年。
② 古楳编著《乡村师范概要》，商务印书馆，1936，第 163 页。
③ 河南省立百泉乡村师范学校实验研究部编印《百泉乡师答客问》，1936，第 12～13 页。

下。第一，教师与学生共甘苦，才能了解学生的问题，才会帮助学生求解决。第二，学生与教师共甘苦、共生活，才能了解教师的问题，才会体谅教师的困难。第三，教师与学生打破师生界限，大家一块儿吃，一块儿住，一块儿玩，一块儿做事，一块儿看书，其中有说不尽的乐趣，可以免除师生间的隔膜。第四，师生共生活、共甘苦，教师可以随时解决学生遇到的问题，能够减少许多可以避免的风潮。第五，教师能与学生共甘苦，而后可望学生能与民众共甘苦。第六，教师能与学生共甘苦，而后教育才能贯彻社会化与民众化的主张。[①]

晓庄试验乡村师范学校采行教学做合一的生活法，取消"训育"和"课外活动"的名称，主张"师生共生活、共甘苦是最好的教育"，日常生活的操作都由师生分别担任。该校认为大家一起打扫卫生、轮流烹饪，就是正课，也就是教育。绝不能离开人生的工作而去讲教育。至于说在扫地烹饪等粗事之上究竟有多少价值，该校认为学校中人如果能干这些粗事，一是可以养成勤劳耐苦的习惯；二是可以操练柔弱易病的体魄，工作就是运动，就是体操；三是可以明了粗事之不易做，粗工之不可轻侮了；四是"手脑双全，身心并用，一面做事，一面学习，就可得见真理，有所发明。科学的发明往往在实际的工作中得来的"。[②] 当时很多学校太过注重书本的知识，不敢让学生干粗活，培养的学生慢慢地不屑于干粗活，这样的学生将来走出校门后，不可能具备从事乡村工作的能力和兴趣。

浙江省立湘湖乡村师范学校"为养成劳动的身手起见，于肌肉劳作方面，异常重视，每日每人至少须作工一小时；工学制各级学生，每周农业工作，至少须有十八小时。工作种类，一部份有酬给，如农工生产之盈余，学生可以共同享受；一部份无酬给，如筑路、浚池、管山、造堤等公共工作，均为义务服役。至每日之整洁工作，如洒扫、洗抹、除草等，均由学生分任，每天一次，无间假期"。[③] 在这里教学做合一的教学方式与晓庄试验乡村师范学校是一脉相承的。

江西省立南昌乡村师范学校，在教学过程中厉行劳动与生产教育：

---

① 杨效春编《晓庄学校与中国乡村教育》，爱文书局，1928，第 14 ~ 15 页。
② 杨效春编《晓庄学校与中国乡村教育》，爱文书局，1928，第 17 页。
③ 古楳编著《乡村师范概要》，商务印书馆，1936，第 164 页。

"甲、清晨整洁。每日清晨健康活动后，各生奔赴清洁用具室，携取扫帚抹布，依照清洁操作表所指派之地点操作，举凡校内校外，门窗几桌一切洗抹扫除均由学生负责……乙、午后劳作。每日下午四时起，各级列队操场，由训育主任分配各项工作大致分农事，工艺，劳动三项。"①

河南百泉乡村师范学校在训练学生方面，除了分级训练之外，还有共同的训练——各个年级学生共同接受的训练，其中心目标是："1. 养成自治与自制的能力：①对公共秩序能自己持理；②对自己生活能自行控制而计划。2. 养成责任心。3. 养成团体生活习惯。4. 能诚实而好俭朴。5. 动作能整齐敏速而有意义。6. 言词能清爽流利。7. 养成文字发表之能力。"②分级训练方面，对一年级学生侧重思想、劳作及公众服务方面的训练，以培养学生服务乡村的理想与信念；对二年级学生侧重服务能力、态度以及精神方面的训练，使其养成自主学习的习惯；对三年级学生侧重发现问题、研究问题、解决问题能力的训练，以增进其应付环境、服务社会而独当一面的能力。③

3. 培养的组织

乡村师范训练学生的方式既然不同，其组织形式也就彼此各异，大概说来有三种。第一种是采取军队的组织，实行严密的共同生活纪律，这方面以晓庄学校的乡村教育先锋团为代表。乡村教育先锋团的宗旨，是采取军队组织精神，以整肃共同生活之纪律，增进团体行动之效率。"凡试验乡村师范学校人员皆为本团当然团员。"乡村教育先锋团设"（A）团长一人——校长为当然团长。（B）副团长二人——两院长为当然副团长。（C）指导部——由本校指导员组织之。（D）纪律部四人——由团务会议公选之。（E）总队长一人——由团务会议公选之。（F）队长每队一人——由各队队员公选之。（G）每队队员六人——凡于特别情形时每队队员得临时增减"。④

第二种是采取新村的组织，在校长、训导主任等监督指导之下，培养

---

① 江西省立南昌乡村师范学校编印《江西省立南昌乡村师范学校一览》，1934，训导概况，第 2 页。

② 河南省立百泉乡村师范学校实验研究部编印《百泉乡师答客问》，1936，第 11～12 页。

③ 河南省立百泉乡村师范学校实验研究部编印《百泉乡师答客问》，1936，第 12～13 页。

④ 杨效春编《晓庄学校与中国乡村教育》，爱文书局，1928，第 18～19 页。

个人德性，养成团体生活的习惯，这方面以江苏省立洛社乡师的洛社新村、界首乡师的氄湖新村为代表。洛社新村"举凡学生在校生活上之实际需要与课外作业，以及推广事业方面之诸般活动，悉包括其中。以全校学生为村民，教师为村佐。村民所选举之职员，分司各部规划进行之责，而监督与指导之责，则由村佐任之。其作用在以整个的学校生活，打成一片，而泯除普通一般学生集会易与学校互立于对待（立）地位之情形"。①氄湖新村"以全校为一村，直隶于科主任（后改为校长）。每一自修室为一间，直隶于村。每一寝室为一邻，直隶于间"。村设村长、副（村长）各一人，秉承科主任，处理全村事务；间设间长一人，秉承村长，处理全间事务；邻设邻长一人，秉承间长，处理全邻事务。"以培养自治能力，促进经验发展，增进协作精神，养成服务习惯为宗旨。"②

第三种是在学校训育处或训育部监督指导之下，组织各种课外活动，以训练学生的能力，养成学生的德性。这种方式在乡村师范中最为普遍。

无论采取何种组织培养乡村师范学校的学生，务必能使学生由散漫步入严密，由个人生活进至集体生活，然后才有作用，才有价值。

4. 培养的特色

乡村师范学校紧紧围绕学校的宗旨，在与乡村社会相联系中对学生进行培养，表现出与普通师范不同的特色。前面已经从不同的方面论述过这个问题，这里以山东省乡村师范学校每月的作文题（见表 5－16 至表 5－19）为例说明乡村师范学校学生培养方面的特点。

表 5－16　山东省立第一乡村师范学校九月份作文题目

第　级	第　班	第　周	题目	第　次作文	备考
二	一	一	暑期生活的零碎	一	
		一	自传	一	
		三	秋之夕	二	
		三	往事	二	
		三	我的乡村教育观	二	

①　《江苏省立洛社乡村师范学校概况》，《江苏教育》第 1 卷第 7、8 期合刊，1932 年。
②　《江苏省立界首乡村师范学校概况》，《江苏教育》第 1 卷第 7、8 期合刊，1932 年。

续表

第　级	第　班	第　周	题目	第　次作文	备考
二	二	一	暑假的生活	一	
		一	北园的秋	一	
		三	往事	二	
		三	我的乡村教育观	二	
三	一	一	忆	一	
		一	述怀	一	
		三	往事	二	
		三	乡村教育的出路	二	
三	二	一	忆	一	
		一	述怀	一	
		三	往事	二	
		三	乡村教育的出路	二	
四	一	一	离家的前夜	一	
		三	盲乐师的演奏	二	
四	二	一	农村一瞥	一	
		三	我记忆中的往事	二	

资料来源：《山东省立第一乡村师范学校九月作文题目呈报表》，《山东教育行政周报》第223期，1933年。

表5－17　山东省立第四乡村师范学校八、九、十月份作文题目

第　级	第　班	第　周	题目	第　次作文	备考
初级部第四级	第一班	第二周	回校途中	第一次	
		第四周	阴雨连绵的中秋节后	第二次	
		第六周	家书一则	第三次	
		第八周	秋风震憾下的青州城	第四次	
		第十周	续黄梁书后	第五次	
初级部第四级	第二班	第二周	暑假中	第一次	
		第四周	1. 新秋试笔；2. 秋雨	第二次	选作一题
		第六周	九一八周年纪念感言	第三次	
		第八周	1. 送华北选手；2. 旅青杂感	第四次	选作一题

续表

第　级	第　班	第　周	题目	第　次作文	备考
		第十周	1. 忆儿时； 2. 云门记游	第五次	选作一题
师范部第五级	第一班	第二周	暑假回忆录	第一次	
		第四周	九一八感言	第二次	
		第六周	述农民生活之一斑	第三次	
		第八周	述故乡之神话传说故事	第四次	
		第十周	论调查团报告书	第五次	
师范部第五级	第二班	第二周	乡土志异	第一次	
		第四周	收获	第二次	
		第六周	译山鬼一篇为散文	第三次	
		第八周	1. 国庆与国难； 2. 重九日	第四次	选作一题
		第十周	读九歌后	第五次	
师范部第六级	第一班	第二周	暑假中	第一次	
		第四周	1. 秋雨； 2. 青州闻见记	第二次	选作一题
		第六周	收获以后的城市农村	第三次	
		第八周	繁荣青州计划书	第四次	
		第十周	他的生活	第五次	
师范部第六级	第二班	第二周	投考本校的前后	第一次	
		第四周	1. 秋雨； 2. 青州闻见记	第二次	选作一题
		第六周	收获以后	第三次	
		第八周	日记一则	第四次	
		第十周	与友人书	第五次	

资料来源：《山东省立第四师范学校八九十月作文题目呈报表》，《山东教育行政周报》第222期，1933年。

表 5 - 18　山东省立第五乡村师范学校九月份作文题目

第　级	第　班	第　周	题目	第　次作文	备考
师范部第三级	第一班	第一周	秋之夜	第一次作文	
师范部第三级	第一班	第三周	农民生活之一瞥	第二次作文	
师范部第三级	第二班	第二周	离家的前晚	第一次作文	

续表

第　级	第　班	第　周	题目	第　次作文	备考
师范部第三级	第二班	第四周	青年要有向上的精神	第二次作文	
师范部第三级	第三班	第一周	1. 斜阳里的秋风； 2. 新秋	第一次作文	
师范部第三级	第三班	第三周	忆	第二次作文	
师范部第四级	第一班	第一周	读书救国	第一次作文	
师范部第四级	第一班	第三周	同学刘君的死	第二次作文	
师范部第四级	第二班	第一周	暑假生活片段	第一次作文	
师范部第四级	第二班	第三周	对于文学之我见	第二次作文	
初级部第五级		第二周	1. 抵校一夕谈；2. 蝗灾	第一次作文	
初级部第五级		第四周	秋天的林野	第二次作文	
乡村师范部 第一级		第一周	一个乡村教员	第一次作文	
乡村师范部 第一级		第三周	抵校一夕谈	第二次作文	

资料来源：《山东省立第五师范学校九月作文题目呈报表》，《山东教育行政周报》第 222 期，1933 年。

表 5-19　山东省立第七乡村师范学校九月份作文题目

第　级	第　班	第　周	题目	第　次作文	备考
一	一	一	我的家乡	一	
一	一	三	乡师学生所负的使命	二	
一	一	四	自我描写	三	
一	二	一	入校后第一封家信	一	
一	二	三	乡村学生的使命	二	
一	二	四	自我描写	三	

资料来源：《山东省立第七乡村师范学校九月作文题目呈报表》，《山东教育行政周报》第 222 期，1933 年。

从表 5-17 到表 5-19 所列山东省立第一、第四、第五、第七乡村师范学校报送的作文题目来看，乡村师范学校在教学过程中，注重培养学生对乡村社会、乡村师范学校宗旨、乡村教师的认知，为他们毕业之后投身乡村教育做好思想和知识方面的充分准备。

（五）乡村师范学校学生的实习

1935 年教育部颁布的《乡村师范学校课程标准》和《简易乡村师范学校课程标准》，对乡村师范学校学生的实习问题均做出明确的规定。两个标准的内容大致相同，在此展示《简易乡村师范学校课程标准》中关于乡村师范学校实习的相关重点内容。关于实习的目标，包括四点内容。第一，使学生明了实习之原理原则，以增进其信念。第二，使学生获得小学教学实施之经验。第三，使学生获得小学教员业务上熟练的技能。第四，使学生切实明了小学行政之实际及处理方法。关于实习的方式，包括参观、见习、试教等，每一项都有明确的工作任务。关于参观，包括学校行政参观法、教学参观法、社会教育参观法、地方教育行政参观法、结果整理与报告等方面的内容。关于见习，包括学校行政见习、教导见习、事务见习、见习之方法及报告等方面的内容。关于试教，包括教材之选择及其排列、教具之使用、教案编制法及使用法大要、如何训练视觉及示范、如何引起注意及发问、如何利用暗示、如何造成概念及记忆、如何训练思考、如何维持教室秩序、如何指导儿童学习、如何处理儿童成绩等十一个方面的内容。参观、见习、试教结束之后均有讨论会，以期总结经验教训。[①]

1941 年教育部公布的《师范学校（科）学生实习方法》可以看作对两个标准中乡村师范学校学生实习课程标准的细化。该方法强调各师范学校（科）应组织实习指导委员会专门负责计划及指导学生实习。参观及见习的范围包括学校行政、教学及训育实施、社会教育事业、县及乡（镇）保教育行政、乡（镇）保一般自治及行政事务。此外，该方法明确规定，实习成绩不及格的学生不能毕业。[②]《师范学校（科）学生实习方法》是面对所有师范学校的规定，没有对乡村师范与普通师范在实习方面的不同特点进行区分，这种不同不仅体现在地点、层次上，而且体现在性质、范围和内容、形式等方面。对于这些问题，郑之纲在《乡村师范教育实习指导》[③] 一书中有比较详细的论述。

在论述乡村师范学校实习性质的时候，郑之纲强调，由于乡村师范学

---

① 教育部师范课程标准编订委员会编《简易乡村师范学校课程标准》，中华书局，1935。

② 李友芝等编《中国近现代师范教育史资料》第 2 册，1983，第 441 ~ 445 页。

③ 郑之纲编《乡村师范教育实习指导》，黎明书局，1934，例言。

校要培养学生毕业之后深入农村、办理适合农村需要的教育事业之技能和志向，这种教育上的性质决定了实习的性质，即通过实习掌握办理农村小学和其他农村教育事业的本领。[①] 关于乡村师范学校实习（参观、见习、试教）的范围，郑之纲认为乡村师范学校实习的范围要比普通师范学校的实习范围广泛得多。为适应乡村小学的实际情形，乡村师范的教育实习除需要包括与普通师范学校形式相同而实质相异的一般学校行政及学科试教之外，应格外注意以下两个方面的内容。其一是"乡村小学的劳作教学之实施方法，应特别注意。在提倡生产教育的现阶段，劳作教育在小学教育上实有其重要位置。我们不仅训练乡村儿童一些劳作的技术，且要养成他们劳动的精神和尊重劳动者的正确观念"。其二是"乡村单级教育的设施，尤应研究。在现状下的中国农村，要单式编制的小学校普及，不但为经济上所不许，亦为事实上所不能！是以单级教育的实施，非惟极适合农村社会实况，且亦惟有多多推行单级教育，才可转移农村的教育命运。单级教育在农村教育的地位既如此重要，那么关于单级小学的行政设施、编制、管理、教材、教法等问题，乡师学生便不可不研究体验了。这里见习和试教的情形，便与普通单式编制的小学，（有）很多不同"。[②] 关于实习的形式，郑之纲的论述与教育部的规定一致。

民国时期的乡村师范学校对实习工作都比较重视，为了保证实习工作的顺利进行，各个学校都制定了详细的实习方案。如浙江省立锦堂乡村师范学校制定的《暑期实习方案》，对实习目的、场所、方法、工作种类、时间、工作数量、工作报告、成绩考查、实习规则及奖惩办法等方面都做了规定。关于实习目的，方案列举三个方面的内容：锻炼体格并养成劳动习惯；在农事方面求得熟练之技能；明了农作物实际状况，尤着重于棉花之栽培及瓜果等病虫害之防治。关于工作种类，包括农作的方方面面。关于实习成绩的考查标准，方案规定，工作勤惰占40%，工作合法与否占40%，日记报告占10%，阅读研究占10%。实习导师认为有学生成绩不满意者，随时予以口头警告。凡受两次口头警告者，实习成绩定为不及格。关于实习规则，方案规定：学生需听从实习导师指挥；在规定时间内须努

---

① 郑之纲编《乡村师范教育实习指导》，黎明书局，1934，第14页。

② 郑之纲编《乡村师范教育实习指导》，黎明书局，1934，第18页。

力工作；须爱护农产物及农具；不得托故请假；不得无故不到；不得迟到早退。关于奖惩办法，方案规定，违犯实习规则中任何一项者，予以警告，警告满三次者，即令其退学。工作努力而成绩优良者，呈请教育厅核准补助实习时之膳费。实习成绩最优者，呈请教育厅核准酌给书籍费三元至五元。[①] 从这个奖惩规定上可以看出，省立锦堂乡村师范对实习工作的重视程度。其他乡村师范学校也有类似的规定。

从当时一些学校制定的实习方案上看，其实习原则与学校的培养宗旨保持一致。如江苏省立灌云乡村师范学校，在实习方案中强调："实习与研究，同时并行，以期学识与经验，融为一炉。"关于实习的范围，不仅限于教学，"举凡学校组织及行政，皆在实习之列"。关于实习的性质，分为证验实习及系统实习两种。关于实习的步骤，有两个方面：教学实习，由观察而参与，而试教；校务实习，由参与而练习，而计划。实习从三年级开始，实习时量相同，而实习种类则异。其始重在观察与参与，其终重在试教。关于实习的指导，以学校指导员与附小有经验的教员"共同负责指导，俾与实际教育相联络"。关于实习的地点，不限于学校的附小，必要时也可以借用附近的乡村小学，以资比较。[②]

灌云乡村师范学校制定的实习步骤是：第一，参观。第一学年做普通之观察，第二学年做专门之观察。事前预为制定表格，以便观察填记，事后开会讨论，并汇集报告。第二，参与。参与之步骤，由助理教师负责计划的执行，其范围如下：联络家庭；布置校景；检查体格；检查清洁；指导表演；指导活动；助理杂务；助理测验；列席会议；其他。第三，实习。实习分教学实习与校务实习两种。教学实习分为两种："A. 证验实习——教生主教，教师助教；B. 系统实习——教生完全负责教学，教师即在旁视察，作为批评之资。"校务实习分为四种："A. 事务实习——如庶务、会计、卫生、交际等；B. 教务实习——如招生、测验、统计、以及课务进行等；C. 训务实习——如课内管理、课外指导、监护儿童、集会等；D. 农场实习——如农具管理、种子保管等。"[③]

---

① 省立锦堂乡村师范：《暑期实习方案》，《浙江教育行政周刊》第 6 卷第 9 期，1934 年。
② 《江苏省立灌云乡村师范学校概况》，《江苏教育》第 1 卷第 7、8 期合刊，1932 年。
③ 《江苏省立灌云乡村师范学校概况》，《江苏教育》第 1 卷第 7、8 期合刊，1932 年。

灌云乡村师范学校教学实习考核标准见表 5 - 20。

表 5 - 20 江苏省立灌云乡村师范学校教学实习考核标准

单位：分

考核项		分值	考核分项	分值
态度		10	仪容和蔼	5
			举止安详	5
语言		30	清晰	10
			正确	10
			轮次	5
			语调	5
姿势		10	活泼	5
			优美	5
技能	教学历程	40	动机之引起	5
			解释之鲜明	5
			施教之应变	5
			判断之敏捷	5
			时间之经济	5
			个性之适应	5
			问答之次序	5
			兴趣之鼓励	5
	教室管理	10	出入之秩序	5
			收发之敏捷	5
合计				100

资料来源：《江苏省立灌云乡村师范学校概况》，《江苏教育》第 1 卷第 7、8 期合刊，1932 年。

乡村师范学校提倡劳动生产，特别注重开展劳作教学，几乎所有的学校对农业实习都特别重视。如江苏省立洛社乡村师范学校制定的《学生农场实习规程》对农业实习的具体规定："（一）学生在实习时间须一律身穿短服，否则以缺课论。（二）学生闻上课钟，须齐集农场听候指导员点名及分配工作。（三）学生领用农具，均由各级农场干事监督分配，不得随意取拿。（四）学生在工作时间倘有特别事故（情），须得指导员之许可，始得离场。（五）学生施用农具，须爱惜、保护，倘有损坏或抛弃情事，须照价赔偿。（六）学生闻下课钟，须将农具揩拭干净，并由各级干事监督，按次放置原位，不可任意抛掷。（七）学生每次实习须将工作事项及心得记录工作日记，请指导员得随时取阅以评成绩。"[1]

江苏无锡中学乡村师范科结合各个年级的教学实际，安排不同的实习内容。该校一年级学生注重农作物的栽培及改良。在学校农场东部，特别划定一个作物区，专供一年级学生进行作物实习。1931 年 10 月，播种美国白皮小麦二亩，每位学生管理一行，负责中耕、除草、施肥等事项。因此，该区小麦发育很好，收获前虽然遇到不良天气，但是"产量仍达二石八升。平均每亩产量一石四升。调查本年农家产量，每亩仅五斗左右"，该校产量竟超过农家产量一倍以上。该校二年级注重育蚕实习。1932 年上半年二年级农事实习，侧重于春蚕饲育。从 4 月中旬开学后，即着手催青，共计养育蚁蚕一钱一分。自 4 月 28 日收蚁，至 5 月 25 日上簇，发育共经历 28 天，使用桑叶 300 余斤，采得鲜丝量 26 斤 4 两。该校采用新式的蚕架、蚕箔、蚕网，使用极其便利。关于饲育方面，对温度、湿度尽力调节，对病菌又严行消毒，虽然当年其他地区的病蚕蔓延遍地，但该校蚕体丝毫未染病。即使在采丝时，亦未见一病蚕。来校参观的乡民，无不称羡。参与实习的学生也觉得收获很大。该校一二年级注重校内农事实习，而三年级则注重校外农作的模范指示。该校 1931 年秋天在大路附近划田二亩，耕种小麦，收获后与田主平分。"品种为金大二十六号小麦，用条播法播种，播种前用碳酸铜粉拌种"，管理则注意中耕、除草、施肥诸事项，发育经过极佳，可惜成熟时遇到阴雨天，致使每亩产量仅及一石。[2]

（六）乡村师范学校毕业生人数及毕业率

根据古楳在 1932 年的统计（见表 5 - 21），全国乡村师范学校的学生人数为 35654 人，毕业人数仅为 6088 人，毕业率只有 17%。

---

[1] 《学生农场实习规程》，《洛社乡师校刊》第 11 期，1934 年。

[2] 《锡中乡师：各级学生农事实习近况》，《苏省乡师月刊》第 8 期，1932 年。

表 5 - 21　1932 年部分省份与全国乡村师范学校毕业人数及毕业率

省份	学生数 (人)	毕业生人数 (人)	毕业率 (%)
江苏	2319	1040	45
浙江	501	14	3
安徽	301	84	28
江西	434	103	24
湖北	516	31	6
湖南	366	69	19
四川	2770	439	16
福建	387	47	12
云南	3341	270	8
贵州	—	—	—
广东	6446	1147	18
广西	361	72	2
河南	3208	290	9
河北	7267	1671	23
山东	2374	28	1
热河	318	48	15
察哈尔	529	18	3
全国合计	35654	6088	17

资料来源：本表根据教育部《二十一年度全国中等教育统计》制成，见古楳编著《乡村师范概要》，商务印书馆，1936，第 42 ~ 44 页。

关于乡村师范学校的学生毕业率不高的问题，因为缺乏确凿的统计资料，无法对此进行分析。

由于乡村师范学校特殊的培养目标，时人对乡村学校的教师与学生都寄予厚望，希望他们担负起改造乡村社会的使命。培养方案中的很多要求超越了学校教学与教育的范畴，乡村师范学校的教育如何达到既定的教学目标，是值得进一步考察的问题。

第六章　乡村师范学校与乡村社会的发展

乡村师范学校独特的"乡村"内涵，不仅要求学生从事乡村教育或社会教育，还要求学生掌握一定的农业生产技能，将来能从事农作活动，具备改造整体农村社会的才能和精神。民国时期，大多数乡村师范学校都设置有"推广部"。这一部门的设置，一方面是为了加强乡师与农村的联系，同时锻炼学生的农村实践能力，增强学生对农村的适应能力；另一方面是为了通过努力，达到改造乡村社会、推动乡村社会发展的目的。

一　乡村师范学校社会推广的内容、原则与组织

（一）乡村师范学校进行社会推广事业的重要性

民国时期的乡村师范学校，承担着增进知识、提高乡村文化、改变乡村社会面貌、推动乡村社会全面发展的任务。这一切艰巨的事业，在寂寞荒凉的乡村中，要靠做文化救星的乡村师范来领导实干。所以"看学校的标准，不是校舍如何，设备如何，乃是学生生活力丰富不丰富。村中荒地都开垦了吗？荒山都造了林吗？村道已四通八达了吗？村中人人都能自食其力吗？村政已经成了村民自有，自治，自享的活动吗？这种活的教育，不是教育界或任何团体单独办得成功的，我们要有一个大规模联合，才能希望成功。……倘有好的乡村学校，深知选种调肥，预防虫害之种种科学农业，做个中心机关，农业推广就有了根据地，大本营，一切进行，必有一日千里之势。……教育与银行充分联络，就可推翻重利；教育与科学机关充分联络，就可破除迷信；教育与卫生机关充分联络，就可预防疾病；

教育与道路工程机关充分联络，就可改良路政。总之乡村学校，是今日中国改造乡村生活之唯一可能的中心！"① 江苏省立栖霞乡师 "以学校为乡村文化之中心，凡乡村农民之需要者，无不尽量供给。学校之范围，不仅以学校校舍为限，实以学校所在地之乡村为区域。教育者之对象，不仅为学校学生，凡乡村一切民众，均为教育者之对象，以期达到改良乡村社会之目的"。② 黄麓简易乡村师范学校以 "实施人生教育，推动农村建设"为主旨，要求学生 "无论为学校计，为社会计，为教育计，为建设计，为自己的理想和生命计，统不能袖手旁观，熟视农人之疾苦颠连而无所动心"。③ 可见，乡村师范学校都充分认识到了其改造农村社会的责任。

要让乡村师范生能够改造乡村生活，对将来服务的乡村有所贡献，需要于在校时培养他们因地制宜的活本领。这种活本领，最好在教学做合一的过程中或实际生活中去培养。乡村师范做各种推广工作，就是培养学生改造乡村生活活本领的一种有效方式。江西省立南昌乡村师范学校为了培养改造乡村的领导者，颇为重视推广事业。他们深信："乡村小学，是改造乡村的中心机关，乡村小学教师，是改造乡村的领导者，而乡村师范为培养乡村小学教师的场地，学生在校时，不得不使其获得改造乡村社会的经验和能力，俾将来足资应用。"他们进行社会推广的宗旨是："要社会学校化，将学校教育扩充到乡村里去，使学校以外的民众都有受教育的机会"；"要学校社会化，使学生不致和社会隔阂，而获得改造乡村社会的经验"。④ 湖北省立第一乡村师范学校认为推广工作 "是把已经试验有结果的事业推广到农村中去，同时却要撤去学校的藩篱，使学生了解社会，农民接近学校。所以先决问题是要严整地训练学生的劳作精神，服务能力，与健全人格，使他们能接近农民，同化农民，而不为农民所同化，深入农村群众中去起一种核心作用"。⑤ 可见乡村师范学校要切实负担起改造乡村社

---

① 陶行知：《中国乡村教育之根本改造》，《中国教育改造》，东方出版社，1996，第 84~85 页。

② 《江苏省立栖霞乡村师范学校概况》，《江苏教育》第 1 卷第 7、8 期合刊，1932 年。

③ 杨效春：《黄麓师范与黄麓旱灾抗战：本校大众生活教育的一课》，《中华教育界》第 23 卷第 10 期，1936 年。

④ 江西省立南昌乡村师范学校编印《江西省立南昌乡村师范学校一览》，1934，推广概况，第 1 页。

⑤ 湖北省立第一乡村师范学校编印《湖北省立第一乡村师范学校校舍落成纪念特刊》，1934，第 60 页。

会的责任，都要做推广工作，尽量地推广事业。

当时也有人认为单纯依靠乡村教育的力量不能达到改造乡村社会的目的。林仲达就认为："就客观的社会事实来观察，欲单借乡村教育的力量来改造中国乡村社会，非特是梦想，而且会到处碰壁，有感觉此路不通之苦。"① 这种担忧不无道理，它可以提醒从事乡村教育的人要认识到改造乡村社会之路困难重重，而且未必能达到预计的效果。但从当时的实际情况来看，乡村师范学校的社会推广总能使乡村社会的现状有一定程度的改观，这也是众多乡村教育家积极投身其中的原因。

（二）乡村师范学校社会推广的内容

对于乡村师范的社会推广内容，当时人们有一个共识：只要是乡村社会需要的，乡村师范学校都应该去做。无论从当时学者的论述中，还是从乡村师范学校的实际操作中，都能充分地体现出来这一点。

立廷认为，乡村师范学校的推广事业，应包括以下内容：

（甲）民众补习教育：推广事业最容易办的补习教育。在学校附近划定一实验区，在实验区内设乡民补习学校若干处，在每年冬春两季农闲的时候成立，以三个月为期。将届毕业的学生，每两人至四人担任一校，每晚教学两小时。学校中的职教员推出若干人轮流指导。此种学校逐年成立，期于若干年内扫除实验区内的文盲。

（乙）改良生产。在学校附近设农事试验场所，种植当地的谷类蔬菜，由农科教员指导学生做实际的耕作和研究。并聘请当地的老圃老农作导师，如是可使学校事业与农人打成一片。以农事实验场所研究所得的改良方法，逐渐推广到本地的农事事业。

（丙）乡村自卫。乡村的匪警，是常常听到的，如不设法自卫，不但乡村的治安无法维持，就是学校本身，也难保不发生意外。所以学校应当与乡镇长共同组织保卫团，由学生任小组组长，军训教官任教练，于农隙中组织成立，分批训练乡村壮丁。并依时分类巡逻，以肃清地方上的宵小为乱。

---

① 林仲达：《乡村教育能改造中国乡村社会吗?》，《中华教育界》第 23 卷第 9 期，1936 年。

（丁）指导乡村小学教员研究教学与训导。乡村师范所在地的小学教员，多半都是县城师范毕业生。所以乡村师范对他们还应当负着指导的责任。乡村师范应该与当地的教育行政机关合作。由教员人员视察乡村小学教员的缺点，供给学校教职员，由学校教职员研究得补救办法时，分赴各小学指导改正。[①]

江苏省立洛社乡村师范学校校长王引民认为，以当时乡村师范的能力与社会的需求，所办推广事业的范围不必过广，但从其在《办理乡村师范几个亟待解决的问题》一文中罗列的推广事项来看，乡村师范学校承担的任务依然比较繁杂。

（1）**民众学校**　办理民众学校，一方（面）可以减少文盲，（另）一方（面）可以供师范生非正式之教学实习，实为于己于人两有裨益之举。且利用学校图书馆或饭厅礼堂等房屋为教室，训练高级学生为教师，经费上不成问题。所困难者，为招生留生之不易耳。但倘得地方行政人员之协助，一面劝导，一面规定强迫入学之令，则此事当更较易收效也。

（2）**附设村民医院**　乡村间缺乏可靠之医生，与乡民之毫无卫生常识，此固无用讳言。故一旦乡民有疾病发生，或遇时疫流行之际，死于非命者正多。办理乡村师范者，苟能于校中附设村民医院，聘校医兼任院长，由尝习医学常识之学生分任助手，则学生既可获医治疾病之普通经验，于将来担任乡村小学教员时便利诚多；而乡村师范所在地之乡民，偶罹疾病，求治有所，其于学校之感情与信仰，亦可因以大进。是盖联络乡民之唯一有效方法也。照本科过去之经验，所办村民医院，每岁经费，除医生之薪金由校支给外，以学生所纳医药费充入，每年再加二三百元，即能勉强支持。且既得乡民信仰，亦可酌量收费，故是举亦尚可办也。

（3）**农事推广**　此项事业，在目前最为重要。盖近来乡村经济崩溃，原因虽多，而农事不知改良，生产不能增进，实其主因。故乡村师范之农事推广，必须着眼于农民生产之发展，如农作物之改良，桑

---

① 立廷：《乡村师范的推广事业》，《基础教育月刊》第 1 卷第 4 期，1936 年。

蚕之指导，畜饲之提倡等等。顾就现在乡村师范之人才与经济情形，断然不能负农业上种种试验或期有所发明之巨责；只可从专门研究之机关所已经试验，已经发明，确有显著之成绩者，引渡至于农民。如以良好之种籽与农民交换，代定改良蚕种，指导育蚕方法，与鼓励养蜂养鸡等事业，皆可为之。特所可憾者，吾国内所谓专门机关，亦苦不多，至能有所贡献者，且能推行民间使乡民确收获利之效者，尤不多见耳！总之，乡村师范之农事推广，所能负责者，不过尽间接传递之能事，而决无创造发明之可能也。

（4）**指导乡民组织合作社**　合作社之组织，对于农民经济之影响亦甚大，但空言提倡，无农民银行等为经济之后盾，终无成立之可能。

（5）**通俗演讲以及文字上之宣传**　此种事业，实行较易，但除灌输普通知识，及报告时事，俾乡民略知国家大势外，殊少适当之材料。此亦一有待研究之问题。至有时对于听讲之乡民，为欲维持其兴趣起见，并可利用音乐、幻灯、留声机以及无线电之收音机等，以资吸引。借此种娱乐方法以为推行乡村民教之助，收效颇宏也。①

从专家们的论述可以看出，乡村师范推广事业的内容很多，如开办民众夜校，从事农事改良运动，领导乡民组织各种合作社，设立村民医院及民众图书馆、民众娱乐社等。这些事业，在经济充裕教育发达的国家，本应由专门机关负责施行。但在当时的中国，只能由乡村学校教育与乡村社会教育合并办理。

各个乡村师范学校在社会推广方面，都投入大量的时间和精力，推广内容丰富多彩。如江苏省立界首乡村师范学校的推广事业包括办理民众学校、民众茶园、巡回讲演团、甓胡民众医院、壁报处、民众问字代笔处等。② 江苏省立上海中学的乡村师范科的社会推广包括办理工学实验小学和民众学校、改良农业、指导民众卫生、举办民众艺术展览会、建筑乡村道路、举行民众同乐会、开展时事宣讲、办理民众问字及民众代笔、出版

---

① 王引民：《办理乡村师范几个亟待解决的问题》，《江苏教育》第 1 卷第 7、8 期合刊，1932 年。
② 《江苏省立界首乡村师范学校概况》，《江苏教育》第 1 卷第 7、8 期合刊，1932 年。

民众壁报、举办通俗讲演等。① 江西省立乡村师范学校的社会推广事业包括举办通俗讲座、设立特约小学和民众夜校、编印乡村教育半月刊、编写时事壁报、书写电杆标语、张挂铁皮标语、组织国乐研究会、组织演说竞赛会、开菊花展览会、添购乐器、调查近村生活概况、组织新剧团、组织庆祝元旦筹备委员会、开庆祝元旦游艺会、举办演说比赛等。② 江西省立赣县乡村师范学校的推广事业更宽泛，根据学校公布的介绍资料，有以下诸多项目：协助保甲行政，推行新生活，劝导戒烟，添修实验区重要村道，成立妇女改进会、耆老会、调解会，进行人事登记、公民训练，协办保学、民众夜校、妇女补习班，举办战时妇女常识讲演，开展教育通信研究，组织农村剧团，揭示简明新闻，出版农村壁报，试行小先生制，举办国难讲演，推行播音教育，设立合作社，推广优良家畜，组织家畜防疫委员会，举办农林产品展览会，特约农家试植种苗，调查全区农产，推广优良稻种，利用荒地种植林木，劝导村民添种杂粮，设置保健所，组织婴儿健康比赛会，协助训练壮丁，施种牛痘，清洁检查，取缔浅葬，检查耕牛疾病，取缔麻风寮。③ 浙江省立乡村师范学校在石岩村的社会推广事业如下。第一，教育事宜。设民众阅览、问字、代笔各一处，民众学校及民众茶园等。民众学校每晚两小时，于农暇时上课。民众茶园就原有茶馆改良。在张神殿设桌挂报，以便民众浏览。第二，建设事宜。召集民众修筑道路，学校供给购石板等费用。第三，经济事宜。设立借贷所，以解除农民经济困难，并设法扶助与提高其生产能力。第四，康乐事宜。设湘湖分医院，医生每星期规定时间到院。购置农民所喜欢之运动器具，鼓励其业余运动。购置各种乐器，供农民娱乐。④

有的乡村师范学校根据学校所在地的情况，安排具有地方特色的社会推广内容。河南省立百泉乡村师范学校的社会推广事业包括乡村自卫之办理、乡村政治之改善、乡村经济之发展、乡村教育之普及、乡村科学之提

---

① 江苏省立上海中学出版委员会编印《乡师概况》，1932，第 20～23 页。
② 江西省立乡村师范学校编印《江西省立乡村师范学校校务报告》，1932，第 19～20 页。
③ 江西省立赣县乡村师范学校编印《江西省立赣县乡村师范学校概况表》，1937，第 11～12 页。
④ 王印佛：《浙江省立乡村师范学校改进石岩村的一个尝试》，《浙江教育行政周刊》第 4 卷第 19 期，1933 年。

倡、乡村娱乐之增进、乡村风俗之改良、乡民生活之改善。① 辉县是河南村治学院所在地，创办人彭禹廷曾提出"自卫、自治、自富"的三自主义，并且在镇平县积极推行乡村自治运动，效果明显。彭禹廷当了河南村治学院院长之后，聘请被时人称为"乡村自治运动先驱"的梁漱溟任河南村治学院教务长、主任教授。河南省立百泉乡村师范学校 1931 年成立之后，继承了河南村治学院重视"乡村自治"的传统，在社会推广事业里面，注重"自卫、自治、自富"等方面的内容。江西省立南昌乡村师范学校依据国民政府乡镇自治施行法，根据学校特殊情形，制定了《伍农乡自治规程》，积极推行乡村自治事业。②

从当时乡村师范学校的推广事项来看，各个学校的推广事业有相同的地方，但是也有很多带有地方性特色的推广项目。每个学校都会根据自身的条件和优势尽可能广泛地设立推广项目，它们设立推广项目的目标是一致的，只要是乡村社会发展需要的事项，它们都会去做。

（三）乡村师范学校社会推广的原则与方法

要想使乡村师范的推广事业惠及一般乡民，就要有保证推广工作顺利进行的原则。古楳认为乡村师范要推广事业，至少要依据下列三个原则："（一）民众需要而能接受者的；（二）施行简易而有效的；（三）用费省而利益普遍的。"③ 具体实施过程中，各个学校也会制定切实可行的更有针对性的原则。江西省立南昌乡村师范学校确定的乡村社会推广事业五个原则为："A 要适合民众生活的需要；B 要全民众都有享受的权利；C 要以最少的经费得最大的效果；D 要充分利用地方固有人才和设备；E 要以劝导辅佐为始自动自治为终。"④ 山东省立滋阳乡村师范学校的推广事业，根据下列几个原则：第一，推广事业与"三做生活"联系。在学校创立的时候，学校便以"三做生活"——"做""学着做""领导着做"——作为

---

① 河南省立百泉乡村师范学校实验研究部编印《百泉乡师答客问》，1936，第 52 页。
② 江西省立南昌乡村师范学校编印《江西省立南昌乡村师范学校一览》，1934，乡治概况，第 1 页。伍农乡为江西省立南昌乡村师范学校管辖区域。
③ 古楳编著《乡村师范概要》，商务印书馆，1936，第 173 页。
④ 江西省立南昌乡村师范学校编印《江西省立南昌乡村师范学校一览》，1934，推广概况，第 1~2 页。

办学的原则。既然乡村推广事业的意义在于提高农村人民的文化生活和物质生活，"三做生活"便成为推广事业的引擎了。如果推广事业不建立在"做"上，则推广事业成为口号标语、空谈的东西；如果它不建立在"学着做"上，则推广事业成为固定的没有进步的事业；如果它不建立在"领导着做"上，则推广事业变得散漫，不能起以乡校为中心的放射作用。同时乡村的基干分子亦不能在推广事业的"做"里去证实"学"。所以，推广事业与"三做生活"联系，并且要由"三做生活"出发去工作。第二，推广事业建立在教育上。在推广事业的运用方法上，主张颇不相同。有运用政治的，有运用宗教的，但只有运用教育才没有枯竭和动摇的危险。而且推广事业的组织中心既然在乡校里，则一切外力的动荡与内部资财的缺乏，都是无须顾虑的。第三，推广事业与乡村现实生活的密切联系。推广事业不能先决定如何做，必先看清乡村的现实生活需要什么，才给予什么。如果闭门造车，那么推广事业是建立在沙上的。而且，一切推广事业的理论与物质的供给，都必须与工作对象相结合。①

乡村师范学校社会推广事业的原则确定之后，如果没有适当的推广方法，推广也是很难奏效的。因此，乡村师范学校发挥自己的优势，在社会推广上各显神通。江苏省立栖霞乡村师范学校于"实施改进之初，先须调查，该部（推广部）除设有专员处理外，复将各种事业，分配于三年级学生，使其一面研究学术；一面结识农友。训练成一种接近乡民的习惯，而恍然知民智之窳败，鼓起其改进之决心，是又该校训练学生改进村政之良方。每一学生，须以其能否结识农友，能否指导识字，能否获得信仰，以定其通过与否之标准"。② 山东省立第四乡村师范则"将试验区域划成五小区，使每小区现任小学教员，组织乡村活动研究会，由辅导部及辅导委员会派员参加，一方面研究复兴农村的理论，一方面讨论活动的一切具体事项"，同时"由辅导部人员及辅导委员会轮流视察辅导"，并"聘请各小区之优良教员，为乡村活动视导员，分期视察各该区乡村活动之进行，遇必要时，得调区视导，以收观摩之益"。该校学生自第四学年起由辅导部领导，开始乡村活动时，称协教生。协教生之中心任务，自然为乡教，具体

---

① 赵立斋：《山东省立滋阳乡师的推广事业》，《山东民众教育月刊》第 5 卷第 4 期，1934 年。

② 《江苏省立栖霞乡村师范学校概况》，《江苏教育》第 1 卷第 7、8 期合刊，1932 年。

需要做下列各种工作：创办民校、改良生产、促进文化、普及卫生、乡村社会调查、编辑壁报、研究教材。[1]

山东省立莱阳乡村师范学校为推进乡村改进事业，制定的实施步骤如下。第一期，想法接近民众，树立信仰，办理社会调查、扫除文盲及卫生娱乐等事项，为期一年或两年。第二期，注重领袖之培养、农村自治之辅导、风俗习惯之改良等事业，为期一年或两年。第三期，注重农村生产事业之增进及农村经济组织之指导事项，为期一年或两年。[2] 山东省立滋阳乡村师范学校把推广事业设计为三个阶段。第一，准备阶段。推广事业需要切实的内行的技术人才，物质的准备都是次要的东西。因此，该校特别注意饲养、合作、园艺、木工、金工等与推广事业有关系的经验和智识的培养。这种技术素养之培植的时间，学校叫它"准备的阶段"。乡师的学生，刚从小学毕业，若只照普通师范或中学的课程和训导方法去教导他们，则他们所获得的就与推广事业毫无关系。因此，学校提出了"三做生活"的教学方法，设计了与推广事业有密切关联的必需课程，尤其注意使合作、农事、教育、工艺等课程与应用、经验相合一。这种准备工作是极其艰苦的，时间也特别长，目的是取得好的效果。第二，试办阶段。经过了推广事业在原则上的确立和长时间的技术培植，学校认为在步骤上可以由准备的时期前进一步。但为什么学校称这一步骤为"试办"呢？由于在估量步骤的时候，学校假定有限的技术准备是不充分的，故学校按照"先尝试—尝试失败了再尝试"这个定见去做。事实证明这个决定是正确的。例如试办合作社，有营业上的不灵活和簿记的陈旧错误、孵卵的失败，都证明准备工作不充分（不是时间的问题），有自动去试做、改正的必要。第三，完成阶段。所谓"完成"包含了两个意思：一是在推广事业之工作的本身，没有错误；二是学校的推广事业，无论任何部门都得到乡民的拥护和信仰，而且乡民确实得到了实利。[3]

综括来看，各乡村师范学校推广事业的大概做法如下：先设法接近乡民，使双方互相了解，不致发生误会；然后继之以调查、研究、辅导，使

---

[1] 山东省立第四乡村师范学校编辑委员会编印《一个乡师的试验——山东省立第四乡村师范学校概况》，1933，乡村活动概况，第6~7页。

[2] 山东省立莱阳乡师编委会编印《山东省立莱阳乡师概况》，1934，第212页。

[3] 赵立斋：《山东省立滋阳乡师的推广事业》，《山东民众教育月刊》第5卷第4期，1934年。

推广事业可以比较顺利地进行。

（四）乡村师范学校社会推广的组织

为了做好社会推广工作，各个乡村师范学校的行政组织中，都有负责主持推广工作的部门，这些部门名称不一，如推广部、推广处、扩充教育处、推广教育部、推广委员会或社会活动部等。江苏省立黄渡乡村师范学校专设扩充教育处办理推广事业。扩充教育处设主任一人，并组织扩充教育委员会，讨论推广事业的进行及发展。[1] 江西省立赣县乡村师范即于校长之下设实验区办事处推广部主任一人，秉承校长，处理推广事宜。[2] 江西省立南昌乡村师范学校的社会推广组织与赣县乡村师范学校相同（见图6-1）。

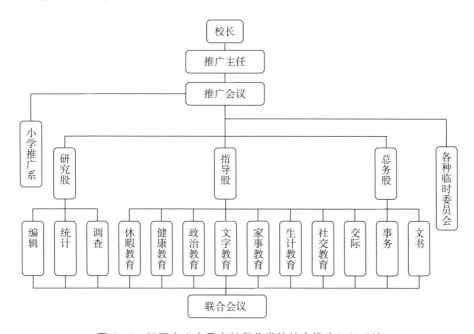

图6-1 江西省立南昌乡村师范学校社会推广组织系统

资料来源：江西省立南昌乡村师范学校编印《江西省立南昌乡村师范学校一览》，1934，推广概况，第3页。

---

[1] 《江苏省立黄渡乡村师范学校概况》，《江苏教育》第1卷第7、8期合刊，1932年。

[2] 江西省立赣县乡村师范学校编印《江西省立赣县乡村师范学校概况表》，1937，第1页。

江西省立南昌乡村师范学校的社会推广组织，还只是限于乡村师范学校校内的部分。此外，还有一些乡师联络校外力量，合组农村改进委员会或农村服务委员会，前者如江苏省立洛社乡村师范学校（见图6-2），后者如江西省立九江乡村师范学校（见图6-3）。洛社农村改进委员会由洛社乡师推举三人，无锡县教育局、洛社乡师附小各推举二人，洛社区长一人，和教育局聘请当地热心公益且富有声望的一人，共同组成改进区最高权力机关。凡拟定方针和一切进行计划，均由该委员会负责决定。而九江农村服务委员会由九江乡师校长、教导主任、师范科主任、农场主任、保健所主任、体育主任或军事教官、办事处主任、小学校务主任、实习生代表二人、九江县县长、第二区区长和地方人士二人合组。这样联合政府、地方、学校三方面的人员来推动保、教、卫的工作，更容易有效果。

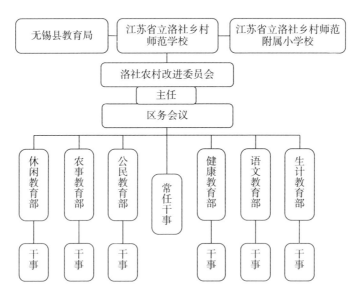

图6-2　江苏省立洛社乡村师范学校社会推广组织系统

资料来源：古楳编著《乡村师范概要》，商务印书馆，1936，第176页。

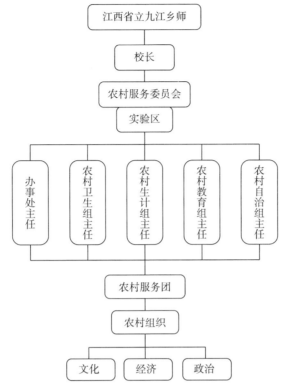

图 6 - 3 江西省立九江乡村师范学校社会推广组织系统

资料来源：古楳编著《乡村师范概要》，商务印书馆，1936，第 177 页。

二 江苏省立栖霞乡村师范学校的社会推广事业

1923 年下半年，南京江苏省立第四师范学校在栖霞建立乡村师范分校，并设附属小学一所。1927 年，深受陶行知教育思想影响的黄质夫受国民政府教育部的委派接任南京中学栖霞乡村师范科主任。黄质夫来到栖霞后，即提出"化万万农工的愚，救百万乡村的穷，争整个民族的脸"的教育口号。他礼聘优秀教师，与社会打成一片，坚持教育与实践相结合，重视劳动教育，严格生活管理，大力发展专业教育，着力推广"义务"教育（指每名乡师学员都有教育乡民的义务），吸引了来自各方的有识之士。陈立夫、吕凤子、徐悲鸿、竺可桢等社会名流纷纷来校参观、访问，栖霞乡师声名鹊起。栖霞乡师的社会推广事业可被视为当时乡村师范服务乡村、改造乡村社会的一个典范。

下面根据栖霞乡村师范学校编印的资料以及其他相关材料，详细列举栖霞乡村师范学校的社会推广事业，以显示该校在改造乡村社会方面所做的努力。①

栖霞乡村师范学校进行社会推广的理由是：第一，改良农村，以学校为起点；第二，教育是整个的，学校教育应与社会打成一片；第三，乡村师范学校，应为乡村文化中心；第四，学校要改良农村组织、增进农民生活兴趣、普及农村教育、提高农民知识水平、提倡农村娱乐、培养农民道德，以实现村无游民、野无旷土、人无不学、事无不举的愿望。社会推广的具体目标是：第一，使学生明了乡村社会的实际情形；第二，使学生成为优良的乡村小学教师，同时具有改造乡村社会的知识、能力和精神；第三，使农民能自动地改善生活；第四，培养农民，使其能负起完成训政的责任，推进个人的自立自治以达到国家、民族的自立自治。栖霞乡村师范学校的社会推广事项包括以下诸多方面。

（一）生计教育方面

生计教育主要通过模范农场、模范林场、种子陈列馆、农具陈列馆、消费合作社、筑路委员会、水利委员会来实施。

1. **开放农场、林场**。栖霞乡村师范学校农场分为两部：园艺部、作物部。农场除供在校学生实习外，同时供附近农民参观。所有优良品种，农民均需要用同样的物品调换或购买。林场也分为两个区域：生产区、苗圃区。林场内所有树苗，均无偿提供给农民。

2. **组织合作社**。栖霞乡村师范学校除自行组织合作社外，还在附近村

---

① 关于栖霞乡村师范学校社会推广的材料，见《江苏省立栖霞乡村师范学校概况》（《江苏教育》第 1 卷第 7、8 期合刊，1932 年），栖霞乡师《我们的主张与实施》（《江苏教育》第 2 卷第 12 期，1933 年），陈一《江苏栖霞乡师的农业推广》（《农村经济》第 2 卷第 6 期，1935 年），古楳编著《乡村师范概要》（商务印书馆，1936，第 186～192 页），杨秀明、安永新选编《黄质夫教育文选》（贵州教育出版社，2001，第 26、35～38 页），王文岭、黄飞主编《黄质夫乡村教育文集》（东南大学出版社，2017，第 128～130 页）等。引用时改正明显的错别字，不再单独加注释。

落组织信用兼营合作社六所：石乘乡合作社、栖霞镇合作社、天乘乡赵家大圩合作社、甘乘乡实贞庵合作社、霞乘姚湾村合作社、九乘乡梅慕村合作社。合作社促进了乡村合作事业的发展，为社员谋取经济上的利益，为乡民生活上的改善提供便利。

3. 筹设押稻仓库。栖霞乡村师范学校根据农村经济衰落的实际情况，提供押稻贷款，共有 20 余个乡镇的农民前来押稻，贷款达 2 万余元，对农村金融的繁荣发挥了积极的作用。

4. 修建交通道路。栖霞乡村师范学校与附近乡镇联合组织筑路委员会，以谋交通之发展。镇站路（栖霞镇至车站）年久失修，学校函请上海京沪铁路管理局捐赠煤屑 200 吨，函请江宁县政府派人施工，方便了民众出行。

5. 举办农事展览会。栖霞乡村师范学校为了解农村状况及鼓励农民增进生活兴趣，每年举行春、夏、秋、冬农事展览会。春季举行品种展览会，夏秋举行蚕茧展览会，秋季举行稻作展览会，冬季举行农家副业展览会。所有展览品，均以农民选送的为主，对于其中优良的展品，学校酌情给予奖品。

6. 推广改良品种。栖霞乡村师范学校除由校内农林各场推广优良花木、蔬菜种子、苗本外，还与中央大学、金陵大学合定推广办法，代销麦种、棉种、蚕种等。1933 年冬，学校为当地合作社员介绍和推广了金陵大学改良的 26 号麦种。学校农场蓄有英产改良雄猪一头，农民愿用改良猪种者，均可携母猪前来交配，免收费用。

7. 举办艺徒班。栖霞乡村师范学校附近的工人除以打石为职业外，没有从事其他职业的技能。学校工场招收竹工、藤工、木工、厨工艺徒各十名，除授以各种技能外，还教其识字。学校女生办有妇女缝纫班，召集附近农村妇女，传授缝纫技能，从而改进农村的副业。

8. 举行各种运动。学校师生分别按期举行合作运动、造林运动、筑路运动等，为各种事业的推行带来便利。其他如生计调查、改良水利、介绍农具、驱除害虫等运动，也举行过多次。

（二）语文教育方面

语文教育主要通过民众学校、村民图书馆、阅报室、代笔处、询问处、民间教学、常识壁报等方式来实施。

1. **指导农民识字**。学校学生长期办理民众学校,招收附近民众入校接受教育。其中有一些不识字的乡民,因为忙于生计,不能按照学校规定的时间前来学习。根据农民的实际情况,学校改订教学办法,不用班级制度,全校学生每生招收附近不识字农友一人,实施个别教学。教学地点有三种选择:在该校内,在农友家中,在农友工作场所。教学以教育部编选的丙种三民主义千字课为基本用书,由学校赠送。

2. **设立民众阅书报社**。学校自建茅屋二间,设民众阅书报处,内有民众农业丛书、科学丛书、文艺丛书等百余册,墙壁上悬有各种日报,以便民众阅读。

3. **设立民众代笔处、询问处**。学校为便利不识字农民,设有代笔处,凡有书件等项,均可托学校代办。如乡民有不明了的事件及不能解决的问题,询问处均可代为解释,并且为他们提供解决问题的办法和途径。

4. **缮贴民众壁报**。学校设有壁报牌一座,每日摘录京沪报上重要新闻,用浅近语言,缮写壁报一大张,以便民众浏览。

5. **举行识字谈话会**。民众识字改为个别教学的办法以后,缺少公共谈话机会,学校每每两周举行识字农友谈话会一次,学校识字工友一并参加。

(三) 健康教育方面

1. **设立栖霞医院**。学校附近没有医院,农民生病以后,除求神问卦外,别无他策。有鉴于此,学校特设栖霞医院一所,农民生病时前往医治。病人去医院看病,收取铜圆六枚作为挂号费,免收药费。

2. **注射预防针苗**。医生每年春季免费为附近数十个村落的乡民施种牛痘,夏季注射霍乱预防针,秋季赠送疟疾丸药。每年注射牛痘与预防针的有数千人。

3. **举办平民产院**。学校与江苏省立医院、助产学校,在栖霞合办平民产院一所,由江宁县政府按月给予津贴。医院有助产士12人,除出外接生外,还为乡村孕妇做产前检查。

4. **举行卫生运动**。学校编印卫生画报,并按期举行卫生运动,以期引起农民对于卫生问题的关注。

（四）村政教育方面

1. **组织村政研究会**。学校联合区长及乡镇长，组织栖霞村政研究会，以研究的态度、探讨的精神，集中力量共谋地方事业的进展。村政研究会成立以来集会十余次，议决案达百余件，在治安、合作、生计、教育、交通、卫生等方面提出了很多切合当地实际的建议。

2. **请设警察分所**。经该校多年努力，栖霞市面已日渐繁荣，为维护治安，特函请江宁县政府在学校设立警察分驻所，以资保卫。

3. **组织栖霞保卫团**。学校为防卫治安起见，联合附近村落，组织栖霞保卫团，定有简章十条，提交村政研究会通过。学校与江宁县合作办理保卫团训练班。

4. **敷设街道电灯**。除在学校内安装电灯外，还在沿车站大路及栖霞镇内，敷设街道电灯，以利行人。其他如安装自来水、保甲运动、筹备冬防等事，均按计划进行。

（五）家事教育方面

1. **举办农忙托儿所**。学校为解除农忙期间农民无法照顾儿童方面的实际困难，特于每年种稻、割稻期间，举办农忙托儿所一班，招收六岁以下儿童，代为教养。

2. **进行家庭访问**。平民产院开诊后，即着手进行家庭访问，调查孕妇数目，宣传家庭卫生等事项，以期逐步改善乡村的卫生环境，改变乡民的卫生习惯。

（六）休闲娱乐教育方面

1. **设立栖霞民众茶园**。学校设有民众茶园一处，内设桌凳、茶壶、茶杯、书报、丝竹、管弦、棋类等，提供给附近乡民前来娱乐。每壶茶资，仅收铜圆六枚，各种瓜子、饼干，应有尽有。茶园内禁止买卖香烟、酒类，以戒除一切不良的嗜好。

2. **举办娱乐大会**。附近村民于工作以外，无正当娱乐。学校经常利用星期六晚上的时间举办娱乐大会，引导农民参加说书、演双簧、讲笑话、唱京曲等活动。中间休息时间，还加以识字、卫生等简短演说，以扩大宣传范围。

3. **举行各种比赛**。定期举行各种游艺比赛，以引起乡民的兴趣。其他如幻灯、电影，学校亦不时开映，招待农民参观，不收取任何费用。

4. **戒除烟赌**。学校一再宣传烟赌的危害，但是无行政实权，不能处分吸食大烟、参与赌博的人。江宁县政府特派警察分驻栖霞乡村师范学校，负责处分吸食大烟、赌博事宜。为了帮助吸食者戒烟，学校还设立了戒烟医院。

（七）义务教育方面

1. **举办简易小学**。学校为了师范生实习的需要，更是为了解决乡村儿童就学困难问题，于1932年制定试办简易小学计划11条，在学校附近村落，试办八所简易小学。所有校舍校具，一概由村人自筹，入学的儿童达300余人。

2. **改办义务小学及短期小学**。1933年秋，奉江苏省教育厅命令举办义务教育实验区，学校将原有简易小学加以改组，并扩充义务小学七所，设短期小学一所，义务小学达到16所，就学儿童达800余人。

（八）教师教育方面

1. **指导毕业校友**。母校对毕业生负有继续指导责任。学校每学期举行毕业校友概况调查一次，向校友邮递学校自己出版的刊物。学校把教育方面的新思想以及该校实践所得的经验，编印成册，邮递给校友，以指导他们的教学和生活。如果各地校友有什么实际困难，随时予以帮助解决。编有指导毕业校友暂行办法12条。

2. **指导附近地方小学**。学校奉命划区办理义务教育实验以后，对于实验区内地方小学教师，学校予以研究改进的机会，定有义务教育实验区小学教育研究会简章24条，按月集会一次，对于乡村义务教育的改进发挥了积极的作用。

3. **指导私塾塾师**。普及义务教育，仅仅依靠现有乡村小学教师及将要毕业的师范生是远远不够的。学校对实验区内的塾师，予以指导、研究的机会，除按期集会研究外，还指定所在乡镇义务小学教师及该校导师随时指导，并定期抽调塾师分赴各义务小学参观实习，对于乡村义务教育的普及，有一定的推动作用。学校定有塾师指导暂行办法 10 条。

栖霞乡村师范学校的社会推广实践，不但对乡村教育的推进，更对乡村社会改造影响深远。

三　山东省立滋阳乡村师范学校的社会推广事业

山东省作为乡村建设运动的典范省份之一，在乡村师范学校社会推广方面也有很多成功的案例，山东省立滋阳乡村师范学校的社会推广事业就是成功的典型代表。

1930 年 11 月山东省立第七中学（与滋阳八中、曲阜九中合并之后）训育主任赵德柔奉令在山东省立第五职业学校校址上筹办山东省立第四乡村师范学校，12 月 23 日学校招收第一级两班学生。1934 年山东省立第四乡村师范学校更名为山东省立滋阳乡村师范学校。滋阳乡师的社会推广事业可分为民众学校、乡村教育实验区、农作活动、合作事业四个方面。[①]

（一）山东省立滋阳乡村师范学校办理的民众学校

1932 年下半年，山东省立滋阳乡村师范学校以本校附属小学为校舍开始兴办民众学校，在附属小学课后及夜间授课，学生约 60 人。因校舍条件好，设备比较完善，学生逐渐增加。当时学校还没有推广部，学校空间、人力均有限，当学生增加到约 100 人时，停止招生。1933 年下半年，学校添设推广部，大量扩充民众学校，共设民众学校六处、义务教育短期小学一处，学生达到 300 人以上。

1. 民众学校的组织

山东省立滋阳乡村师范学校的组织比较简单。在推广部下设民众学校

[①] 关于山东省立滋阳乡村师范学校社会推广事业的材料，见山东省立第四乡村师范学校编辑委员会编印《一个乡师的试验——山东省立第四乡村师范学校概况》（1933）、山东省立第四乡村师范学校编辑委员会编印《三周年纪念刊》（1933）、赵立斋《山东省立滋阳乡（村）师（范）的推广事业》（《山东民众教育月刊》第 5 卷第 4 期、第 5 期，1934年）、刘松塘《本校推广事业的理论与实际》（《山东滋阳乡师半月刊》第 7 期、第 8 期，1935 年）、时集素《本年学生农场实习计划》（《山东滋阳乡师半月刊》第 9 期，1936年）。引用时改正了明显的错字，不再单独加注释。

委员会，由学生选举七人作为组织者。委员会设总务、教务、事务三股，各股设主任一人，合组校务委员会，直辖各学校。各学校设主任一人，即为该校的校长。主任以委员担任为原则，委员不能担任时，由委员会另行聘请。

民众学校学生如在两班以上，主任可以聘任学校教员协助其工作。民众学校的教员由该校主任聘请。

各个学校每周有校务会议，讨论教法及学生管理事宜。全体委员会每两周开会一次，除筹商全体事项，统一各校教法、其他各项办法外，还督促各校施行学校各个方面的计划。

2. 民众学校校舍的擘画及学校的设备

校舍作为师生活动的场所，其好坏关系到教育的效能与推广事业的前途。山东省立滋阳乡村师范学校举办的民众学校的校舍来源有下列四种途径：第一，新建；第二，借用普通学校的校舍；第三，借用庙宇祠堂等；第四，租赁。

第一项是最好的选择，但须有充分的经济力量才行；第四项是不得已的办法；一般较多采取第二、第三两项途径解决民众学校的校舍问题。山东省立滋阳乡村师范学校第一民校校舍在附小，这是自开办以来就固定的校舍。第二民校校舍在校本部，学生除学校工友外，还招收学校外的成年人。第三、第四、第五、第六分校，分别设在清真寺、三义庙、三官庙、玉皇庙等处。

学校的设备中，黑板、粉笔及其他教具和必需品，都由滋阳乡村师范学校置备。学生用的桌凳，有地方借用的就由学校借用，不能借的，由学生自带。夜校的灯油，归学生自己置备。学校要学生置备的理由，主要是期望用一点经济付出来坚定学生求学的信心。但这方面的付出不能过多，多了会把学生吓跑。

乡村师范学校聘请当地的街长和闾长当民众学校的校董，借助他们的力量来寻觅校舍和学校的设备，能够比较顺利有效地解决问题。

3. 民众学校的学制

民众学校由于其业余性质，一开始并没有学制方面的要求。在实践过程中，民众学校的组织者遇到一些实际问题，例如：要把这些民众教到一个什么层次？程度的区分究竟以什么为标准？对于这些问题，民众学校自然要通过制定学制来解决。

山东省立滋阳乡村师范学校把民众学校学生修业的年限定为二年，每年分两学期，每学期四个月。第一年为初级，第二年为高级。区分初级、高级，是因为学生生活劳动不定，不能连续上两年。初级、高级的程度不同。初级，以国语读完千字课，珠算能打小九九或笔算能做两位、三位之四则运算为标准；高级，以国语能认识 3000 字，珠算能打乘除或笔算能自由运用四则运算为标准。常识则依其生活实际需要逐期增加，无确定的限度。国术也没有确定的标准。

两年学习期满后，合格者发给证书，不合格者令其继续学习。

4. 民众学校的学生

民众学校的学生招生。山东省立滋阳乡村师范学校有三种招生办法。第一，贴广告。第二，约同街长或闾长逐户调查失学的青年。第三，做招生演讲。实践证明，使用第一、第三两个办法的效果不好。第二个办法最为有效，民众学校用这种方法招收的学生数占招生总人数的 2/3。

民众学校的学生编级。学生到校后按程度编配年级。因每期学生人数不断增加，故编配以学期为标准。

民众学校的学生组织。民众学校的学生比较散漫，如果不加组织，很难取得整齐划一的效果。山东省立滋阳乡村师范学校的民众学校每班指定一个班长，一班的学生，又以地域为标准，划分为若干组，每组各选一个组正来建立基本组织。这种组织办法效果很好，每期民众学校开学时，很容易把学生召集起来。

民众学校的学生待遇。学生的课本、石板、铅笔、纸簿等，均由学校发给。这也是吸引民众积极入学的一个办法。

5. 民众学校的课程、授课时间及教法

民众学校的课程，是以民众的需要为原则的。山东省立滋阳乡村师范学校规定的课程有五种：国语、算术、珠算、常识、国术。

授课的时间，因担任民众学校教员的学生在下午上完第六节课以后才有时间，而且时间早了民校的学员（民众）也没有工夫，所以上课时间都是放在下午 3 点半至 6 点，或者晚上的 7 点到 9 点。因各民众学校学员人数不同，到各校去的教员人数也不一样，但至少要去两个人。

民众学校的教学，采用复式教学制。关于每科的教法大概如下：

国语 国语以千字课为主，主要突出实用性，传授和日常生活相关的常用字。比如，学员如果多是卖花生或杂糖的，派过去的学生教员就以"落花生""杂糖"等字词或者同这些有关的"称""篮子""担子"等为教学内容；如果学员是一个园工，派过去的学生教员就以"花""古菜""萝蔔"等字词去教他。根据民众的需要灵活地设置教学内容，不仅可以让学员加深记忆，而且有很好的教学效果。

算术及珠算 除自然珠算的歌诀之外，不能教学员死记硬背，派过去的学生教员要通过生活中的事件让民众学习。民众学校的学员是农民的话，就教他们工钱的算法；如果是小贩，就教他们卖东西收钱、找钱的算法。以此类推，都是结合学员的生活、生产实际进行教学。

常识 常识课更要切合民众学校学员的需要，如对卖橘子的小贩，派过去的学生教员就以"橘子"为题，给他们讲中国什么地方出橘子，什么地方的橘子最好，近年来橘子价钱为什么贱，等等。这种教法对学员是十分重要的，从民族或国家的角度讲，也十分需要这样教民众。民众学校的常识课程，没有固定的课本，教学内容临时确定。总之，常识以切合民众个人的生活为原则，使民众对从自己到国家民族所处的地位，都有一定的认识。

国术 每周二小时。

6. 民众学校经费的筹措

想要办理民众学校并能保证其健康发展，首先需要解决的问题是经费问题。山东省立乡村师范学校办民众学校没有固定的经费来源，一般都是由本校教职员捐助，有时一元，有时数元。但是教职员的工资也是有限的，不能单纯依靠教师的捐助办学，以致各个民众学校无力改善教学条件，非常简陋。

（二）山东省立滋阳乡村师范学校办理的乡村教育实验区

1. 乡村教育实验区的性质

山东省立滋阳乡村师范学校办理乡村教育实验区，目的在于充实学生的经验，使学生有自动去做的精神，也就是让学生"从做中去学"。但这只是从乡村师范学校角度设计的训练学生的方法。实验区的最大意义还是在推广方面。学校一方面要训练学生，使学生毕业之后适合做个优秀的乡村小学教师；另一方面还得依靠学生在实验区的实习，去实践乡村师范学校推动乡村教育和改造乡村方面最大的使命。所以乡村教育实验区的性质，一方面是训练乡教人才，另一方面是推广乡教进而推广乡村文化。其性质其功用，不仅仅限于训练学生。

2. 乡村教育实验区的沿革

滋阳乡村师范学校的实验区开始于1932年，当时山东省召开第二次教育行政会议，决定在各个乡村师范学校所在地之县，设立义务教育实验区。滋阳乡师奉教育厅指令与滋阳县教育局局长协商，将滋阳县第五自治区规划为实验区。当时一年级学生刚入学两年，还不到下乡实验的阶段。1933年秋，学校辅导部成立，同时全省乡师校长会议重新讨论义务教育实验区工作，并把"义务教育实验区"改名为"乡村教育实验区"，学校开始实施实验区的相关工作。

3. 乡村教育实验区的具体情况

山东省立滋阳乡村师范学校的乡村教育实验区位于滋阳县西，长约30里，宽约15里，面积450平方里，共有大小村庄90余个，居民5672户，已设立乡小26所，共有学童780名。全区男女学龄儿童共计3032人，失学儿童2450名。全区有学校26所，因乡村师范学校的学生不够分配，遂将全区划为五个分区，先由第一分区开始活动，然后再推广到全区。1934年上半年，由学校实（习）生参加活动的乡小共有五所，即薛家庙、六里井、五里庄、杨家庄、沈官屯，以薛家庙小学为活动中心（见表6-1）。

表6-1　山东省立滋阳乡村师范学校乡村实验区第一分区各小学一览

名称	班数（个）	学生名额（人）	教室（间）	教员室（间）	备注
薛家庙小学	5	96	9	6	
六里井小学	1	31	6		
五里庄小学	1	42	2	2	
杨家庄小学	1	33	2		
沈官屯小学	2	53	6	2	

资料来源：赵立斋：《山东省立滋阳乡村师范的推广事业》，《山东民众教育月刊》第5卷第5期，1934年。

4. 乡村教育实验区的工作步骤

为了提高工作效率，滋阳乡村师范学校把实验区的各项工作按照轻重缓急进行了安排。第一，先着手学校的整理。学校是一切工作的"本部"，如果本部的工作没有章法，则一切工作都会失败。第二，当学校整理有相当成绩时，着手去联络乡民。乡民是乡教运动及推广事业的友军，如乡民有了相当的组织，则提倡生计、推动自治及其他一切乡村文化工作都比较容易办理。

5. 乡村教育实验区的组织与管理

（1）实习学生的组织。学生到乡间去，既然担负着多重重要使命，如果组织不力，结果一定是一事无成。因此滋阳乡村师范学校在学生出发去实验区的时候，将下乡的一个班级分为九组，五组去实验区，四组去特约小学。以一乡小为一单位，每一单位去学生一组。每组人数，视所在学校的学级而定。大致单级小学二人，有两个学级者三人，有三个学级者五人，各组组长即为学校教务主任。除分组外，由各组共同组建乡村教育实习委员会。由全体大会票选执行委员七人，下设事务部、校务部、宣传部、卫生部四部。每周开执委会一次，每两周开全体大会一次。大会工作主要以报告工作、讨论问题及检讨工作等为主。每月开乡村教育讨论会一次，参加会议的人员，除实习生外，还包括各乡村小学教师，目的在于探讨教学上所遇到的各种困难问题，探讨和传播乡村教育的理论。

（2）实习生的指导方法。学生到实验区去，虽然是让他们自动去做，但乡村师范学校并没有放手不管，而是对学生的实习有精密的设计与严格的监督指导。如果放弃了这种监护权，则各组、各校将会各自为政，相关工作都不可能达到应有的效果。所以在组织上，虽有学生自动组织的乡村教育实习委员会，但是指导方面的工作，仍由乡村师范学校的辅导部及辅导会议主持。凡是参加辅导会议的导师，均为指导员，每人每周轮流下乡一次或两次。指导员除校长、辅导部主任外，与乡村教育实验区有关系的教育、农事、卫生、社会各科导师及教学、训育两部主任都要赴实验区参加指导。指导方法分为书面的和口头的两种。书面的指导又包括以下两方面。一为下乡服务规约，规约的内容如下：第一，不准自由离校、旷弃职守；第二，除家中有婚丧等重大事故外，不准告假；第三，不准狎亵戏谑或口角冲突，如遇他人对己有不是处，须觅间接的途径以纠正之。二为辅导部所制定的视导记载表（见表6-2）及所发的各种文告。口头的指导是各指导员轮值时临机指引的方略。

表6－2　山东省立滋阳乡师乡教实验区小学行政视导记载表

校名　　　　视导者　　　　　　　　　　　　　年　　月　　日

项目		应改进之点	改进的方法
学习室	（一）通气		
	（二）光线		
	（三）墙壁及顶棚		
	（四）地面		
	（五）黑板		
	（六）讲坛		
	（七）桌椅		
	（八）用具		
	（九）门窗		
	（十）装饰		
	（十一）其他		
校院	（一）地面		
	（二）甬路		
	（三）墙壁及标语		
	（四）用具		
	（五）其他		
簿册	（一）种类		
	（二）装订		
	（三）记载		
图表	（一）种类		
	（二）制作		
校务管理	（一）校务计划		
	（二）教务计划		
	（三）训导方法		
	（四）事务管理		
	（五）校外清洁		
	（六）废物处理		
	（七）社会活动		
	（八）社会服务		
	（九）民众学校		
	（十）其他		

续表

项目		应改进之点	改进的方法
公共处所	（一）住室		
	（二）办公室		
	（三）厨房		
	（四）厕所		
	（五）其他		
会议	（一）校务会议		
	（二）师亲恳谈会		
	（三）教学研究会		
学级编制	（一）编制根据		
	（二）编制方法		
设备	（一）图书		
	（二）标本仪器		
	（三）教具校具		
	（四）成绩保管		
备考			

资料来源：赵立斋：《山东省立滋阳乡村师范的推广事业》，《山东民众教育月刊》第5卷第5期，1934年。

（3）与各方关系及其办理计划。尽管乡村师范学校辅导部对派往实验区各学校实习的学生，在各方面都尽着指导的责任和义务，尽力为实习生们设计方案，设法改良学校周围的环境。但各乡村小学及乡村师范学校的实习生，在教育行政系统上，仍隶属于滋阳县教育局第五科。滋阳乡村师范学校必须与滋阳教育界及全县人士保持密切合作，才能保证实验区有一个好的成绩，因此实习的学生在实验区里与各方的关系，除了隶属于第五科外，还得与该区内的各村村长、乡董、校董及原有的教员合作，竭力避免被"孤立"。至于办理的计划则依照前面已经指明的步骤，不过步骤仅仅是大纲，计划还要根据实际情况制订得详细些。办理的计划除了纵的设计外，也包含横的设计。下面是滋阳乡村师范学校辅导部对于一级一班、二班学生下乡实习所制定的注意事项及工作要点。

山东省立滋阳乡村师范学校实习生下乡服务应注意的要点

1. 对于学校应行改进事宜，应以合作的态度与该校职教员共同商定之。至低限度亦须征求其同意或意见。

2. 一切应兴应革事项，如有该校教员或乡民不赞成不了解者，须以"说服"的态度及热诚详加解释，切莫负气或强制执行，致惹他人反感。

3. 与乡人交接要持谦恭和蔼请教及商榷的态度，不要有指导或命令的气态。

4. 在与乡人谈话时，须先注意审查其性情、习惯、信仰等，然后再具体地发表自己的意见。

5. 对于乡人之言行信仰，纵觉不甚合理，总要少加批评，多举反证，善于劝导，更要避免轻视及讪笑的态度及言词。

6. 对于乡村富有经验及具有特长之人，当以诚恳谦和的态度赞许之，并接受其知识及方法。

7. 凡到人家去，须请人引导，至庭稍立，不宜径入室中。

8. 要与村中良善忠厚者联络，切忌与土棍地痞往还。

9. 要时时注意保持自己的服装住处之整洁及容态之和祥。

10. 要注意奖掖村中青年，设法启发其自觉自信自立之志愿与力量，期为将来改造乡村之中坚人物。

山东省立滋阳乡村师范学校实习生一级一班下乡实习工作要项

1. 修治校舍及院路。

2. 整理校具及图书。

3. 改进学校卫生。

4. 制作统计图表。

5. 改订时间表。

6. 改编学级。

7. 审查教科书。

8. 改进教学方法。

9. 改进训练方法——组织班自治会，组织劳动团，（组织）各种团体训练。

10. 家庭访问。

11. 与乡民联络——每人至少要找到一个农民作朋友。

12. 各分校每班须植树一百棵。

13. 调查所在村应种牛痘儿童数，并按期施种之。

14. 在下乡第一周内各校编造改进计划书一份交本部审核。

15. 全体每周开研究大会一次，各校须将困难及疑难问题与心得逐日记载，以备提出讨论。

16. 制定伙食办法。

17. 制定个人自修时间表及自修科目。

18. 每人本期（即居乡时期）至少须作报稿（告）二篇。

19. 努力促民众夜校之成立。

20. 俟实习终了，须将上开（列）各项办理之情形逐条作成报告，交本部审查。

山东省立滋阳乡村师范学校实习生一级二班下乡实习工作要项

1. 校内工作继续上期，并积极加以改进。

2. 研究复式教学法。（特别注意科目的配合及单级教学过程的支配）

3. 研究训导乡（村）儿童的特殊方法。

4. 研究指导儿童帮助家庭工作的方法。

5. 校外工作：a. 家庭询问。b. 公开演讲每校每周至少一次。c. 出刊壁报，每周一次。d. 各分校须努力推广民众学校训练乡村青年并指导组织之，以为改造乡村之先锋。e. 联络乡民，多作不拘形式的谈话及宣传，每人至少要交一个农民朋友。f. 调查所在乡村之人口，渐及于附近村庄。此次调查应特别注重农民识字程度及学龄儿童（满六岁至十二岁者）。g. 调查所在村庄私塾之概况。

6. 个人工作：a. 记日记。b. 注意研究乡村教育问题，如生产合作，识字运动，农民娱乐，乡村自卫，乡村卫生，私塾改良……之推进方法。c. 最低限度要作完指定的自修课业。

7. 以上各项须注意记录其进行及其结果，以备实习终了时作报告，呈交本部评定实习成绩。

（4）乡村教育实验区开展的校外活动。山东省立滋阳乡村师范学校规定，在正常的授课之外，实习生必须在课外开展与乡村民众相关的课外活动，包括乡村调查、种痘、家庭访问、讲演等。

第一，乡村调查。实验区实习学生为了解乡村情况，必须从事调查。调查方法：要先询问明白，再做精密的调查。表 6 – 3、表 6 – 4 分别为户口调查表和私塾调查表。

表 6 – 3　山东省立滋阳乡村师范学校乡村教育实验区户口调查表

村名：　　　　　　　户主姓名：

		年龄	副业	教育程度	备考
	户主				
家属					
	生活状况				

调查者：　　　　　　　　年　　月　　日 调查

资料来源：赵立斋：《山东省立滋阳乡村师范的推广事业》，《山东民众教育月刊》第 5 卷第 5 期，1934 年。

表 6 – 4　山东省立滋阳乡村师范学校乡村教育实验区私塾调查表

村名：　　　　　　　塾名：

塾师		学生		村民	备考
姓名		人数		对私塾意见	
年龄		最大年龄			
待遇		最小年龄			
来塾年月		纳费			
经历		读书种类		对学校意见	
副业		学习情形			
其他					

调查者：　　　　　　　　年　　月　　日 调查

资料来源：同表 6 – 3。

第二，种痘。由乡村师范学校生理卫生教师指导，乡村教育实验区卫生部1934年4月份开展了免费种痘活动，先种各乡小学生及夜课学生，再由各校实习生在校内附设种痘处或分赴各村代种。

第三，家庭访问。各实习生在课余之暇，抽空赴村上各学生家庭访问，目的在于打破旧习、灌输改良农事知识、劝导识字、提倡自治等。

第四，讲演。由乡村教育实验区宣传部制定宣传大纲，每逢各村集会，由各实习生轮流到集市上讲演，讲演的题目多侧重于对乡民实际生活有益的问题。

（5）山东省立滋阳乡村师范学校的乡村教育实验区特约小学。山东省立滋阳乡村师范学校的乡村教育实验区特约小学共有四处，即滋阳西关小学、载南铺小学、高吴桥小学、汶上县第九区小学。除汶上县第九区小学直接受辅导部指导外，其余三校均与第一分区邻近，故一切情形仍与乡村教育实验区各校相同。为了规范管理，滋阳乡村师范学校订立了《特约小学规约》，对特约小学的资格及相关事宜提出了要求，内容包括以下五个方面。第一，合本校实验宗旨，富有研究及改造精神者。第二，有相当的经费及设备者。第三，地方人士热心教育者。第四，对本校派出工作人员，除按月付与相当办公费杂费外（现在每单级小学三元，有两个学级者六元，此为初步试办，将来须另行规定），所有经费概用作各学校建筑及设备之用，非经本校同意不准移作他用。第五，各特约小学之订立手续，归各学校所属之县教育局第五科管理，乡师不做直接交涉；但私立小学不在此例。

（三）山东省立滋阳乡村师范学校的农作活动

乡村师范学校注重农作活动有两个层面的意义。第一，训练学生养成农民的习惯，使其获得新式农业的技术。第二，为了农作及农作副业的推广。前者只在于达到乡村师范学校的教学目的，而后者则是为了实行生计教育，实践乡村师范学校改造农村社会的重大使命。如果乡村师范学校从事农作而忽略了它的推广意义，则乡村教育仍局限于狭小的范围，没有广泛的社会生产意义。由此可知，在乡村师范学校里办理农作，一定要将农作本身推广到乡村里去。

1. 山东省立滋阳乡村师范学校的农作及其副业的范围

山东省立滋阳乡村师范学校的农作范围包括栽培作物、造林和畜养，其中尤以畜养的推广效力最大。

关于栽培作物。特别注意收集各地品种，试验栽培及施肥方法，栽培的作物必须适合于当地的土质，并且为当地民众习惯种植的，如麦、豆、高粱、胡芝麻及蔬菜类之莱菔、茄子、王瓜等。如果品种优良、培养得法，极易得到农民的信赖，推广起来绝不费力。除以上实验栽培诸作物外，对乡民而言非常重要，须设法习种的作物，学校皆竭力择取优种，做育种实验。

关于造林。其范围可分为两大类，第一为建筑用材，第二为果林。建筑用材，如松、柏、白杨、槐、榆、柳等。果林，则为桃、梨、杏、苹果、石榴、林檎等。学校极为注意果林树苗的选种与特殊培养法，如肥城之桃、莱阳之梨、烟台之苹果……其种树极为优良，其培养施肥方法亦与普通树株稍异。在推广的效力上，果林较之建筑用材树苗，更受乡民们的欢迎。

关于畜养。学校畜养蜂、蚕、兔、鸡、鸭、瑞士羊等，其中以蚕种、鸡鸭种的推广效果最好，因鲁南一带乡村的乡民更加喜欢饲养鸡、鸭。

2. 山东省立滋阳乡村师范学校训练学生农作的方法

关于训练学生农作的方法，包括工作分配、编制与管理、农场成绩考查等方面的内容。

（1）工作分配。分配方法有两项。第一，必须做的工作。按工作方法的繁简、性质的难易，分配于四年之内，方便与农业教学相结合。各班可轮作一事或一区者，为"实习"。由某一班专门负责，不必与教学时间一致者，为"实作"。除一级下乡实习外，二级分配的工作为农场，三级、四级为饲养，造林则为各级均参加。第二，自由做的工作。如果有学生对于某种工作有特殊兴趣，愿意做深切研究的话，可以不按规定阶段自行组织，由学校划出工作项目，予以特殊指导。

（2）编制与管理。第一，农作队——为工作便利及指导灵活起见，将全校各班学生组成若干农作队。每队复分若干组，每组以五人为准，令其按次组合，各举组正一人，负责记载工作日志（见表6-5）、管理用具、分配工作等事项。各组正互推一人为队长，负责本队共同的事项。如有疑难事项，需要开队会议讨论。第二，农作团——农作团是专为做某一事而自由组织的团体，其组织法与农作队相同，人员组成不受班级限制，但须至十人以上方能成立。

表6-5　山东省立滋阳乡村师范学校农场日志

第级班组月日								农场日志
工作概况 \ 区别								备注
天气								
温度								
湿度								
风速								
缺席								

记载人：

资料来源：赵立斋：《山东省立滋阳乡村师范的推广事业》，《山东民众教育月刊》第5卷第5期，1934年。

（3）农场成绩考查方法。第一，凡是确定的农场作业、庭园栽培及动物畜养等，均依其工作情形，予以评定，作为工作成绩。第二，考查要项如下：勤惰——考查出席次数、努力程度；方法——考查工作记录及技能；效果——考查工作报告及工作效率。第三，成绩评定：用等级法，根据作业性质、考查要项评定为优、良、中、可、劣五种。第四，成绩列劣等者，为不及格。

（4）农场成绩考查标准。第一，分级考查——把各组的工作情形进行比较，确定各组的成绩。第二，个别考查——分别确定组内个人成绩，个人成绩综合之平均，须等于该组成绩。

3. 农作及饲养的情形

滋阳乡村师范学校的农作活动开始于1931年春，当时农场里只有少许

普通作物，饲养也只有育蚕一项。师生们经过几年辛苦劳作之后，到 1934
年情况大为改观，分述如下。

（1）农场概况。滋阳乡村师范学校有园地一方，面积 21 亩余，园址
与校址毗连，周围植有白杨及矮生洋槐。园内凿井 5 眼，灌溉亦颇便利。
除植高刘湖桑 80 余株，占地约一亩外，其余约分为 6 区，由学生管理。农
场设施包括：管理室、温室、园丁室、蓄肥池、蔬菜区、果树区、普通试
验区、桑区、棉花育种区、豆作育种区、作物标本区、苗圃、杂作区、饲
养区。

（2）种树。学生参加种树，分为育苗、扦插、接木三项。

育苗——原来苗圃在学校的北园，租自滋阳县教育局。1932 年春，该
局收回苗圃，学校将树苗移植到农场东北隅，计移植杏、黄栋、棠梨、胡
桃等共百余株，侧柏约 1500 株，因灌溉适宜，均甚茂密。后来几年购到各
种树种，开辟新苗圃，调畦分种，计有枫、槭、柞、梓、洋槐、黄栋、合
欢、山桃、女贞等。因土壤不宜，枫、槭两畦仅成活一半，其余尚称茂
盛。除移植他处者外，余皆扶疏数尺，绿荫两畦。

扦插——旧苗圃北半区为白杨扦插区，所植白杨，尽系移自该区，每
年移植，每年扦插，扦移交替，苗圃区内没有空地。

接木——此项工作只有接桑一种。1933 年春夏之交，每日按时由一级
学生负责，以毛桑台木，嫁接湖桑，共 200 余株。因系初试接木，用具亦
不应手，成活者仅有 1/2 多一点。盛夏多雨，茂密异常；柔条巨叶，俨成
小林。

（3）饲养。滋阳乡村师范学校的饲养开始时只有育蚕一种。后因历年
增加饲养的种类，到 1934 年已有瑞士山羊，力行鸡、油鸡、寿光鸡，北京
鸭，蚕，黄金蜂，俄产、英产、国产家兔等多种。

瑞士山羊。瑞士山羊，乳房特大，产乳丰富，乳汁浓厚，富含脂肪，
实属滋养佳品，且容易消化，不含结核菌，尤适合小儿饮用。1933 年春该
校特由北平农学院购来牝羊 3 只，牡羊 1 只，羔羊 2 只。到 1934 年已有牝
羊 7 只，牡羊 13 只。

力行鸡、油鸡、寿光鸡。力行鸡属于卵用种，平均每鸡每年可产卵
240 ~ 250 个，是世界最上乘的产卵鸡种。油鸡属于肉用种，北京特产，性
情温顺，肉肥而美，雄鸡体重可达 11 磅，雌鸡体重亦八九磅，卵重在 2 两

以上，现在饲养已遍全球。以上二种，该校 1933 年均由北平购种卵，孵化结果，成力行鸡 5 只，油鸡 10 只，1934 年先后孵卵两次，已得鸡雏百只。寿光鸡为山东省良种，1934 年该校开始试养，数量上比上二种少一些。

北京鸭。北京特产，为世界驰名的优良鸭种，生长迅速，50 余日便可重达 3 斤余，长成雄鸭重量可达 7 斤半，雌鸭重量可达 5 斤半，产卵亦多，一年平均可生一百五六十个。该校所养品种，系由北京购卵自行生出者，1933 年仅孵十数枚，1934 年则孵卵两次，得鸭雏五六十只。

蚕。学校利用滋阳县职业学校遗留的蚕具饲养缫丝，制种甚多，园地有湖桑七八百株，足够饲养，故养蚕的设备尚称完满。历年继续饲养，1932 年因有三班学生实习，人数众多，饲量亦多，新园、诸桂两种，共饲蚁蚕 1 两。学校规定利用课余时间，由学生分组轮流饲育。1933 年因北园桑树由地方当局收回，南园桑树衰老，因之仅饲蚁蚕 3 钱，采用天然饲育法，结网成绩较 1932 年稍有逊色。1934 年饲养较 1933 年多，成绩尚佳。

蜜蜂。在有普通蜜源的地方，每群蜂每年可收蜜 80 斤，既不需要费用，又不需要很多劳力，故养蜂为农村重要副业。过去养蜂的人，以多为尚，不惜用糖饲养，费用既多，蜂价跌落，均归失败。其失败均是饲养人自己的原因，并非蜂无饲养的价值。该校 1933 年购蜂 7 箱，加上他人送来的 3 箱，共有意大利黄金蜜蜂 10 群，1934 年达 40 群，但为旺群得蜜计，仅分 20 群。

兔。农家饲养家兔虽不如其他家畜家禽重要，然饲养容易，生殖繁多，肉可食，皮可供工业的需要。外国种毛长绒厚，一张皮值洋一元至数元不等，是农家副业的重要部分。该校 1933 年仅有俄国安格兰种兔、英国横眉青种兔、本国种兔各四只，1934 年已繁殖至七八十只。

4. 农作及饲养的推广方法

滋阳乡村师范学校农作物及饲养的牲畜昆虫实际推广的方法各有不同。作物的种子用廉价出售推广法。树苗则移植于邹县的凫山及该校沈官屯第一特约林场，用影响推广法，也廉价出售树苗及果秧。蜜蜂、瑞士羊因价值稍大，推广较难。其他如中外家兔用最低价值推广，蚕种免价推广。鸡鸭推广的方法有两个：第一，用合作的方式，即该校与农家共同出资买卵孵鸡，雏鸡长成后，与农家平分；第二，用分饲的方式，即由该校孵出雏鸡、雏鸭后，农家以最低价值抵押，将雏鸡或鸭携去，成长后退否均可。

（四）滋阳乡村师范学校的合作事业

在乡村师范学校里办合作事业，除了在教学上使学与做打成一片的意义外，就推广事业而言还有两个层面上的意义。第一，学校里的几百名学生先在教室里了解合作的理论，然后又有合作的经验，这几百名学生无形中便成了合作的拥护者、宣传者，并且是未来各种合作的组织者、合作社里的某种专门人才，这对于教育的推广事业意义重大。第二，在一个学校里办合作事业，在与四周乡民的交往中，无形中向他们宣传了合作的意义。如果在实验区里开办合作社，让学生的家属或其他的农友成为分社股东，让他们获得"实在的利益"，将使合作事业在乡村广受欢迎，由一个合作，不断地产生更多的合作。这样，在学校办合作事业，比专门办理合作的事业家，其推广的成绩并不逊色。

1. 滋阳乡村师范学校办理合作活动的情况

该校的合作事业，进程上可分为三个时期来说明。

（1）第一个时期。1931 年 9 月起至第四学期结清账目（1932 年底）为第一期。在这期间，因是草创时期，缺乏经验，股金也少，购买力弱，营业状况不佳。但社员渐渐提高认识并真实地感到互助的方便，合作的兴趣。

①组织方面——设理事、监事、候补理事、候补监事四种委员共十人，责任无异，职务全同，互选常务一人以总理会务。

②营业方面——设委员十人，轮流售货，概不另设营业员。

③盈余方面——社员股息，消费利润，公积基金，教育基金，并未按时结算，亦未照章分配。三学期中只结算一次账目，其分配方法是按人平均。

在第一期只有合作精神而无合作方法，所以红利（每人四毛九分）为印刷的购物毛票，持票取货。

（2）第二个时期。1933 年春起至暑假为第二个时期，时间虽短，但是进展颇大，可分两段，略述如下。

第一个阶段：由学期开始至向外推销的前夕。

①内部组织。第一次会议讨论分配工作事宜，议决常务一人，会计一人，售货员八人，分两组轮流。

②营业时间。以前三期均于每星期营业三次,该期营业四次,后于每星期日上午又增加一次,以方便社员并扩大销路。

③添售书籍。以前除售杂品文具外,只寄售各科教科书。这期又添售各种小说,后来因为书籍销路情形颇佳,于是函商各书局以同业办法代销各种书籍,营业状况较以前更盛。

④联络附小。合作社职员一面商请附小教职员向小学生倡议照顾合作社,一面添设儿童用品、小学文具,于是每至营业时间,合作社里增添了不少天真烂漫的小朋友。

第二个阶段:由向外推销到添设生产合作。

①与社会相见。由于合作社营业状况蒸蒸日上,学校遂商定与滋阳各界人士交易。第一,事前的准备——既欲成财团法人,必须有法律根据。该校合作社乃与滋阳合作指导所接洽备案,经该所批准,并经该所指导员慷慨指导。于是一面印制货品价目一览表,附函送发各机关、团体、学校,并登载《滋阳党声》,张贴广告,以资宣传;一面又添聘干练学生三人加入营业部,加强活动力量。第二,试办的情形——合作社于1934年4月10日按着新改定的每日营业时间开始营业。昔时全是学生来往的校门,此刻不断地看到市民的踪迹。因为时间的短暂,地址的偏僻,又加上试办不久,还有合作社的营业时间随学校的起居时间的更动而变动,对外贸易受到一定程度的影响。

②向生产进展。消费合作,只是消极地免去一层商贩的剥削,但学校合作社绝不以此为满足。所以为进一步的生产合作,决定于该期红利之中,提取一部分做生产股本,由外地购到意大利蜂七箱,由合作社另分组饲养,至此合作社无形中成了消费和生产两部门。

(3)第三个时期。1933年秋至1934年夏为第三个时期,其工作可分以下数项来说明。

①组织扩大——除常务一人、会计一人仍旧外,将原售货员中的两人改为购货员,再增加售货员八人。再由各班选出代表七人,饲养蜂群,组织生产合作股。②股金征集——由过去只限在校内征集股金,开始向外界征集股金以便扩大规模。③社址迁移——以前的社址既狭隘又偏僻。拟就校门偏东建立合作社用室以便向外发展。④实行上期提取红利,并处理生产合作社的决议。⑤在滋阳第一小学开办分社。

2. 滋阳乡村师范学校合作推广的进一步计划

滋阳乡村师范学校在合作事业上已经做了很多工作，但是他们认为距完满的乡村合作运动的推广事业，还有很长的距离，必须进行详密的设计，努力去工作，推广的任务方能完成。进一步的计划包括以下几个方面的内容。第一，竭力扩大校本部的合作社的生产合作，除了已有的20余群蜂外，计划增加股本使工厂（学校已经设置了的木工、金工、藤条工等的工厂）扩大，合并于合作社的第二部门——生产合作股，使合作社的生产品不经过厂主与中间商人的剥削而得到真正的劳动价值。第二，单是在滋阳城内的第一小学设立分社，对于合作的影响还很小，必须在城内各小学或职校设立分社，使合作的意义有更为广泛的影响。计划在民众夜校中吸收会员，成立街道合作分社，甚至进展到邻县去。第三，在实验区各个学校附近的村庄成立分社，使合作社成为农民生产及消费的唯一机关，而消灭一切乡村的商业剥削，进而把合作社看成农民共同的家庭。第四，除了生产合作与消费合作外，与农民有最大关系的信用合作、运销合作、仓储合作等，实验区均计划试办。

通过对栖霞乡村师范学校、滋阳乡村师范学校社会推广事业的考察，笔者发现乡村师范学校在当地不仅是一个文化教育事业机构，它还具备帮助农民学习农业技术、传播科学种植技术、促进卫生事业、发展农村商业的职能。各乡师设立推广部，在乡村推广农事、卫生事业，以改造乡村社会。农事上，各乡师组织推广农具、农药、优质种子等，向农民宣传农业新知识，教给农民增产、高产的方法；卫生事业上，各乡师开展的清洁运动使乡村焕然一新，良好的卫生习惯渐为民众接受，各乡师医院为贫苦人民提供了救治的场所，得到了乡民的信赖；商业经济上，各乡师设立商铺、合作社，既可摆脱乡师办学资金困境又可方便当地民众日常生活，促进农村经济发展。总之，乡村师范学校从各方面改变了周边乡村的面貌，这从时人对江苏省乡师的评价中可略见一斑："苏省凡设有乡村师范学校之地，观其一乡之人民社会状况，均觉焕然一新。……办理农业推广，就经验所得，尤觉非从教育入手，无以宏其效力。"[1]

---

[1]　《令县联合造就乡村师范人材》，《江苏教育》第 1 卷第 10 期，1932 年。

乡村师范在设立之初目的就十分明确，那就是以农村实际情况为准，培养适应农村教育的师资。但同时，在更广泛的意义上，这些毕业生去乡村工作后应成为农村社会面貌改变的促进者。因此，乡村师范学校不仅是培养农村基层教育师资的地方，更应当是培养承担改良农村社会重任者的地方，各个乡师都非常注重培养学生适应农村生活的能力。乡村师范学校在社会推广方面所做的努力，使它真正成为乡村的文化中心、改造乡村社会的中心。

余 论

一

中国共产党成立以后，出于培养党政干部和乡村教育师资的需要，在苏区、抗日根据地和解放区也创办了乡村师范学校。土地革命战争时期（1927～1937年）中央苏区的列宁师范学校，全面抗战时期（1937～1945年）根据地的鲁迅师范学校、陕甘宁边区师范学校、延安师范学校、朱严师范学校和界首师范学校，解放战争时期（1945～1949年）解放区的萌芽乡村师范学校等都是这一类的学校。①

列宁师范学校　土地革命战争时期，中国共产党领导的工农红军开辟的革命根据地，大多在两省或数省交界的边缘山区，经济与文化落后，教育水平低下。1929年兴国县红色政权刚成立时，这个县的文盲率竟达95%以上。苏区地方政府的许多干部，由于文化程度低，不理解上级命令和政策而贻误工作、贻误军情的事屡有发生，严重影响到根据地的巩固和安全，制约了苏区内经济、文化的发展。因此，大力扫除文盲，发展教育事业，提高苏区干部群众的文化素质，成为苏维埃政权的一件大事。早在苏区创建之初，中国共产党就把厉行全部的义务教育确定为苏区建设的一项基本政策。1932年6月，江西省永新县召开工农兵苏维埃第四次全县代表大会，通过了《文化教育问题决议案》，提出了苏区文化教育工作的16项

---

① 关于中国共产党自成立以后到1949年办理乡村师范的情况，参考了曹彦杰的论文《师范为何下乡：民国时期乡村师范学校的兴起》，博士学位论文，华东师范大学，2018。

任务。该决议案指出："要求无条件的执行省文化部各县区文化部长联席会议关于无论男女学龄儿童都要受高初两级六年义务教育的决议；要普遍的将列宁学校、工农夜校建立起来；要在群众面前暴露和痛斥帝国主义文化侵略、国民党党化教育、复古教育的内幕；加紧学校的巡视工作和群众的识字运动。"[①] 1933 年 6 月，中华苏维埃共和国临时中央政府召开瑞金、会昌、于都、胜利、博生、石城、宁化、长汀八县查田运动贫农团代表大会，在代表大会通过的决议中，要求各地"以查田运动的胜利去发展文化教育事业。普遍的建立俱乐部、列宁小学、夜学、识字班列宁室、图书馆、墙报等等，以提高工农的文化水平"。[②] 在中华苏维埃政府的积极推动下，苏区各类教育得到了较快的发展。随着学校教育的发展，师资缺乏的问题比较突出的显现出来。在《中华苏维埃共和国中央执行委员会与人民委员会对第二次全国苏维埃代表大会的报告》里毛泽东谈到部分省份数据：根据江西、福建、粤赣三省的统计，在 2932 个乡中，有列宁小学 3052 所，学生 89710 人，有补习夜校 6462 所，学生 94517 人，有识字组（此项只算了江西、粤赣两省，福建未计）32388 组，组员 155371 人，有俱乐部 1656 个，工作员 49668 人。[③] 各地列宁小学及社会教育的开办，急需大量师资，于是师范学校的办理就被提上议事日程。在苏区，办理最多的是列宁师范学校。

列宁师范学校是我国土地革命战争时期革命根据地培养小学教师和教育行政干部的学校，分为初级和高级两种。初级师范分设于各地，培养从事实际儿童教育及社会教育的干部。高级师范设于瑞金，培养初级及短期师范学校教员、训练班的教员、中心小学教员及社会教育和普通教育的领导干部。瑞金有两所列宁师范学校，一所是瑞金列宁师范学校，另一所是中央列宁师范学校。

瑞金列宁师范学校，又称闽瑞师范学校，1932 年 2 月由时任中华苏维埃共和国临时中央政府教育人民委员部代部长徐特立创办于瑞金县城天后宫。该校虽然称为师范学校，实际上是培训小学教师的师资培训班。闽瑞

---

① 吕良主编《中央革命根据地教育史》，教育科学出版社，1989，第 276 页。
② 吕良主编《中央革命根据地教育史》，教育科学出版社，1989，第 292 页。
③ 《中华苏维埃共和国中央执行委员会与人民委员会对第二次全国苏维埃代表大会的报告》，人民教育出版社编印《毛泽东同志论教育工作》，2000，第 5 页。

师范共有受训学员 200 余人，时间仅一个月有余。学习科目有政治、语文、算术、理化、体操、劳作和游戏等。学员毕业后，有 9 人分配到瑞金县各区担任巡视员，并负责创办列宁小学，其余大部分担任了列宁小学教员。

中央列宁师范学校，又名中央区列宁师范学校、国立高级列宁师范学校。1932 年 10 月，徐特立在江西瑞金洋溪刘氏宗祠创办中央列宁师范学校，并任首任校长兼教师，后由罗欣然接任。中央列宁师范的任务是为苏区列宁小学培养小学教员。建校初期，中央列宁师范有 10 余名教师，注重吸收农民子弟入学。学员入学方式为先由各地苏维埃政府推荐而后经过列宁师范考试录取，学习期限为 3 ~ 6 个月，[①] 毕业后即充任列宁小学教员。该校前后招收两期学员，共为苏区培养了 600 余名教师和教育干部。该校设有语文、算术、历史、地理、政治、图画、唱歌、生理、体操、游戏和劳作等课程。为缓解师资紧缺的状况，该校采取了多种充实师资的形式：一是校长徐特立亲自授课，而且讲授多门课程；二是经常邀请林伯渠和瞿秋白等中共领导人到校讲课或作报告；三是吸纳比较优秀的有教学经验的学员授课。

列宁师范学校实行军事化管理。除了上课外，学生还经常参加社会活动和生产劳动，并进行军事训练。另外，学生自己组织"学生公社"管理日常生活和开展社会工作，以培养自治能力。

列宁师范学校对工农子弟施行免费教育政策，学费、膳食费和书本费由苏维埃政府支付，毕业之后由苏维埃政府分配到列宁小学任教，并给予相应的社会地位和工作待遇。

1934 年，苏维埃中央政府教育部把苏区的师范教育分为小学教员训练班、短期师范学校、初级师范学校和高级师范学校四种类型，以培养不同层次师资和教育行政管理人才。小学教员训练班"专收现任或将任列宁小学教员为学生"，[②] 短期师范学校"以迅速养成教育干部及小学教员为任务"，[③] 初级师范学校"以养成能用新的方法，从事实际的儿童教育及社会

---

① 《徐特立所办学校简介（六）——中央列宁师范学校》，《特立学刊》2017 年第 1 期。
② 《小学教员训练班简章》，张挚、张玉龙主编《中央苏区教育史料汇编》上册，南京大学出版社，2016，第 489 页。
③ 《短期师范学校简章》，张挚、张玉龙主编《中央苏区教育史料汇编》上册，南京大学出版社，2016，第 489 页。

教育的干部为任务"，① 高级师范学校"培养目前实际上急需党的初级及短期师范学校教员、训练班教员及社会教育与普通教育的高级干部"。② 同年10月中央红军长征前夕，中央列宁师范学校停办。③

苏维埃时期的列宁师范学校，为服务"农村包围城市"的革命战略，扎根乡村为农民办学，是民国时期乡村师范教育的一种类型。由于战事紧迫，列宁师范学校普遍采用短期、速成和理论联系实际的办学方式，在短期内满足了列宁小学的大量师资需求，而且为苏区培养了一批具有一定马列主义水平和文化素养的政工干部，为苏区的教育普及和革命战争需要做出了历史贡献。

鲁迅师范学校　1936年10月19日鲁迅先生在上海逝世以后，毛泽东指示要创办一所中等师范学校，校名定为鲁迅师范。定名为鲁迅师范，一方面因为鲁迅是中国新文化的旗手，用先生之名以示纪念；另一方面有利于发展抗日民族统一战线。鲁迅师范学校从1937年2月成立，到1939年7月结束，从最初的扫盲班到较为正规的师范学校，共培养了八个班（队）近500名学员。鲁迅师范学校在延安成立不久搬迁至延长，再从延长搬迁到关中马家堡，之后又迁到安塞县的吊儿沟，与当时的边区中学合并，改名为边区师范，后亦称边区第一师范。④ 鲁迅师范学校有三个特点。一是注重政治教育。鲁迅师范一开始就确立了师范教育的政治方向，即在集体学习中培养革命的精神。到边区师范时期，进一步扩充了政治教育的内容，包括边区历史和边区民主建设，统一战线，阶级、国家、政党、三民主义与共产主义，党员、党的组织原则、民主集中制，群众工作等。通过政治学习，提高学生的民族意识和政治觉悟，使学生以坚定的政治方向配合革命大局。二是学校社会化。学校教育与社会紧密联系，如师生参加小学教育、社会教育以及生产劳动等，学校对社会产生了一种推动甚至领导

---

① 《初级师范学校章程》，张挚、张玉龙主编《中央苏区教育史料汇编》上册，南京大学出版社，2016，第488页。
② 《高级师范学校章程》，张挚、张玉龙主编《中央苏区教育史料汇编》上册，南京大学出版社，2016，第487页。
③ 李敏、孔令华主编《中央革命根据地词典》，档案出版社，1993，第300页。
④ 杜文娟、晓羽：《为了民族的明天——陕甘宁边区鲁迅师范学校历史纪实》，《陕西日报》2016年1月21日，第11版。

的作用。三是教育与劳动相结合。

"北大荒的晓庄"——萌芽乡村师范学校　共产党员高衡1947年3月在北大荒德都县建立解放区第一所师范学校——德都萌芽乡村师范试验学校，后来简称"萌芽乡村师范学校"。高衡制定了《萌芽乡师生活（实践）教育纲要》，为萌芽乡师的发展指明了方向：在培养目标上，以"为农民服务"思想为指导确定了"培养乡村小学教师"的办学目标；在课程设计与实施上，在乡村生活实践中形成了比较成熟的实践导向的课程体系；在培养模式上，注重与乡村小学双向合作，以培养适应乡村生活的优秀乡村师资。萌芽乡师从1947年开始办学到1952年，从一个班到八个班，培养了一批农村建设人才，其中包括中国第一位女拖拉机手梁军。梁军作为劳动模范和"妇女能顶半边天"的典型受到毛泽东的亲切接见。北京电影制片厂还专门以她为原型拍摄了纪录片《女拖拉机手》，并编写了名为《北大荒萌芽学校》《萌芽学校》的调查报告和书籍，在全国广泛传播。梁军还成为我国第三套人民币中一元纸币的人物图像原型。1952年秋天，萌芽学校被解散，学校的部分师生合到克山师范学校，农机设备迁往查哈阳农场，校址改为劳动农场。①

另外，中国共产党还根据各地革命和实际生活的需要，设立了许多师范班、简易师范学校等非正规师范，其规模大小不一，学制和课程灵活多样，为苏区、根据地和解放区培养了大批师资和干部，满足了革命和乡村教育的人才需求。

二

解放战争在全国范围内节节胜利，新解放区接收过来的乡村师范学校或简易乡村师范学校，一般在接受改造的同时，短时期内仍沿用旧名，甚至一些新建或改建学校也采用乡村师范学校或简易乡村师范学校的名称。农业生产劳动主要作为思想政治教育的手段，在课外活动中进行，许多已从正式课程中取消了。中华人民共和国成立后，乡村师范学校和简易乡村

---

① 崔艳波：《高衡："萌芽乡村师范学校"的创办者》，《世纪桥》2009年第24期。

师范学校的名称于 1950 年至 1951 年相继被取消。1951 年 8 月 27 日至 9 月 11 日，教育部召开了第一次全国师范教育会议。会议指出，师范教育的工作方针是正规师范教育与大量短期训练相结合，短期训练的方式应多种多样，以应急需。① 此后成立了许多速成班，以解决中小学师资极度匮乏的问题，并且还输送了一小部分中师毕业生到初中任教。1952 年教育部颁布实施的《师范学校暂行规程（草案）》中已不见简易乡村师范学校的名称。虽然取消了简易乡村师范学校的名称，但是培养乡村教师的学校一直存在。② 从 20 世纪 50 年代到 90 年代末，培养乡村教师的学校主要是初等师范学校、中等师范学校、高等师范专科学校，而培养乡村小学教师的核心力量就是中等师范学校。

1949 年中华人民共和国成立前夕，全国有中等师范学校 610 所，在校学生 15.175 万人。其中中级师范学校 321 所，在校生 6.137 万人，占师范生总数的 40.44%；初级师范学校 289 所，在校学生 9.038 万人，占师范生总数的 59.56%。到 1952 年全国中等师范学校已达 916 所，在校生 34.5 万人。其中中级师范学校 334 所，在校生 9.3 万人；初级师范学校 582 所，在校生 25.2 万人。③

1958～1960 年，中等师范学校得到了迅猛发展，在"县乡办师范"的口号下，师范学校像雨后春笋般大量涌现，各地还举办了一些培养小学师资的简易师范学校。1956 年，全国有中等师范学校 598 所，学生 27.3417 万人。其中中级师范学校 509 所，学生 23.4558 万人；初级师范学校 89 所，学生 3.8859 万人。④ 到 1960 年，短短几年时间学校增至 1964 所，在校学生数增至 83.848 万人。单是河南省的中等师范学校，1957 年是 35

---

① 陈守林等主编《新中国教育大事纪略》，吉林大学出版社，1990，第 21 页。

② 这里论述的是培养乡村教师的学校，不包括培训乡村教师的师范学校的函授部、教师进修学校、教育学院等机构。

③ 中华人民共和国教育部计划财务司编《中国教育成就：统计资料（1949～1983）》，人民教育出版社，1984，第 147～149 页。关于中华人民共和国成立以后的中等师范学校的部分数据，参考了霍东娇的《中国百年师范教育制度变迁研究》（博士学位论文，东北师范大学，2018）一文。

④ 中华人民共和国教育部计划财务司编《中国教育成就：统计资料（1949～1983）》，人民教育出版社，1984，第 147～149 页。

所，到 1960 年增长到 130 所，增长 2.71 倍。① 这种爆炸式的增长必然带来办学质量的下降。经过调整，到 1965 年，中等师范学校又由 1960 年的 1964 所减到 394 所，学生由 83.848 万人减到 15.5004 万人，甚至降到低于 1957 年的水平。② 从 1976 年至 1979 年，经过三年的努力，中等师范教育重新焕发生机。到 1979 年，全国中等师范学校 1053 所，在校学生 48.5 万人，比 1965 年增长了一倍多，教学质量逐步提高。

1980 年 8 月，教育部颁布《中等师范学校规程（草案）》。草案分总则、教学工作、思想政治工作、教育实习和生产劳动教育、体育卫生和生活管理、教师、行政领导体制和人员职责、党的工作和其他组织工作八章 59 条。草案重申中等师范学校的任务是培养小学和幼儿园师资，同时根据需要和可能，培训在职小学教师和幼儿园保教人员；学习三年或四年，招收初中毕业生或同等学力青年；毕业生至少必须服务教育工作三年；对小学及幼儿园教师提出新的基本要求；除普通师范学校外，可设外语、艺术、特殊教育和民族师范学校。③

1988 年，中等师范学校发展到达巅峰，从 1993 年开始，规模不断缩减。随着历史使命的完成，各地逐渐停办中等师范学校。1997 年，上海率先停止三年制中师招生。1999 年教育部在《关于师范院校布局结构调整的几点意见》中指出："从城市向农村、从沿海向内地逐步推进，由三级师范（高师本科、高师专科、中等师范）向二级师范（高师本科、高师专科）过渡。"④ 各省、市、自治区都按规定进行了相应调整，主要表现为以下几种形式。一是中等师范学校并入高等师范学校；二是中等师范学校与其他学校合并升格为高等师范学校；三是中等师范学校并入职业技术学院；四是中等师范学校并入综合性院校；五是中等师范学校与教师培训机构合并或直接改为师资培训机构；六是中等师范学校改制为中等学校。通

---

① 《中国教育年鉴》编辑部编《中国教育年鉴（1949~1981）》，中国大百科全书出版社，1984，第 994 页。
② 《中国教育年鉴》编辑部编《中国教育年鉴（1949~1981）》，中国大百科全书出版社，1984，第 981~982 页。
③ 顾明远主编《教育大辞典》第 2 卷，上海教育出版社，1990，第 39 页。
④ 教育部师范教育司编《师范教育工作资料汇编（1996 年~2000 年）》，东北师范大学出版社，2001，第 176 页。

过调整，截至 2001 年，中等师范学校由 1993 年的 918 所，在校生 72.2 万人，下降为 570 所，在校生 66.2 万人。[①]

总之，这一时期由于师范院校的层次结构调整，中国的师范院校层次由三级向二级过渡，中等师范学校的发展规模呈逐步缩减状态，教师培养数量持续减少，招生数量从 1993 年的 28.4 万人降至 2001 年的 19.5 万人，减少了 31%。[②] 中等师范学校的升格、合并、转制，提升了小学师资的学历层次，由综合性培养转入分科培养，更加强调师范教育的学术性与专业性。与此同时，升格后的中等师范学校在师范教育领域的作用也开始逐渐褪色，曾经为新中国建设培养过大批合格师资的中等师范教育也逐渐退出历史舞台。

中国高等师范类院校已经向综合性大学看齐，走向了升格、合并、综合化的发展道路，一些原本关注农村师资培养的中等师范学校也在这种合并的浪潮下逐渐消失。大部分中等师范学校曾为农村小学培养合格师资，是针对性较强的农村师资培养机构，对中国农村初等教育的普及起到了关键性的作用，其为农村服务的经验可以汲取。经过师范教育的转型，目前中国中小学师资培养形式已经打破了从师范院校选拔的单一做法，初步形成了师范院校和综合大学共同培养的格局，从而使中小学教师的学历层次得到了提高。但在学历提高的同时我们需要考虑这些师范院校和综合大学应该如何为农村地区培养师资，而且要因地制宜，结合农村地区的特点，做到课程设置本土化，并开设一些适合农村生产和生活的专门课程，以便让更多的青年了解农村、投身于农村建设。曾承担起培养中国农村地区小学教师任务、服务农村教育的中等师范类院校的逐步消失，给中国农村地区师资的发展带来一定的影响。

三

中华人民共和国成立后，虽然"乡村师范学校"的名称被取消了，但

[①] 梅新林主编《中国教师教育 30 年》，中国社会科学出版社，2008，第 234 页。
[②] 梅新林主编《中国教师教育 30 年》，中国社会科学出版社，2008，第 234 页。

实际培养乡村教师的中等师范学校，一定程度上继承了民国乡村教师培养传统，如定向培养制度、师范生免费制度等。20 世纪 90 年代以来，由于国家师范教育政策的调整，中等师范学校纷纷停办，这些培养传统也在不断调整，给乡村小学教师的培养带来较大的影响。

第一，民国乡村师范教育是基于乡土中国的社会现实、在批判城市化取向的师范学校教育基础上产生的。师范学校从城市转移到乡村办学，目的即是培养为乡村社会服务的乡土化乡村教师，服务于乡村教育和乡村现代化。

从乡村师范教育的实践来看，民国乡村师范教育积累了很多培养适应乡村社会发展需要的本土化乡村教师的经验。首先，注重在乡村环境中熏染师范生服务乡村的志趣和能力。将师范学校从城市转移到乡村，让师范生耳濡目染乡村环境并熟悉乡村生活，避免城市环境的反向影响。其次，对师范教育课程体系进行乡村化改造。增加乡村教育学、农业生产和乡村社会学等乡村化课程，以促进乡师生对乡村教育与社会的了解。最后，培养过程中加强乡师生乡村教育实习和乡村社会实践。让乡师生到农村改进实验区实习、办理乡村小学和进行社会教育等，提高其从事乡村教育的实际能力。这些本土化培养制度的建立，赋予了乡师生服务乡村教育和乡村建设的知识、能力和情感，在一定程度上扩大和稳定了乡村教师队伍。

今天的师范教育虽然不大可能再把师范学校搬到乡村，但可以通过增加乡村社会学、乡村教育学等课程让师范生了解乡村教育和乡村社会，也可以让公费师范生到乡村小学实习，增加其对乡村儿童的了解，提高其服务乡村教育的教学能力以及教育精准扶贫的责任感，从而培养真正愿意服务乡村教育和乡村振兴的乡村教师。

第二，从制度层面来看，民国乡村师范教育确立了为乡村学校定向培养教师制度。20 世纪 80 ~ 90 年代，中国的师范学校也大多采用了乡村教师定向培养制度，为乡村社会培养了一大批优秀的中师生，支撑起了乡村基础教育的天空。可见，从定向制度上入手加强师范生服务乡村教育是重要的历史经验。

这一时期，中国的师范教育实行国家统招统分、定向培养。正是由于出口畅通、就业稳定，中等师范学校的招生质量得到保证。大批优秀初中毕业生（特别是农村学生）首选师范学校。绝大多数师范学校的办学条件和师资水平也是当地学校最好的，师范学校的布局基本上是一个地级市有一所，学校所在地基本上都在市区，尤其是师范学校的课程设计完全符合小学教育实际，内容科学合理。经过三年师范教育，培养合格的师范生到小学去，什么课都可以教，普通话、"三笔字"（钢笔字、毛笔字、粉笔字）、简笔画、吹拉弹唱样样都会。小学需要这样的教师，学生喜欢这样的教师。况且这些学生大多数来自农村，毕业后回到家乡教书育人思想稳定、工作安心。

然而，20 世纪 90 年代末期，基于对师范生培养趋于饱和的估计，中国取消了乡村教师定向培养和就业的制度，导致乡村教师队伍补充不足。中等师范停办后十几年的小学教师队伍补充情况，明显发生了以下变化。一是农村小学音乐、体育、美术教师补充困难，大量学校没有音、体、美教师，音乐、体育、美术课程开设困难。二是招聘的教师（包括特岗教师）男女比例失调，小学补充的教师 80% 是女性教师。三是学校多才多艺的教师少了，因此，学校组织开展的各种文艺、体育、美术、游戏、演讲等活动大量减少。四是农村学校教师队伍不稳定的问题依然突出。现在农村学校补充的教师绝大多数为特岗教师，这些新补充的教师多数因家不在当地，三年服务期满基本都会离开学校，能坚持留在农村学校的少之又少。五是从乡、县、市推荐的小学骨干教师和学科带头人，以及表彰的优秀教师的统计情况来看，中等师范毕业生的占比仍然很高，[①] 当年的师范生还是小学教育的中坚力量。

第三，免费师范生制度吸引了大批农家子弟报考乡村师范学校。民国时期乡村师范学校在师范生待遇政策上施行的是"免费＋奖励自给制度"。这种制度既保障了贫穷农家子弟顺利入学，同时，通过自给自足的劳动，不仅增加了乡师生的收入，而且培养了乡师生艰苦努力和自食其力的精神品质。新中国成立以后很长时间里，我们的师范学校采取免费制度，保障了师范学校的生源及其质量。

自 20 世纪 90 年代末以来，中国取消了师范生免费政策，结果农家子弟报考师范学校的人数急剧下降，影响了乡村教师队伍的稳定。为了更好地培养服务乡村的师资，调动学生学习的积极性和主动性，照顾学生的实

---

① 梁华和：《中等师范学校过早淡出历史》，《宁夏教育》2017 年第 5 期。

际需求，学校设立了各种形式的奖学金，对师范学生进行不同程度的补助、补贴。2007年国家开启了部属师范大学免费师范生的尝试，后来又陆续出台了省级公费师范生计划、卓越乡村教师计划和乡村教师支持计划等一系列乡村教师保障措施。2007年5月，国务院批准、国务院办公厅转发《教育部直属师范大学师范生免费教育实施办法（试行）》，规定从2007年秋季学期起，六所部属师范大学实行师范生免费教育；免除学费、住宿费并补助生活费。但从目前的情况来看，效果并不太理想。一方面是城市化的浪潮给人们的思想观念带来巨大冲击和影响，另一方面是乡村教师遇到各种各样难以解决的问题。2018年2月，教育部等五部门联合发布《教师教育振兴行动计划（2018—2022年）》，对以前的政策进行了一些调整，提出建立健全乡村教师成长发展的支持服务体系，为乡村学校培养"下得去、留得住、教得好、有发展"的合格教师。但是从目前乡村与城市悬殊的物质待遇和个人发展的空间等方面的实际情况来看，如何培养出"下得去、留得住、教得好、有发展"的真正愿意服务乡村教育和乡村振兴的乡村教师，是一个需要长期思考和研究的问题。

附录一 简易乡村师范学校课程
标准（部分）[*]

简易乡村师范学校乡村教育课程标准

第一　目标

（壹）使学生明了乡村教育之意义及使命。

（贰）使学生研究乡村教育上各种实际问题，及实施方法与改良途径。

（叁）培养学生研究乡村教育之兴趣，及服务乡村之精神。

第二　时间支配

第四学年第一学期每周三小时。

（壹）讲习占五分之三，

（贰）讨论占五分之一，

（叁）参观调查占五分之一，

（肆）课外阅读列入自修时间。

第三　教材大纲

（壹）乡村教育之认识。

---

* 教育部师范学校课程标准编订委员会编《简易乡村师范学校课程标准》，商务印书馆，1935。说明：本课程标准包含的课程很多，此附录只列举简易乡村师范学校教学科目及各学期教学及自习时数表、乡村教育类或与乡村社会相关的课程标准、实习劳作类课程标准，以供研究乡村师范教育者参考。

（贰）中外乡村教育运动概况。

（叁）乡村社会之特征。

（肆）乡村教育实施之原理原则。

（伍）乡村小学之现状。

（陆）乡村小学之各种实际问题：

（一）校舍，（二）设备，（三）编制，（四）课程，（五）教材，（六）教法，（七）训导（包括操作），（八）经费，（九）假期，（十）儿童，（十一）教员，（十二）进修，（十三）就业指导，（十四）升学指导。

（柒）乡村生活中之急切问题：

（一）生计，（二）健康，（三）知能，（四）休闲，（五）整洁，（六）消防，（七）自卫，（八）诉讼。

（捌）乡村幼稚教育及托儿所。

（玖）乡村小学教员应有之知能与精神。

（拾）乡村学校之新使命与新事业。

（拾壹）乡村参观、调查与研究。

第四　实施方法概要

（壹）作业要项

（一）讲习。

（二）讨论。

（三）课外阅读。

（四）参观调查。

（贰）教法要点

（一）教材须切合实际需要。

（二）讲习前教员应择定问题，提出要点，并指定参考书籍，使学生预习，以作课内讨论之根据。

（三）教员应随时选择适当之书报及杂志，指导学生阅读，以作讲习或讨论时之资料。

（四）讨论问题，应注重具体实例；讲述制度，应撮取先进国之成规，与我国现状相比较。

（五）参观调查时，均须制就各种应用表格，分组填记。参观调查后，或作口头报告，或作书面报告，均由教员分别规定。教员更须就中拟出问题，公开讨论。

（六）调查报告，务求真实，以便讨论时有正确之根据，改进时有良好之张本。

（七）课内讨论、课外阅读、参观、调查，均须随时笔记，送请核阅。

（八）注重实地考查，以引起学生研究之兴趣，并训练其服务乡村之精神。

简易乡村师范学校农业及实习课程标准

第一　目标

（壹）灌输普通农学实用知识，使学生：

（一）详细明了当地农业现状，及各种农业问题；

（二）详知本省农业现状，及重要农业问题；

（三）略悉国内及世界农业现状。

（贰）训练学生使有种植和畜养之技能。

（叁）使学生明了小学劳作科农事教材与教法。

（肆）使学生有协助农业推广及农村改进之知能。

（伍）养成学生具有欣赏自然，爱好田园生活，及勤苦、诚实等习惯。

第二　时间支配

第一学年　每周授课二小时，试验及实习三小时。（实习时间以相连续为原则）

第二学年　同上。

第三学年　同上。

第四学年　第一学期每周授课三小时，实习二小时。第二学期每周授课一小时，实习二小时。

第三　教材大纲

（壹）第一学年

（一）第一学期

（1）讲授　农学大意（农业概况；土壤、肥料、气象、农具等大意）。

（2）实习　认识各该校及其附近区域内之各种作物及农业状况，鉴别所在地土壤之种类及优劣，简易之土壤耕作与改良法。明了当地肥料之种类、性质，及其配合与使用法。气象之考查与记载。当地所有新旧农具之构造及使用。

（二）第二学期

（1）讲授　作物泛论及各论（注重栽培上之必要知识，与区内之主要作物）。

（2）实习　田野观察。栽培当地重要作物（自播种至收获须有整个系统之实习，尤注重病虫害之认识与防治）。

（贰）第二学年

（一）第一学期

（1）讲授　作物各论（续上学期）。造林概要（注重当地林木及苗圃必要知识）。

（2）实习　作物栽培实习（续上学期）。认识附近主要树木，及准备树种与苗圃。

（二）第二学期

（1）讲授　果树（注重果树必要知识，及当地主要果树）。蔬菜（注重蔬菜必要知识，及当地所产蔬菜）。

（2）实习　森林育苗、栽培及管理。果树及蔬菜之栽培、管理与保护。

（叁）第三学年

（一）第一学期

（1）讲授　花卉（注重花卉之必要知识）。造庭（注重普通庭园之布置设计）。农场管理（注重简要之农业簿记，及农业经营法）。

（2）实习　果树蔬菜之栽培、管理与保护（继续上学期）。普通花卉之栽培、管理。学校园之布置及管理。

（二）第二学期

（1）讲授　畜牧（畜养概要，当地各种饲养动物之常识）。

（2）实习　依当地情形，注重猪、羊、蚕、鸡、蜂、鱼等之饲养、管理、防病。

（肆）第四学年

（一）第一、二学期

（1）讲授　农业推广法（注重介绍已有之可靠材料，与适合当地情形之推广方法）。小学农事教学法（注重小学农事教材及教学法）。

（2）实习　举行乡村调查。举办特约农家，试行农事推广。在小学试教农事。

第四　实施方法概要

（壹）作业要项

（一）必须有相当之农场，以供学生实习栽培作物、蔬菜、花卉等用。

（二）实习及观察，须与教室内讲授并重；且以互相联络为原则。

（三）须特别注意本地农产物。

（贰）教法要点

（一）教室作业，应由教员预编讲义，先期发给学生，或选用相当教科书，令学生课外自修，上课时由教员根据教材及当地农业材料讲演，加以发挥。同时鼓励学生发问及讨论。并随时施行口试或笔试。

（二）关于当地农业教材，须由教员自行编撰。

（三）须鼓励学生阅看各种农业杂志及参考书。

（四）每次实习，须先由教员印发"实习指导"，使学生明了该次实习之目的及方法，教员并须在旁督率辅导。每次实习完毕，须令叙述缮送"实习报告"。

（五）教员须随时在教室、试验室及农场等处示范，并率领学生至附近乡村考察。

（六）各种教材及实习，须以实用及经济为主。

简易乡村师范学校农村经济及合作课程标准

第一　目标

（壹）说明发展农业、繁荣农村与农业经济学科之关系。

（贰）叙述农业生产三要素之内容与配合方式。

（叁）述明中国农村经济之症结及其补救方法。

（肆）解释合作之意义及其重要组织与运用，而尤注意于乡村之各种合作组织。

（伍）略示近代经济组织之主要趋势及其与农业生产之关系。

第二　时间支配

第四学年第一学期每周四小时。

第三　教材大纲

（壹）农村经济之意义与内容。

（贰）农村经济与农学、经济学、社会学之关系。

（叁）合作运动之意义、分类及其与农村经济之关系。

（肆）农业之起源、发展、特性与分类。

（伍）生产三要素之内容概述。

（陆）土地问题。（土地问题的分类——农地收益——农地价值——农场面积——佃租制度）

（柒）农场设备。

（捌）农业信用、农业仓库、农业保险等。

（玖）农业劳动者。

（拾）农场管理。（三要素之配合——性质——原则——经营之实际）

（拾壹）国家对于农场经济之措施：如农村教育、农村自治、农业推广、土地登记、土地重划、土地利用、粮食、垦荒等政策之进行方针。

（拾贰）合作社之组织与经营。

（拾叁）农村信用合作。

（拾肆）农村消费合作。

（拾伍）农村生产合作（尤注意于共同耕种合作）。

（拾陆）农村贩卖合作。

（拾柒）农村合作之各级联合会之组织与业务。

（拾捌）合作事业前途之展望及其与中国农村经济组织之关系。

（拾玖）中国农村经济之一般情形。

（贰拾）中国农民与农村之重要问题提纲。

第四　实施方法概要

（壹）作业要项

（一）课堂讲授之外应有课外作业。

（二）举行学校附近农村普通调查，而尤注意土地分配及农产贩卖状况。

（三）参观学校附近各合作社，并指导学生帮助农民组织合作社。

（四）编制农家收支簿记，由学生代农家填记。

（五）授以预测农产量之简易方法；即以当地农业为预测范围。

（六）组织化装通俗演讲队，向农民宣传农业科学知识与合作之利益。

（贰）教法要点

（一）教授时以本乡、本县、本省之农场经济为说明之资料。

（二）与学生讨论本乡、本县以至本省之农场经济问题之性质与补救方法。

（三）合作乃经济学之一部门，农村合作亦经济学之一部门，今欲并列而合授之，则其法有三：或分为两部，前部农村经济，后部合作。或仅将合作列为一章，而加重其讲授分量。或错综条举，隐其界线。若从第三法教授时，一方固应显示其范围之大小，同时更指出其相互之关系，使学生既窥全豹，又能辨别轻重。

（四）本标准乃为三种学校所制定之共同教学大纲，讲授时应由教员就实际情形酌量增损材料，俾期适当。

简易乡村师范学校水利概要课程标准

第一　目标

（壹）灌输实用之水利知识，使学生知研究水利问题之重要。

（贰）使学生对于水利之普通技术有相当之研究，并能负责指导乡村之水利事业。

（叁）使学生对于水利有继续研究再求深造之准备。

第二　时间支配

第三学年第一学期每周二小时。

第三　教材大纲

（壹）水文之初步研究：

（一）水之功用、性质及其来源；

（二）雨量记载；

（三）水位观测；

（四）浮标测流。

（贰）洪水之成因及其防止方法。

（叁）排水之设置与方法及对于农作物之需要。

（肆）农作物之需水量。

（伍）灌溉术——蓄水、引水、输水。

（陆）吸水灌溉及使用水车、抽水机之研究。

（柒）凿井术。

（捌）整理河道——疏浚、断流、直流。

（玖）简易水闸建筑法及其大小闸壁、闸板、闸门之配制。

（拾）简易堤防之设计与建筑方法。

（拾壹）坝工之设计与建筑方法——土坝、木坝、三合土坝。

（拾贰）简易涵洞之设计与建筑方法。

（拾叁）初步测绘之学习。

第四　实施方法概要

（壹）作业要项

（一）须有相当实习之设备，如仪器、工作用具等。或利用当地有此种设备之农业及水利机关，与之合作。

（二）应用地图及测绘统计图表为学习之参证。

（三）提供自习材料及图书为自动作业之资料。

（四）领导学生参观田野情形，及当地兴办之水利事业，以为实地之观察。

（五）练习初步测量制图，以求地理观念之正确。

（六）利用比较统计及笔记要点等，以求学习内容之综合。

（七）记载雨量及水文观测。

（贰）教法要点

（一）本教材须注重农村实际需要。

（二）教授时应尽量利用设计方法，务使学生自动设计讨论，俾有浓厚之兴趣。

（三）教授时须注意农村实际情况，及水利与农业之关系。

（四）教授时须联络数理教材，以求互相参证。

（五）务使学生能尽量了解各项技术之原理。

（六）须使学生能以实习之所得与讲授之学理相印证。

（七）鼓励学生阅看水利杂志及参考书。

（八）指导初步测量制图法。

（九）遇有当地兴办水利事业，可分发实习，由教员从旁指导。

简易乡村师范学校小学行政课程标准

第一　目标

（壹）使学生明了小学行政之意义、范围，及其与教育原理之关系。

（贰）使学生明了小学行政各种事项之性质及方法。

（叁）使学生具有用科学方法、创造精神及经济手段，以处理小学行政之技能。

（肆）使学生具有利用学校地位，辅导社会事业改进之信仰及能力。

第二　时间支配

第四学年第一学期每周三小时。

第三　教材大纲

（壹）总论

（一）小学行政之意义及范围。

（二）小学行政之研究方法。

（三）小学行政之基本原则。

（四）小学行政之现状及趋势。

（贰）小学校长

（一）小学校长之职务。

（二）小学校长工作时间之分配。

（三）小学校长之修养。

（四）评定校长工作之方法。

（叁）小学教员

（一）资格。

（二）待遇。

（三）职责。

（四）办事方法及服务精神。

（五）进修方法及康乐生活。

（六）评定教员工作效率之方法。

（肆）建筑及设备

（一）学校环境。

（二）校地及校舍支配。

（三）校舍之建筑及修理。

（四）校具之设备及修理。

（五）布置与装饰。

（六）评判校舍之标准。

（伍）行政组织

（一）组织原则。

（二）组织系统。

（三）校务分掌。

（四）各项会议。

（五）各项规则。

（六）行政历。

（陆）教导实施

（一）学籍编造。

（二）学级编制。

（三）教学事项：（1）课程问题；（2）用书；（3）日课表。

（四）训导事项：（1）训练标准；（2）训练组织；（3）训练方法。

（五）特殊儿童之教导。

（六）成绩考查。

（七）统计及报告。

（柒）学校卫生

（一）改善环境。

（二）健康检查。

（三）训练及活动。

（四）营养及保健。

（五）预防及治疗。

（捌）事务管理

（一）经济管理。

（二）图书管理。

（三）文件管理。

（四）校具管理。

（五）校舍管理。

（六）校工管理。

（七）杂物处理。

（玖）研究工作

（一）组织方式。

（二）工作程序。

（三）结果之整理及应用。

（拾）推广事业

（一）家庭之联络与辅导。

（二）社会之辅导与协作。

（三）学校间之联络与协作。

（四）集会。

（五）出版。

（拾壹）学校与教育行政

（一）教育行政制度。

（二）学制系统。

（三）主要教育法令与方案。

（四）教育视导。

（拾贰）公文与表册

（一）各种公文之研究与试作。

（二）表册研究与仿制。

第四 实施方法概要

（壹）作业要项

（一）讨论 讨论关于小学行政之各种问题及处理方法。

（二）阅读 阅读关于小学行政之各种参考材料。

（三）参观 参观各小学实际行政状况，加以记载、整理、比较及批评。

（四）实习 分赴各小学实习各种行政工作，加以记载、整理及报告。

（五）设计 用设计方法，拟订关于小学行政之各种计划，并试验之。

（贰）教法要点

（一）取材须适合乡村或都市普通小学实际之应用。

（二）研究尽量使学生自动，以问题为研究之中心。

（三）研究以设计及讨论为主，阅读或讲述为辅。

（四）每周或两周应有一次实际小学行政之参观，学期终了前，应有一月实际行政之实习。

简易乡村师范学校小学教材及教学法课程标准

第一　目标

（壹）使学生明了小学教材之内容及形式。

（贰）使学生明了小学教材选择及组织原则。

（叁）使学生获得编选教材之能力。

（肆）使学生明了小学教学法之原则、原理。

（伍）使学生获得小学教学之实际技术。

（陆）使学生对于小学教材及教学法具有研究的、实验的态度与兴趣。

第二　时间支配

第三学年每周授课三小时，第四学年第一学期每周授课四小时，通论占四分之一，其他占四分之三。

第三　教材大纲

（壹）通论

（一）教材及教学方法之意义。

（二）教育目标、教材、教法、儿童环境等之相互关系。

（三）小学教材之范围及来源。

（四）小学教材之组织原则及方法。

（五）小学教材选择、分量支配及排列之一般原则。

（六）小学教科书之选择及使用。

（七）教学方法所根据之重要原则：（1）自动原则；（2）类化原则；（3）准备原则；（4）兴味原则；（5）设计原则；（6）个性适应原则；（7）其他。

（八）教学之各种方法：（1）问题的教学法；（2）练习的教学法；（3）欣赏的教学法；（4）发表的教学法；（5）个别学习的教学法（如自

学辅导、道尔顿制、文纳特卡制等）。

（九）教员之态度及教学技术。

（十）教学之准备：（1）环境之布置；（2）教案之编制；（3）其他。

（贰）小学各科教材及教学法（卫生、体育、国语、社会、自然、算术、劳作、音乐、美术）

（一）教学目标。

（二）教材：（1）范围；（2）选择；（3）组织。

（三）教学方法：（1）教学过程；（2）初步教学法；（3）教学实例；（4）成绩考查；（5）教学要则。

（四）教具之研究。

（叁）复式教学

（一）复式教学之意义及种类。

（二）复式教学之配合。

（三）复式教学设备与坐位之排列。

（四）复式教学自动作业之实施。

（五）复式教学日课表之配置。

第四　实施方法概要

（壹）作业要项

（一）阅读　由教员指示范围及方法，令学生阅读关于小学教材及教学法之各种书籍，并笔记心得，提出问题，以便讨论。

（二）讨论　就学生提出关于小学教材及教学法之问题，由师生在课内共同讨论解答。

（三）参观　由教员指导方法往小学参观。

（四）实习　由学生选择或试编小学教材，由教员批改，并往小学实地试教，以验教材是否适当，且借以培养教学之技术。

（五）研究　将现有小学教科书及补充读物作比较的研究，审查其优劣点，并就参观所得，提出关于改进小学教材及教学方法之意见。

（贰）教法要点

（一）本学程之教学，应注重小学教材之试作或搜集，及教学方法之实地练习，使学生获得实际经验。

（二）研究小学教材时，必须参阅部颁小学课程标准。

（三）应常令学生搜集小学所用教材及教学方法上之实际问题，作研究讨论之资料。

（四）学生所搜集或试编之教材，及对于教学方法上所提出之问题，应由教员详加批评及解答。

（五）教员讲述，应注意小学教材及教学方法之趋势。

（六）应常指定关于研究小学教材及教学方法之书籍，令学生于课外阅读，并报告心得，提出讨论。

简易乡村师范学校劳作（工艺）课程标准

第一　目标

（壹）培养乡村小学教员必要的工艺知识、技能。

（贰）使学生明了劳动与人生之关系，养成职业平等之观念。

（叁）使学生实地操作与锻炼，以养成勤劳、忍耐、精密、正确等德性与习惯。

（肆）使学生研究乡村小学劳作科工艺教材及教法。

（伍）使学生了解小学劳作科中校事、家事、农事与工艺有相互的关系。

第二　时间支配

（壹）正课　第一二三学年每学期每周二小时，第四学年第一学期每周一小时。

（贰）课外操作　每日至少半小时（但有正课之日，得缺课外作业）。

第三　教材大纲

（壹）第一学年第一学期

（一）研究事项：

（1）劳作之意义及必要；

（2）工艺教育之价值；

（3）竹工之价值；

（4）竹材工艺之概况；

（5）竹工之用具及材料。

（二）实习事项：

（1）竹材之锯、劈、刮、削、剜、锥等法之练习；

（2）竹材雕刻练习；

（3）竹材着色练习；

（4）竹材胶接、包接及榫接练习；

（5）竹材翻簧练习；

（6）篾片、篾丝编物练习。

（贰）第一学年第二学期

（一）研究事项：

（1）土属工艺之种类；

（2）土属工艺与吾人生活之关系；

（3）劳工神圣、职业平等之意义；

（4）我国窑业之概况及其改进事项；

（5）墙壁、道路、战壕等之建筑及修理法；

（6）土属工艺之用具及材料。

（二）实习事项：

（1）土属之抟、捏、搓、捻、压、刮之手术练习；

（2）土制玩具练习；

（3）土制器皿练习；

（4）素烧及釉烧练习；

（5）土制物品着色练习；

（6）石膏制型练习；

（7）水泥、石灰、砖、石等工作练习（如建筑及修理墙壁、道路等）；

（8）战壕构筑练习。

（叁）第二学年第一学期

（一）研究事项：

（1）劳作与生产之关系；

（2）中外金属工艺之概况；

（3）金属工艺之种类；

（4）金工之用具；

（5）金工之材料。

（二）实习事项：

（1）金属线之切断、伸屈、编组等练习；

（2）金属板之切开、折曲、穿孔、钉接、焊接等法练习；

（3）金属之锉、刮、削、研磨、抛光等练习；

（4）金属槌展练习；

（5）锻接、退钢、淬固等法练习；

（6）翻砂练习。

（肆）第二学年第二学期

（一）研究事项：

（1）现代劳动者之地位；

（2）无业游民为人类之大蠹；

（3）我国木材工艺之概况及其改良问题；

（4）木工用具论；

（5）木工材料论。

（二）实习事项：

（1）木材之锯、刨、钻、凿等手术练习；

（2）木材之钉接、胶接及榫接之练习；

（3）木材雕刻练习；

（4）木器油漆练习；

（5）车床使用练习。

（伍）第三学年第一学期

（一）研究事项：

（1）衣料之种类、价值及优劣；

（2）纺织原料之来源及种类；

（3）中外纺织工艺概况；

（4）中外裁缝工艺概况；

（5）衣服之保藏法；

（6）裁缝之用具；

（7）食料之种类；

（8）中外食物工艺概况。

（二）实习事项：

（1）普通衣服之裁法练习；

（2）手工缝法练习；

（3）衣服洗染练习；

（4）主要食物烹调练习；

（5）主要点心制法练习；

（6）主要食物及干、腌、饯、醉等食物久藏法练习。

（陆）第三学年第二学期

（一）研究事项：

（1）我国经济衰落之原因；

（2）我国造纸业之概况；

（3）中外纸类之特点；

（4）纸类之用途；

（5）纸工之用具；

（6）普通所用纸张之名称。

（二）实习事项：

（1）薄纸、厚纸之折法、切法、贴法练习；

（2）装钉练习；

（3）裱褙练习；

（4）纸球、纸花、纸彩、纸灯、纸鹞等制法练习；

（5）废纸制型练习。

（柒）第四学年第一学期

（一）研究事项：

（1）乡村小学各学年关于衣之教材、教法及设备研究；

（2）乡村小学各学年关于食之教材、教法及设备研究；

（3）乡村小学各学年关于住之教材、教法及设备研究；

（4）乡村小学各学年关于行之教材、教法及设备研究；

（5）乡村小学各学年关于养育方面工艺教材、教法及设备研究；

（6）乡村小学各学年关于娱乐方面工艺教材、教法及设备研究；

（7）乡村小学各学年关于特产工艺的教材、教法及设备研究；

（8）儿童工艺心理、工作能力及工场设置之研究；

（9）小学劳作科工艺联络校事、家事、农事等设计方法之研究。

（二）实习事项：

（1）研究事项中关于教材之制作练习；

（2）本地特产工艺之制作练习；

（3）工作图之书法练习。

第四　实施方法概要

（壹）作业要项

（一）研究方面：

（1）讲授——根据研究事项举出问题，用讲演式使学生了解。

（2）参观——研究事项中有非演讲所能了解者，可用参观方式教学。

（3）调查——调查方式，可分通信与实地二种调查；外埠情形可用通信法调查，本地情形可用实地调查法。

（4）搜集——各种参考材料之搜集。

（5）计划——工艺品之制法以及关于各地特产工艺之推广、改进等之研究，可用此式。

（6）工艺品欣赏及批评——我国工艺品最大缺点在不能美化，故教学时宜常用精美之工艺品使学生欣赏及批评，先养成审美能力，然后达到工艺品美化之目的。

（二）实习方面：

（1）模仿制作——先由导师示以成品，讲述制法，然后由学生依样仿作。此种方式宜用于基本练习。仿作时宜注意精密、正确，与范作丝毫不差。

（2）看图制作——先由导师示以图样，然后由学生依图制作，制作时宜注意与图样方法、式样，力求一致。

（3）自由制作——由学生自由设计制作，教员站在辅导地位，注意其设计是否错误，制品是否美化，加以指正。实习时除必要的基本练习外，宜多用此式，以养成学生创作力。

（贰）教学要点

（一）应多利用课外时间由师生共同工作。最好每天晨起或课毕后工作半小时或一小时；凡洗衣，室内室外之整洁料理，膳食制作，自己及公共所用物品之制作，教具、标本、模型、理化器械之仿制，修理校具，修筑道路等，均应严密组织，分配练习，以达到劳作科之目的。

（二）工艺教育之目的，一方面（在）注意技能及生产，另一方面在求经验与知识；是以制作一件物品在开始时之设计，及经过中使用之工具，动用之材料，工作之态度，应用之方法，所费之时间，以及结束时之批评，均应注意其是否适合。

（三）教材以适于教学需要为主，实习时宜常常制作教具、模型、标本、玩具、仪器之类，使毕业后能创制或修理各该类物品。

（四）创作为进步之源，教学时宜处处留活动余地，以养成学生创作力。

（五）制品须常常顾到美观，以救济吾国工艺界最大之缺点。

（六）课毕后教室内之整洁及工具之收藏，务宜特别注意，由导师督同学生，认真处理，以养成负责、耐劳等习惯。

（七）制作物品，必先令学生看图或制图，然后按图制作，方能养成学生精密、正确之习惯。

（八）选购材料及工具，宜尽量采用国货。

（九）材料、工具等之采购及修缮等事，应由学生轮流参加，使毕业后有建筑房屋，购置器具，处理工程等之常识。

（十）师范学校所在地之土产工艺，为小学劳作科中关于工艺之重要教材，务须注意设法研究，以便能改进或提倡就地工艺品，增进生产效能。

（十一）研究除顾到小学工艺教员之应用问题外，并须兼及处理校务中所需用之工艺问题。

简易乡村师范学校实习课程标准

第一　目标

（壹）使学生明了实习之原理原则，以增进其信念。

（贰）使学生获得小学教学实施之经验。

（叁）使学生获得小学教员业务上熟练的技能。

（肆）使学生切实明了小学行政之实际及处理方法。

第二　时间支配

第四学年第一学期每周三小时，第二学期每周二十四小时。

第三　教材大纲

（壹）总论

（一）实习之意义。

（二）教学做之原理。

（三）师生制与艺友制之精神。

（贰）参观

（一）学校行政参观法。

（二）教学参观法。

（三）社会教育参观法。

（四）地方教育行政参观法。

（五）结果整理与报告。

（叁）见习

（一）学校行政见习。

（二）教导见习。

（三）事务见习。

（四）见习之方法及报告。

（肆）试教

（一）教材之选择及其排列。

（二）教具之使用。

（三）教案编制法及使用法大要。

（四）如何训练视觉及示范。

（五）如何引起注意及发问。

（六）如何利用暗示。

（七）如何造成概念及记忆。

（八）如何训练思考。

（九）如何维持教室秩序。

（十）如何指导儿童学习。

（十一）如何处理儿童成绩。

（伍）讨论

（一）参观之讨论。

（二）见习之讨论。

（三）试教之讨论。

第四 实施方法概要

（壹）作业要项

（一）参观。

（二）见习。

（三）试教。

（贰）教法要点

教法要点，教材大纲中已略述及，兹再条列如下：

（一）实习包括参观、见习、试教三项，每项实习前后须具预备、报告、讨论之三种手续。

（二）组织实习指导委员会，计划参观、见习、试教等事项。

（三）实习不限于附属小学，所在地之普通小学，亦可于商得该小学校长之许可后，派学生前往实习。

（四）实习指导委员会得以一人为指导主任，并应请担任小学各种校务之职员及各级教员为临时指导员。

（五）参观前应分发表格或问题，令学生详阅，对于参观之目的及应加注意之点，学生必须充分明了。

（六）参观教学，须看完一整个单元。

（七）参观时须随时笔记。

（八）参观后应将怀疑之点提出，向当局询问，请其解释。

（九）参观后除填答表格、问题外，应缴书面报告。

（十）每次参观后应开研究会一次。

（十一）见习前指导者对于见习之方法，应加以说明。

（十二）见习时指导者须在旁视察。

（十三）见习后应具书面报告。

（十四）见习后应开研究会。

（十五）试教生于每次试教前，应将整个教学过程编成教案，送请指导者审核。

（十六）试教时指导者须在旁视察，并记录试教时之缺点，以备开研究会时提出讨论或加指示。

（十七）试教时其他同级生须列席旁听。

（十八）试教后应具书面报告。

（十九）每次试教后须开研究会一次。

附录二　民国时期乡村师范学校大事记

1919 年

6 月，阎锡山在太原创办山西省立国民师范学校，明确提出了培养乡村小学师资的任务，标志着乡村师范学校的萌芽。

1920 年

7 月，余家菊在《中华教育界》第 10 卷第 1 期发表《乡村教育之危机》一文，呼吁发展和重视乡村师范教育，提出师范教育要做下乡运动。

1921 年

4 月，余家菊在《中华教育界》第 10 卷第 10 期发表《乡村教育运动的涵义和方向》一文，提出"师范教育下乡"的具体措施。

7 月，由袁希涛、黄炎培、张孝若等人发起组织了"江苏义务教育期成会"，创办了《义务教育》杂志，极力鼓吹省立师范学校应添设农村分校，说明师范教育应做下乡运动。

1922 年

袁希涛在《义务教育》第 7 号发表《省立师范学校添设乡村分校》一文，提出为了普及义务教育的需要，应该从速办理乡村师范学校。

江苏省立第二师范学校在黄渡设立二师农村分校。

上海市安亭师范学校在安亭镇北成立，以培养优秀乡村小学教师。

---

* 民国时期乡村师范学校大事记综合了以下几篇论文的成果：牟秀娟《南京国民政府乡村师范教育研究（1927 年～1937 年）》（硕士学位论文，山东师范大学，2008）、苏刚《民国时期乡村师范教育制度变迁研究》（博士学位论文，东北师范大学，2015）、曹彦杰《师范为何下乡：民国时期乡村师范教育的兴起》（博士学位论文，华东师范大学，2018）。部分不全面和不一致的内容根据国民政府教育部组织编纂的《第一次中国教育年鉴》（开明书店，1934）、《第二次中国教育年鉴》（商务印书馆，1948）和其他资料进行了充实和更正。

湖南爱莲女校更名为邵阳私立女子简易乡村师范学校。

1923 年

江苏三处省立师范学校设立农村分校,一师分校在吴江,三师分校在洛社,四师分校在栖霞山。

乡村教育家过探先在《义务教育》第 20 号发表《办理农村师范学校的商榷》一文,强调了乡村师范改造乡村教育和乡村社会的责任。

江苏省立第五师范学校在界首设立农村分校。

1924 年

中华教育改进社第三届年会上,乡村教育组提出了"改良乡村学校之办法商榷",明确提出乡村师范问题。

毛泽东在湘江学校开办"农村师范部"。

1925 年

江苏各农村分校召开第二届联合会,论及"乡村师范推广事业设备标准"。

1926 年

1 月,陶行知针对江苏省五所省立师范学校设农村分校一事,在《新教育评论》第 6 期发表《师范教育下乡运动》一文。

11 月 21 日,中华教育改进社特约江宁县教育局管辖燕子矶小学、尧化门小学、巴斗山小学、江苏省立明陵小学。五所乡村学校的教职员在明陵小学召开第一次联合研究会,全体会员通过《我们的信条》十八条。

12 月 3 日,中华教育改进社在山西举办年会,发表《改造全国乡村教育宣言书》,主张"由乡村实际生活产生乡村中心学校,由乡村中心学校产生乡村师范。乡村师范之主旨在造就有农夫身手、科学头脑、改造社会精神的教师"。要筹集一百万元基金,征集一百万位同志,提倡一百万所学校,改造一百万个乡村,厉行乡村教育政策为三万万四千万农民服务的宗旨。

12 月 28 日,陶行知拟成《试验乡村师范学校答客问》,回答了什么是乡村师范学校、为什么要办乡村师范、怎样才能办好乡村师范、什么样的学校才是好学校、什么样的教师是好教师等问题,并且把"教学做合一"确定为乡村师范学校的办学宗旨。

江苏省义务教育期成会召开年会,议决县立师范学校应注重农事科目。

1927 年

3 月 15 日，中华教育改进社在晓庄设立试验乡村师范学校，采用"教学做合一"的方法训练师范生，陶行知任校长。

1928 年

5 月，中华民国大学院召集第一次全国教育会议，关于乡村师范方面之决议案是"提倡乡村教育设立乡村师范学校案"和"训练乡村师资案"。会议决定通过《整顿师范教育制度案》，明确地将乡村师范学校列入师范教育制度中，乡村师范学校由此获得了在师范教育制度中的合法地位。会议议决通过《请大学院明令各省注重训练乡村学校教育师资案》，各省照地理及农事情况，酌分若干乡村教育区，每区设立乡村师范一所，专门培养乡村教师。

8 月，国民政府大学院草订《训政时期施政大纲》，其中拟定以三年时间促进乡村师范的计划。

8 月，江苏省立灌云乡村师范学校成立。

10 月，江西省立南昌乡村师范学校成立。

10 月，蓝塘（昆山、嘉定和青浦三县联立）乡村师范学校在江苏省蓝塘（昆山）成立。

浙江省立湘湖乡村师范学校成立，是第一个以省款开办的乡村师范学校。

1929 年

3 月，国民政府召开第三次全国代表大会，其中关于教育的决议案中，规定师范教育于可能范围内独立设置，并尽量发展乡村师范教育。

4 月，南京国民政府公布《中华民国教育宗旨及其实施方针》，提出"尽力发展乡村师范"。

安徽省立第一乡村师范学校在贵池成立。

山东省立第一乡村师范学校在济南成立。

广东省立第一乡村师范学校在番禺江村成立。

福建省立福州乡村师范学校在闽侯成立。

1930 年

3 月，国民党三中全会通过《实施三民主义的乡村教育案》，中央政治学校增设乡村教育系，以政治力量促进乡村师范，并且采用军队编制式。

4月12日，晓庄学校被查封。

4月，国民政府召开第二次全国教育会议，在会议议决案《改进全国教育方案》第三章"各级师资训练机关"内，将乡村师范列为三类：小学毕业六年之乡师，大学前二年之乡村师范专修科，大学后二年之乡村师范学院。

7月，国民政府教育部中小学课程起草委员会开会讨论乡村师范必修科目。

7月，上海立达学园公布农村教育科新计划，制定了《立达学园高中农村教育科工学纲领》。

安徽省立第二乡村师范学校在蚌埠成立。

山东省立第二乡村师范学校在莱阳成立。

山东省立第三乡村师范学校在临沂成立。

山东省立第四乡村师范学校在滋阳（兖州）成立。

四川省涪陵县立简易乡村师范学校创建。

1931 年

1月，河南省立百泉乡村师范学校在辉县成立。

3月，四川省政府公布《四川省扩充乡村师范学校办法》。

4月，国民政府教育部通令各省市自该年起，各县立中学，应改组为职业学校或乡村师范学校。

9月3日，国民党中央执行委员会第一五七次常会通过了《三民主义教育实施细则》，其中规定了乡村师范学校的宗旨及其实施原则，提出"乡村师范教育应注重改善乡村生活，并适应其需要，以养成切实从事乡村教育或社会教育的人才"，规定"乡村师范课程应注重农业生产及农村改良教材"。

浙江省立锦堂乡村师范学校成立。

湖北省立第二乡村师范学校在宜昌成立。

湖北省立第三乡村师范学校在襄阳成立。

湖北省立教育学院乡村教育系在武昌宝积庵成立。

山东省立第五乡村师范学校在平原成立。

山东省立第六乡村师范学校在惠民成立。

昆明简易乡师科改为昆明县立乡村师范学校。

1932 年

1 月，广东省教育厅通令各县市政府从速设立乡村师范学校。

2 月，私立两江简易乡村师范学校在广东新会成立。

6 月，江苏省教育厅公布《改进江苏全省师范教育计划大纲》，其第九条规定：分年添办乡村师范学校，以谋乡村教育之平均发展。

8 月，河南许昌县立女子简易乡村师范学校在许昌成立。

10 月，徐特立在江西瑞金洋溪刘氏宗祠创办了中央列宁师范学校。

秋天，江苏省各乡村师范一律改为省立乡村师范学校，直接隶属于教育厅，乡村师范学校行政得以独立。

12 月 17 日，国民政府颁布《师范学校规程》，其中规定了乡村师范学校和简易乡村师范学校的劳动实习课程。

江苏省立栖霞乡村师范学校推广事业受到欢迎。

河北省立保定乡村师范学校在保定成立。

山东省立第七乡村师范学校在文登成立。

山东省立第八乡村师范学校在寿张成立。

广西省立乡村师范专科学校附设乡村师范学校在桂林良丰成立。

江苏等多个省份从 1927 年起合并于中学的师范学校逐渐独立，许多附设在中学的乡村师范科亦独立成为乡村师范学校。

国民政府教育部令蒙藏各旗选优秀之学生就学内地或边疆各省乡村师范学校，俾养成相当师资，回籍服务。

洛阳县第三区立乡村师范学校在洛阳筹办。

1933 年

2 月，江苏省政府公布《江苏省立乡村师范学校组织暂行规程》，规定：省立乡村师范学校以培植乡村小学师资，改进乡村教育为宗旨。

3 月，广西省来宾县立简易乡村师范学校在来宾县成立。

7 月，山东邹县县立简易乡村师范学校在邹县成立。

8 月，安徽省立黄麓简易乡村师范学校在巢县黄麓成立。

9 月，江西省立九江乡村师范学校农村实验区在谭家畈成立。

江苏省立连云乡村师范学校在连云成立。

江苏省立石湖乡村师范学校在石湖（佃湖）成立。

1935 年

3月，国民政府教育部公布《乡村师范学校课程标准》，详细规定了设在乡村的师范学校和乡村师范学校的课程及学分。

5月，国民政府教育部公布《简易乡村师范学校课程标准》，详细规定了小学毕业四年制简易乡村师范的课程及学分。

1937 年

2月，陕甘宁边区第一所中等师范学校——鲁迅师范学校在延安二道街成立。

1938 年

3月，国民政府于武汉召开了全国代表大会，制定了《抗战建国纲领》，同时制定了相应的《战时各级教育实施方案纲要》，从战时的实际需要出发，将之前的一系列教育法令、法规做了必要的补充和完善。在师范教育方面，形成了包括普通师范学校、乡村师范学校、特别师范科、简易师范学校、简易乡村师范学校、简易师范科、各种专业师范科及师范学校、边疆师范学校等八类师范学校共存的局面。

国民政府开始设立国立师范学校，并使其成为中等师范教育的重要组成部分。

1940 年

国民政府教育部颁布《特别师范科及简易师范科暂行办法》，以培养急需的师范人才。

国民政府教育部通令全国各省市加强师资培养。同年，教育部对师范学校与乡村师范学校课程进行调整，新修订的课程与科目规定了普通师范与乡村师范课程通用，但也兼顾了乡村师范的特点。

1947 年

3月，解放区第一所师范学校德都萌芽乡村师范试验学校在北大荒德都县建立，后简称"萌芽乡村师范学校"，被称为"北大荒的晓庄"。

4月9日，国民政府教育部第 19251 号部令公布《修正师范学校规程》，详细规定了乡村师范学校的设置及管理、经费、课程等。

参考文献

民国部分

一 报刊

《中央周报》、《中央党务月刊》、《国民政府公报》、《大学院公报》、《教育部公报》、《广东省政府周报》、《政务月刊》、《中华教育界》、《教育杂志》（上海、长沙）、《教育与民众》、《教育与职业》、《教与学》、《教育学术》、《教育辅导》、《教育研究》、《新教育评论》、《新教育旬刊》、《教育季刊》、《新教育》、《义务教育》（江苏）、《生活教育》、《金大农专》、《农村》、《农村建设》、《乡村建设》（山东）、《乡村改造》、《新农村》（太原）、《农村教育》、《农村经济》、《大公报》、《申报》、《农报》、《奉天公报》、《地方教育》、《河南教育》、《河南教育月刊》、《河北民政刊要》、《乡村教育》（江苏）、《江西教育》、《江西教育公报》、《江西教育月刊》、《江西教育旬刊》、《安徽教育》、《安徽教育月刊》、《安徽教育行政周刊》、《山东教育月刊》、《山东教育行政周刊》、《山东民众教育月刊》、《山东滋阳乡师半月刊》、《江苏教育》（苏州1932）、《新江苏教育》、《南中乡师》、《苏省乡师月刊》、《洛社乡师校刊》、《湖北教育月刊》、《湖南教育》、《广东省政府公报》、《广东教育行政周刊》、《龙川乡师》（广东）、《福建教育》、《福建教育周刊》、《福建教育厅教育周刊》、《浙江教育行政周刊》、《国立浙江大学教育周刊》、《湘湖生活》、《文化与教育》、《乡教丛讯》、《京兆通俗周刊》、《民间》（北平）、《学校生活》、《陕西教育周刊》、《涪陵县政周刊》、《青浦教育》、《昆山教育》、《国立第三中山大学教育周刊》、《云南教育周刊》、《政治评论》、《农学杂志》、《农林新报》、《基础教育月刊》、《锄声》

二 资料和著作

1. 〔丹麦〕贝脱勒、伦特、曼涅芝：《丹麦的民众学校与农村》，孟宪承译，商务印书馆，1931。

2. 〔丹麦〕彼得·曼涅芝等：《丹麦的农村教育与合作》，陈友生译，新世纪书局，1930。

3. 〔美〕毕德蔓：《乡村教育经验谈》，赵叔愚译，商务印书馆，1926。

4. 陈良烈编《考察江浙乡村教育报告书（附意见书）》，广东教育厅，1929。

5. 程本海：《乡村师范经验谈》，中华书局，1939。

6. 程本海：《在晓庄》，中华书局，1932。

7. 方与严：《乡村教育》，大华书局，1934。

8. 奉贤县教育局编印《奉贤县立乡村师范学校第四届毕业生论文》，1934。

9. 福建省立龙岩乡村师范学校编印《福建省立龙岩乡村师范学校概况》，1936。

10. 傅葆琛：《乡村教育纲要》，北平辅仁大学1934年夏令讲习会印。

11. 甘豫源：《乡村教育》，中华书局，1935。

12. 古楳编述《美国乡村教育概观》，中华书局，1924。

13. 古楳编《乡村教育讲话》，中华书局，1948。

14. 古楳编著《乡村师范概要》，商务印书馆，1936。

15. 古楳编著《中国农村经济问题》，中华书局，1936。

16. 古楳：《乡村教育新论》，民智书局，1933。

17. 〔美〕顾芬丽：《墨西哥的民众学校》，缪维章译，商务印书馆，1934。

18. 郭人全：《乡村教育》，黎明书局，1937。

19. 郭卫、林纪东编纂《中华民国宪法史料》，大东书局，1947。

20. 河南省教育厅编印《河南教育法令汇编》，1932。

21. 河南省立百泉乡村师范学校实验研究部编印《百泉乡师答客问》，1936。

22. 河南省立百泉乡村师范学校实验研究部编印《百泉乡师实验区须知》，1936。

23. 河南省立辉县百泉乡村师范学校编印《河南省立辉县百泉乡村师范学校概况》，1933。

24. 湖北省立第一乡村师范学校编印《湖北省立第一乡村师范学校校舍落成纪念特刊》，1934。

25. 黄渡乡师编辑委员会编印《试行工学教育的黄渡乡师》，1934。

26. 江苏省教育厅秘书室编印《江苏省现行教育法令汇编（中华民国二十一年十二月）》，1933。

27. 江苏省立上海中学出版委员会编印《乡师概况》，1932。

28. 江问渔、梁漱溟编《乡村建设实验》第三集，中华书局，1937。

29. 江西省立赣县乡村师范学校编印《江西省立赣县乡村师范学校概况表》，1937。

30. 江西省立南昌乡村师范学校编印《江西省立南昌乡村师范学校概况》，1934。

31. 江西省立南昌乡村师范学校编印《江西省立南昌乡村师范学校一览》，1934。

32. 江西省立乡村师范学校编印《江西省立乡村师范学校校务报告》，出版时间不详。

33. 江西省立乡村师范学校编印《十八年度江西省立乡村师范学校一览》，1930。

34. 江西省立宜春乡村师范学校编印《宜春乡师概况》，1934。

35. 教育部参事室编印《教育法令汇编》第一辑，商务印书馆，1936。

36. 教育部教育年鉴编纂委员会编《第二次中国教育年鉴》，商务印书馆，1948。

37. 教育部普通教育司编印《全国中等教育统计（中华民国十九年度）》，1933。

38. 教育部普通教育司编印《全国中等教育统计（中华民国二十年度）》，1935。

39. 教育部普通教育司编《全国中等教育统计（中华民国二十一年度）》，商务印书馆，1935。

40. 教育部普通教育司编《全国中等教育统计（中华民国二十二年度）》，商务印书馆，1936。

41. 教育部普通教育司编《全国中等学校校名地址一览表（中华民国二十三年度）》，商务印书馆，1935。

42. 教育部普通教育司编《全国中等学校校名地址一览表（中华民国二十四年度）》，商务印书馆，1936。

43. 教育部师范学校课程标准编订委员会编《简易乡村师范学校课程标准》，中华书局，1935。

44. 教育部师范学校课程标准编订委员会编《乡村师范学校课程标准》，商务印书馆，1935。

45. 教育部中国教育年鉴编审委员会编《第一次中国教育年鉴》，开明书店，1934。

46. 雷通群：《中国新乡村教育》，新亚书店，1932。

47. 李楚材：《破晓》，儿童书局，1932。

48. 李景汉：《定县社会概况调查》，大学出版社，1933。

49. 李相勖编《美国乡村教育概况》，梓潼阁三江印书馆，1929。

50. 罗廷光：《师范教育新论》，南京书店，1933。

51. 民国政府教育部编印《各省市实施义务教育办法选辑》初辑，1937。

52. 缪仞言辑录《第二次全国教育会议始末记》，江东书局，1930。

53. 山东省立第四乡村师范学校编辑委员会编印《一个乡师的试验——山东省立第四乡村师范学校概况》，1933。

54. 山东省立莱阳乡师编委会编印《山东省立莱阳乡师概况》，1934。

55. 山东省政府教育厅编《山东省政府教育厅视察报告第二集》，成章印务公司，1931。

56. 邰爽秋等编《教育参考资料选辑》第7辑，教育编译馆，时间不详。

57. 唐钺、朱经农、高觉敷：《教育大辞书》（上、下），商务印书馆，1930。

58. 滕仰支、张石樵、郭人全编《农村工学教育实施》，黎明书局，1933。

59. 汪懋祖：《美国教育彻览》，中华书局，1922。

60. 王琳、程本海编《乡村教育》，世界书局，1935。

61. 许晚成编《全国大中小学调查录》，龙文书店，1937。

62. 杨效春编《晓庄学校与中国乡村教育》，爱文书局，1928

63. 杨效春著，黄麓乡村师范编印，《乡农教育论文集》，1935。

64. 杨效春：《晓庄一岁》，儿童书局，1928。

65. 余家菊编《乡村教育通论》，中华书局，1934。

66. 余家菊：《教育原理》，中华书局，1931。

67. 余家菊：《师范教育》，中华书局，1926。

68. 张宗麟：《乡村教育经验谈》，世界书局，1932。

69. 张宗麟：《乡村教育》，世界书局，1932。

70. 张宗麟：《乡村教育与民众教育》，商务印书馆，1940。

71. 张宗麟：《怎样办乡村教育》，中华书局，1939。

72. 赵德柔：《乡村教育问题》，山东滋阳乡村师范学校消费合作社，1935。

73. 赵叔愚：《乡村教育丛辑》，儿童书局，1933。

74. 浙江省立湘湖乡村师范学校编印《浙江省立湘湖乡村师范学校最近概况》，1934。

75. 郑之纲编《乡村师范教育实习指导》，黎明书局，1934。

76. 中国国民党第四次全国代表大会秘书处宣传组编印《中国国民党第四次全国代表大会宣言及决议案》，1931。

77. 中国国民党湖北省党部编印《中国国民党第一二次全国代表大会宣言及决议案》，出版时间不详。

78. 中国国民党浙江省党部编《中国国民党历届全国代表大会宣言集》，绍兴县妇女干部训练班印，1938。

79. 中国国民党中央执行委员会宣传部编印《中国国民党第三次全国代表大会及决议案宣传大纲》，1929。

80. 中华民国大学院编纂《全国教育会议报告》，商务印书馆，1928。

当代部分

一 个人文集、资料汇编、专著

1. 蔡鸿源主编《民国法律集成》，黄山书社，1999。

2. 陈侠、傅启群编《傅葆琛教育论著选》，人民教育出版社，1994。

3. 陈友松主编《雷沛鸿教育论著选》，人民教育出版社，1992。

4. 〔美〕丛小平：《师范学校与中国的现代化——民族国家的形成与社会

转型：1897～1937》，商务印书馆，2014。

5. 崔运武：《中国师范教育史》，山西教育出版社，2006。

6. 董保良、周洪宇主编《中国近现代教育思潮与流派》，人民教育出版社，1991。

7. 董远善编《俞子夷教育论著选》，人民教育出版社，1991。

8. 方明主编《陶行知全集》，四川教育出版社，2005。

9. 《方与严教育文集——陶行知及其生活教育》，四川教育出版社，1995。

10. 高邮政协文史资料研究委员会、江苏省高邮师范学院、高邮县文教局编印《高邮县文史资料》第5辑，1987。

11. 顾明远主编《教育大辞典》第2卷，上海教育出版社，1990。

12. 河南省教育志编辑室编印《河南教育资料汇编》（民国部分），内部资料。

13. 华中师范大学教育科学研究所编《陶行知全集》，湖南教育出版杜，1984。

14. 〔美〕黄宗智主编《中国乡村研究》第6辑，福建教育出版社，2008。

15. 江铭：《中国教育督导史》，人民教育出版社，2003。

16. 江苏省陶行知教育思想研究会、南京晓庄师范陶行知研究室编《陶行知文集》，江苏教育出版社，2008。

17. 江苏省政协文史资料委员会、仪征市政协文史资料委员会编《乡村教育先驱黄质夫》，江苏文史资料编辑部，出版年不详。

18. 江苏省陶行知教育思想研究会、南京晓庄师范陶行知研究室合编《陶行知文集》，江苏人民出版社，1981。

19. 教育部基础教育司义务教育实施处编《义务教育法规文献汇编（1900年～1998年）》，中国社会出版社，1998。

20. 教育部师范教育司编《师范教育工作资料汇编（1996年～2000年）》，东北师范大学出版社，2001。

21. 《金海观全集》编纂委员会编《金海观全集》，方志出版社，2003。

22. 金林祥、胡国枢主编《陶行知辞典》，百家出版社，2009。

23. 李桂林编《中国现代教育史教学参考资料》，人民教育出版社，1987。

24. 李敏、孔令华主编《中央革命根据地词典》，档案出版社，1993。

25. 李文海主编《民国时期社会调查丛编》，福建人民出版社，文教事业卷，2004；乡村社会卷，2005。

26. 李友芝等编《中国近现代师范教育史资料》第 2 册，1983。

27. 刘晨：《立达学园史论》，团结出版社，2009。

28. 刘问岫编《中国师范教育简史》，人民教育出版社，1985。

29. 刘英编著《漫画宗师：丰子恺》，民主与建设出版社，2012。

30. 刘英杰主编《中国教育大事典》（1840～1949 年），浙江教育出版社，2001。

31. 吕良主编《中央革命根据地教育史》，教育科学出版社，1989。

32. 马秋帆编《梁漱溟教育论著选》，人民教育出版社，1994。

33. 马啸风主编《中国师范教育史》（1897～2000），首都师范大学出版社，2003。

34. 梅新林主编《中国教师教育 30 年》，中国社会科学出版社，2008。

35. 苗春德主编《中国近代乡村教育史》，人民教育出版社，2004。

36. 南京市栖霞区地方志办公室、南京市栖霞区档案馆编《师之魂——黄质夫在南京栖霞》，中国文史出版社，2012。

37. 南通县人民政府编史修志办公室、政协南通县委员会文史工作组编印《南通史话》第 1 辑，1983。

38. 欧阳哲生编《胡适文集》，北京大学出版社，1998。

39. 曲铁华：《民国乡村教育研究》，湖南教育出版社，2018。

40. 人民教育出版社编印《毛泽东同志论教育工作》，2000。

41. 荣孟源主编《中国国民党历次代表大会及中央全会资料》（上、下），光明日报出版社，1985。

42. 山东省政协文史资料委员会编《山东文史集粹·教育卷》，山东人民出版社，1993。

43. 《山西文史资料》编辑部编印《山西文史资料全编》第 10 卷，第 109～120 辑，2000。

44. 宋恩荣编《梁漱溟教育文集》，江苏教育出版社，1987。

45. 宋恩荣编《晏阳初全集》，天津教育出版社，2013。

46. 宋恩荣、章咸主编《中华民国教育法规选编》，江苏教育出版社，1990。

47. 宋嗣廉、韩力学主编《中国师范教育通览》上卷，东北师范大学出版社，1998。

48. 陶行知：《中国教育改造》，东方出版社，1996。

49. 王炳照、阎国华主编《中国教育思想通史》第7卷，湖南教育出版社，1994。

50. 王桧林、朱汉国主编《中国报刊辞典（1815～1949）》，书海出版社，1992。

51. 王文岭、黄飞主编《黄质夫乡村教育文集》，东南大学出版社，2017。

52. 韦善美、马清河主编《雷沛鸿文集》（上、下），广西教育出版社，1990。

53. 吴高春主修，郑大略、乔士华主编《信阳地区教育志》，中州古籍出版社，1991。

54. 湘湖师范编委会编《生活教育之花盛开在湘湖师范》，四川教育出版社，1988。

55. 肖云慧主编《黄质夫乡村教育思想研究》，贵州民族出版社，2003。

56. 熊明安：《中华民国教育史》，重庆出版社，1990。

57. 熊贤君：《千秋基业：中国近代义务教育研究》，华中师范大学出版社，1998。

58. 熊贤君：《中国近代义务教育研究》，华中师范大学出版社，2006。

59. 徐莹晖、徐志辉编《陶行知论乡村教育》，四川教育出版社，2010。

60. 杨秀明、安永新选编《黄质夫教育文选》，贵州教育出版社，2001。

61. 张沪编《张宗麟乡村教育论集》，湖南教育出版社，1987。

62. 张挚、张玉龙主编《中央苏区教育史料汇编》，南京大学出版社，2016。

63. 章开源、余子侠主编《余家菊与近代中国》，华中师范大学出版社，2007。

64. 浙江省湘湖师范学校编《金海观教育文选》，浙江教育出版社，1990。

65. 郑大华：《民国乡村建设运动》，社会科学文献出版社，2000。

66. 政协杭州市委员会文史资料委员会编印，周汉、张天乐著《陶行知乡村教育思想在湘湖师范的实践》（《杭州文史资料》第16辑），1992。

67. 政协山东省临沂县委员会文史资料研究委员会编印《临沂文史资料》第2辑，1982。

68. 中国大百科全书总编辑委员会《教育》编辑委员会中国大百科全书出版社编辑部编《中国大百科全书·教育》，中国大百科全书出版社，1985。

69. 中国第二历史档案馆编《中华民国史档案资料汇编》第三辑教育，凤凰出版社，1991。

70. 中国第二历史档案馆编《中华民国史档案资料汇编》第五辑第一编教

育（一）（二），江苏古籍出版社，1994。

71. 中国第二历史档案馆编《中华民国史档案资料汇编》第五辑第二编教育（一）（二），江苏古籍出版社，1997。

72. 中国第二历史档案馆编《中华民国史档案资料汇编》第五辑第三编教育（一）（二），江苏古籍出版社，2000。

73. 《中国教育年鉴》编辑部编《中国教育年鉴（1949～1981）》，中国大百科全书出版社，1984。

74. 中国人民政治协商会议江苏省灌云县委员会文史资料研究委员会编印《灌云文史资料》第2辑，1985。

75. 中国人民政治协商会议山西省太原市委员会文史资料研究委员会编印《太原文史资料》第1辑，1984。

76. 中国文化书院学术委员会编《梁漱溟全集》，山东人民出版社，2005。

77. 中华人民共和国教育部计划财务司编《中国教育成就：统计资料（1949～1983）》，人民教育出版社，1984。

78. 中华职业教育社编《黄炎培教育文选》，上海教育出版社，1985。

79. 诸城县教育志编纂办公室编印《诸城县教育志（1840～1985）》，1986。

二 报刊论文

1. 毕克鲁：《奇特的历史名校——上海立达学园》，《世纪》2001年第5期。

2. 柴赛飞：《张宗麟乡村教育思想对当前农村教育的启示》，《重庆教育学院学报》2006年第5期。

3. 〔美〕丛小平：《社区学校与基层社会组织的重建——二三十年代的乡村教育与乡村师范》，《二十一世纪》（香港）网络版2002年11月号，总第8期。

4. 崔艳波：《高衡："萌芽乡村师范学校"的创办者》，《世纪桥》2009年第24期。

5. 杜文娟、晓羽：《为了民族的明天——陕甘宁边区鲁迅师范学校历史纪实》，《陕西日报》2016年1月21日，第11版。

6. 何峰：《湖北省立乡村师范学校》，《武汉文史资料》2004年第10期。

7. 蒋馨岚：《建国以来中国师范教育免费政策的变迁——基于支持联盟框架的分析》，《西北师大学报》（社会科学版）2011年第1期。

8. 兰英、仇淼：《新时代乡村小学教师培养：挑战与对策——基于新中国 70 年中师办学的考察》，《教育发展研究》2019 年第 10 期。

9. 李海伟、周才方：《晓庄试验乡村师范师资队伍的历史考察及结构分析》，《南京晓庄学院学报》2016 年第 1 期。

10. 梁华和：《中等师范学校过早淡出历史》，《宁夏教育》2017 年第 5 期。

11. 刘利利、李占萍：《民国时期乡村职业教育的推广——以浙江省立湘湖乡村师范学校为例》，《职教论坛》2016 年第 19 期。

12. 刘正伟：《近代山西村政建设和义务教育的崛起》，《教育理论与实践》2003 年第 3 期。

13. 刘正伟：《近代义务教育学制变革述论》，《上海师范大学学报》（教育版）1999 年第 2 期。

14. 龙正荣：《乡村师范教育先驱——黄质夫》，《文史天地》2003 年第 11 期。

15. 戚谢美：《金海观的乡村师范教育思想和实践》，《杭州大学学报》1989 年第 2 期。

16. 曲铁华：《余家菊的乡村教育思想探析》，《东北师大学报》（哲学社会科学版）2013 年第 6 期。

17. 任念文：《民国初期山西"村政"改革与山西乡村教育关系考》，《晋阳学刊》2006 年第 1 期。

18. 沈晓：《教育家黄质夫的乡村师范与民国"栖霞新村"》，《兰台世界》2014 年 8 月上旬（第 22 期）。

19. 童富勇：《论乡村教育运动的发轫兴盛及其意义》，《浙江学刊》1998 年第 2 期。

20. 王如才：《我国乡村师范学校的历史发展及其特点》，《江西教育科研》1992 年第 3 期。

21. 闻洁：《余家菊乡村教育思想述评》，《华中师范大学学报》（人文社会科学版）2000 年第 3 期。

22. 吴洪成：《20 世纪二三十年代中国的乡村教育实验》，《四川师范大学学报》（社会科学版）2002 年第 5 期。

23. 《徐特立所办学校简介（六）——中央列宁师范学校》，《特立学刊》2017 年第 1 期。

24. 杨新：《从建国后历次师范教育会议谈师范教育的改革》，《贵阳师院学报》（社会科学版）1985 年第 1 期。

25. 姚刚：《谈高衡办乡村师范为农民服务的教育思想》，《蒲峪学刊》（哲学社会科学版）1997 年第 4 期。

26. 余桃桃：《论杨效春的乡村教育思想及其当代价值》，《华中师范大学研究生学报》2019 年第 4 期。

27. 喻本伐：《中国师范教育免费传统的历史考察》，《湖北大学学报》（哲学社会科学版）2007 年第 3 期。

28. 郑起东：《近代华北乡村教育的变迁》，《中国农史》2003 年第 1 期。

29. 周晓静、张立胜：《从平原乡师到平原师范》，《春秋》2013 年第 3 期。

30. 周毅然：《中国师范教育的历史、现状和未来》，《清华大学教育研究》2000 年第 3 期。

31. 周志毅：《传统、理想与现实的变奏——20 世纪 20、30 年代中国农村教育的变迁》，《杭州师范学院学报》1999 年第 2 期。

三　学位论文

1. 曹彦杰：《师范为何下乡：民国时期乡村师范教育的兴起》，博士学位论文，华东师范大学，2018。

2. 常钊：《20 世纪二三十年代山西乡村教育的发展研究》，硕士学位论文，福建师范大学，2005。

3. 段彪瑞：《民国山西师范教育研究（1912～1937）》，博士学位论文，山西大学，2016。

4. 樊涛：《民国时期农村学校教育制度变迁研究》，博士学位论文，东北师范大学，2014。

5. 耿雪妍：《民国时期义务教育立法研究》，硕士学位论文，山东大学，2019。

6. 胡文静：《民国时期乡村师范学校健全人格养成——以晓庄师范学校为例》，硕士学位论文，浙江师范大学，2015。

7. 霍东娇：《中国百年师范教育制度变迁研究》，博士学位论文，东北师范大学，2018。

8. 李闯：《1927～1937 年江苏省中等师范教育研究》，硕士学位论文，扬州大学，2018。

9. 李刚：《1928～1937 年河南师范教育研究》，硕士学位论文，安徽大学，

2017。

10. 马乐：《张宗麟乡村幼稚教育思想研究》，硕士学位论文，华中师范大学，2017。

11. 牟秀娟：《南京国民政府乡村师范教育运动述论（1927年～1937年)》，硕士学位论文，山东师范大学，2008。

12. 潘婷婷：《南京国民政府时期安徽农村教育研究（1927～1937)》，硕士学位论文，安徽大学，2014。

13. 屈博：《民国时期乡村教育研究群体研究》，硕士学位论文，华东师范大学，2012。

14. 沈灿：《论民国时期方与严的生活教育观》，硕士学位论文，苏州大学，2016。

15. 苏刚：《民国时期乡村师范教育制度变迁研究》，博士学位论文，东北师范大学，2015。

16. 王芳：《国民政府前期四川省中等师范教育发展述论》，硕士学位论文，西南大学，2010。

17. 王霞：《张宗麟乡村幼稚教育思想研究》，硕士学位论文，信阳师范学院，2017。

18. 魏莹：《民国时期乡村师范教育研究》，硕士学位论文，东北师范大学，2013。

19. 吴晓明：《民国时期的江苏省乡村师范教育（1922～1937）——以省立六所乡村师范学校为中心的考察》，硕士学位论文，南京大学，2011。

20. 许庆如：《近代山东乡村教育研究（1901～1937)》，博士学位论文，华东师范大学，2012。

21. 张明水：《民国时期河南乡村小学教师群体研究》，硕士学位论文，河南师范大学，2013。

22. 张雯雯：《余家菊乡村教育思想研究》，硕士学位论文，河北师范大学，2012。

23. 张燕：《抗战前国民政府对乡村师范的办理及历史评析》，硕士学位论文，华中师范大学，2007。

图书在版编目（CIP）数据

民国时期乡村师范学校研究 / 刘克辉，戴宁淑著
. -- 北京：社会科学文献出版社，2023.10
ISBN 978 - 7 - 5228 - 2628 - 8

Ⅰ.①民…　Ⅱ.①刘…②戴…　Ⅲ.①农村 - 师范学
校 - 研究 - 中国 - 民国　Ⅳ.①G659.29

中国国家版本馆 CIP 数据核字（2023）第 199903 号

民国时期乡村师范学校研究

著　　者 / 刘克辉　戴宁淑

出 版 人 / 冀祥德
责任编辑 / 刘同辉
文稿编辑 / 卢　玥
责任印制 / 王京美

出　　版 / 社会科学文献出版社（010）59366556
　　　　　地址：北京市北三环中路甲 29 号院华龙大厦　邮编：100029
　　　　　网址：www. ssap. com. cn
发　　行 / 社会科学文献出版社（010）59367028
印　　装 / 三河市龙林印务有限公司

规　　格 / 开　本：787mm × 1092mm　1/16
　　　　　印　张：20　字　数：328 千字
版　　次 / 2023 年 10 月第 1 版　2023 年 10 月第 1 次印刷
书　　号 / ISBN 978 - 7 - 5228 - 2628 - 8
定　　价 / 128.00 元

读者服务电话：4008918866